Edición: Primera. Diciembre de 2014

ISBN: 978-84-15295-75-4

© 2014, Miño y Dávila srl / Miño y Dávila editores sl

Diseño: Gerardo Miño
Composición: Eduardo Rosende

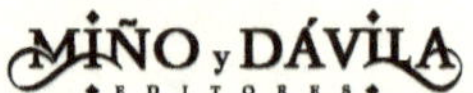

e-mail producción: produccion@minoydavila.com
e-mail administración: info@minoydavila.com
web: www.minoydavila.com
redes sociales: @MyDeditores, www.facebook.com/MinoyDavila

Nora **Pagano**
Martha **Rodriguez**
compiladoras

Conmemoraciones, patrimonio y usos del pasado

La elaboración social de la experiencia histórica

Fernando J. **Devoto**
María Elena **García Moral**
Eduardo **Hourcade**
Sabina **Loriga**
Javier **Moreno Luzón**
Nora C. **Pagano**
Martha **Rodriguez**
Sofía **Seras**
Gabriela **Siracusano**

Índice

Prólogo

Nora Pagano
Martha Rodriguez

L a mayor parte de los artículos que integran este volumen fueron originalmente ponencias presentadas en el marco de las *II Jornadas Internacionales de Historia, Memoria y Patrimonio. Las conmemoraciones en una perspectiva comparada.* Las mismas fueron organizadas por el Programa de Investigaciones en Historiografía Argentina del Instituto de Investigaciones en Historia Argentina y Americana "Dr. E. Ravignani" (PIHA), y por el Instituto de Investigaciones sobre el Patrimonio Cultural de la Universidad Nacional de General San Martín (IIPC). El evento tuvo lugar el día 14 de noviembre de 2013 y fue posible gracias a los subsidios otorgados a sendos proyectos acreditados.[1]

La presente compilación, que en buena medida es tributaria de aquel evento, se halla conformada por textos que, si bien revisten una apreciable heterogeneidad de temas, motivos y abordajes, encuentran su unidad conceptual en su concepción teórica e historiográfica.

No es ya una novedad que –por varias razones– el estudio de fenómenos memoriales en sus distintas aristas, posibilitó durante las últimas décadas la generación de un espacio académico plenamente consolidado. La ampliación del territorio historiográfico autoriza en la actualidad a incorporar al análisis temáticas que exploren las

---

1. Proyectos ANPCyT PICT 2045, *Cuatro pasados en cuatro presentes. La cultura histórica argentina entre dos siglos* y UBACYT Programación 2011-2014, *Patrimonio histórico y conmemoraciones en una perspectiva secular. Entre la Historia y los usos públicos del pasado.*

relaciones entre el tiempo histórico y las múltiples construcciones de imágenes y representaciones del pasado que fueron tejidas, a fin de contribuir a la comprensión del complejo mundo de lo social.

De tal modo, los artículos incluidos en este libro abordan básicamente y con énfasis distintos, tres ejes: conmemoraciones, patrimonio y usos del pasado.

Las **conmemoraciones** constituyen los fenómenos acaso más claramente colocados en el cruce de las dimensiones cognitiva, instrumental y memorial. Operan como laboratorios privilegiados para percibir las dinámicas socio-político-culturales que una comunidad exhibe en un contexto históricamente situado. Conforman escenarios en los que se despliegan conflictos entre distintas interpretaciones y sentidos del pasado, el presente y el futuro; una *semántica de los tiempos* que permite vincular el espacio de la experiencia con el horizonte de las expectativas –según la célebre expresión koselleckiana–, mediadas por el presente. Comprenden variadas formas de intervención que operan en la creación o remodelación de la memoria y la identidad colectiva.

En ese marco, la conmemoración puede ser pensada como un "acontecimiento" en el sentido que le otorga Arlette Farge, una construcción permanente que se extiende de manera significativa en el tiempo.[2] El acontecimiento toma su significado de la forma en que los individuos lo perciben, lo interiorizan; de allí que ciertos acontecimientos exteriormente importantes puedan estructurar comportamientos sociales. No hay acontecimiento sin que un significado le sea ofrecido para su recepción; no hay un significado *a priori* de un acontecimiento ya que éste carece en sí mismo de neutralidad. Socialmente fabricado, es apropiado de maneras muy diferentes por el conjunto de sectores sociales; estas apropiaciones pueden entrar en conflicto entre sí dando lugar a diferentes significados y representaciones.

Precisamente el artículo de Fernando Devoto introduce la idea de pensar la conmemoración como un tipo especial de acontecimiento, útil para analizar uno particularmente significativo: el Centenario de la Revolución de Mayo. Acontecimiento revelador, construido, convencional, pero básicamente *"poliédrico"*. Con esta denominación se quiere señalar no sólo que los diferentes colectivos sociales enta-

---

2. Farge, Arlette, "Penser et définir l'événement en histoire. Approche des situations et des acteurs sociaux", en *Terrain. Revue d'ethonology de l'Europe*, 38, 2002.

blan con ella diferentes relaciones, sino también que tanto antes del acontecimiento (en su proceso de construcción) como después del mismo (en su recepción extendida en el tiempo), la mirada sobre él y su valoración son esencialmente distintas.

Resulta asimismo interesante concebir tal acontecimiento como *"conmemoraciones de conmemoraciones"* o, como las denomina el autor, *"conmemoraciones de segundo grado"*. En ellas se ponen en juego una multiplicidad de dimensiones que habilitan el especial interés que han puesto los historiadores sobre ellas. Conmemoraciones que con la excusa de la celebración de un hecho lejano, son en la mirada de los contemporáneos más presente-futuro que futuro-pasado. Una conmemoración que celebra más el presente que aquel pasado conmemorado. Así, las exposiciones nacionales e internacionales organizadas a partir de fines del siglo XIX como parte de la vidriera al mundo que se montaba en proximidades de los aniversarios de la Nación, fueron eventos que iluminan las imágenes que cada país o los sectores organizadores querían brindar de sí mismos y los símbolos y objetos asociados a la construcción de esa imagen.

El articulo de Eduardo Hourcade nos permite pensar en otra perspectiva vinculada a las conmemoraciones: las repatriaciones. Según el autor, ellas suelen estar en la base de *"…un dispositivo memorial, conmemorativo, identificatorio (…) que se extiende por un largo período (…) en el cual inevitable y recurrentemente la figuración del muerto se desplaza en sentidos nuevos"*. Se trata de una instancia en la cual la expresión de sentimientos colectivos constituye un lugar referencial, así como una oficialización de la memoria del repatriado.

El lugar, la fecha, la forma y la causa de las repatriaciones son diversos, como los actores involucrados y la sensibilidad exhibida ante la muerte. Así lo demuestran las repatraciones analizadas: las de Rivadavia, San Martín, Sarmiento, Alberdi y centralmente los proyectos destinados a repatriar los restos de Rosas, su efectiva repatriación en 1989 y las conmemoraciones a ella asociadas. Finalmente el texto hace referencia al "Día de la Soberanía Nacional" y a su modo celebratorio. No necesariamente escéptico, el artículo culmina con una notable reflexión sobre la relación entre organización de la *"sensibilidad (o tal vez de la insensibilidad)"* de nuestra sociedad frente al dispositivo memorial oficial.

El carácter plural de las conmemoraciones lleva a la necesidad de identificar el conjunto de mediaciones a través de las cuales un colectivo social traza aquel vínculo con su pasado y con el tiempo en general. Los historiadores, los medios de comunicación, grupos, instituciones y el Estado fueron y son usinas de recuerdos y olvidos con fines pragmáticos. En efecto, entre esos variados intermediarios, la historiografía, las políticas estatales, las memorias y representaciones sociales, el patrimonio histórico, la divulgación histórica, los medios de comunicación, funcionaron y funcionan como mediadores y generadores de imaginarios sociales con sus correlativas derivas socio-político-culturales.

En esta perspectiva, los estudios de Martha Rodriguez, María Elena García Moral, Sofía Seras y Javier Moreno Luzón abordan el análisis de diferentes conmemoraciones, nacionales e internacionales, analizando el carácter de las mediaciones y las interpretaciones puestas en juego por el Estado, el mundo académico, diferentes grupos políticos, sociales e instituciones.

El texto de Martha Rodriguez se detiene en el análisis de los proyectos editoriales puestos en marcha con motivo del Bicentenario de la Revolución de Mayo tanto desde el Estado como desde las empresas editoriales. En ellos se conjugaron una multiplicidad de voces, emitidas desde distintos espacios de enunciación, que dieron lugar a una convivencia de claves interpretativas entre los distintos productos. La historiografía profesional brindó algunas de ellas, pero ciertamente no la única ni la más extendida; convivió con otras voces entre las que se destacó un ambiguo revisionismo.

A diferencia de otras conmemoraciones de este acontecimiento histórico, la del Bicentenario estuvo interpolada por esa otra de 1910. Es de cara al Centenario que se construyeron buena parte de los juicios y balances sobre el presente.

La reflexión sobre el aspecto instrumental que las conmemoraciones pueden poner en juego está presente en dos de los trabajos aquí reunidos. En el caso del texto de María Elena García Moral se ensaya una aproximación a la cultura histórica de las izquierdas a partir del estudio de las conmemoraciones sesquicentenarias –de la Revolución de Mayo y de la declaración de la Independencia– realizadas por el socialismo y comunismo argentinos. Las interpretaciones que unos y otros dieron a ese pasado conmemorado, la función que le asignaron, le permite a la autora iluminar los usos políticos de la Historia elaborados a partir de los textos producidos por esos colectivos. Las diferencias en las interpretaciones en ambas celebraciones posibilitan explorar los distintos presentes históricos en que se produjeron (1960 y 1966), los diferentes actores sociales involucrados, al tiempo que autoriza la reflexión sobre las coyunturas en las que la memoria opera.

Buena parte de los argumentos desarrollados en ese artículo se confirman plenamente en el de Sofía Seras, quien analiza el caso de las conmemoraciones socialistas en la Argentina finisecular tal como son presentadas en el periódico partidario *EL OBRERO. Defensor de los intereses de la clase proletaria. Órgano de la Federación Obrera*.

Desde esta perspectiva la autora se interroga sobre lo que se recuerda y cómo se recuerda, factores que no solamente conciernen a los sentidos del pasado sino también a cómo dichos sentidos operan en los presentes en los que se construyen a partir de la creación y recreación de memorias e identidades colectivas, con miras hacia el futuro. La originalidad del artículo reside en el carácter internacionalista de las conmemoraciones seleccionadas –que aparecen reiteradamente en la publicación–: la toma de la Bastilla, la formación de la comuna de París y el episodio que dio lugar a la celebración del 1° de mayo; las referencias a las fiestas patrias permiten percibir la tensión entre elementos internacionalistas y nacionalistas en la formación de la identidad socialista en la Argentina en un período previo a la constitución del Partido Socialista.

Las potencialidades inscriptas en el estudio de las conmemoraciones son destacadas en el artículo de Javier Moreno Luzón. Allí se enfatiza la expansión del campo historiográfico, en particular el de la renovada historia política, a partir de los aportes de la denominada "historia cultural de la política".

Recordemos que la historia cultural abarca un amplio territorio en el que es posible reconocer diversidades conceptuales, metodológicas y/o referenciales. La también llamada *historia sociocultural* no sólo conlleva aportación temática, sino también una perspectiva de análisis que al ocuparse de las representaciones, símbolos y prácticas sociales –individuales o colectivas–, confieren un sentido a la realidad. Así, la esfera cultural opera como una mediación entre los individuos y la realidad; categorías como las de experiencia y representación permiten captar la mediación simbólica, la práctica a través de la cual los individuos aprehenden y organizan significativamente la realidad. El estudio de los procesos de significación permite extender el horizonte conceptual y por tanto resulta tributario de insumos procedentes de la antropología social, la sociología de la cultura, y aun desde la lingüística.

Como en el caso de la historia cultural, "lo político" o "la política" no alude actualmente a un campo autónomo de la realidad social, sino como una dimensión inseparable y profundamente penetrada de y en todos los demás ámbitos y contextos de la acción social y de los sistemas socioculturales. "Lo político" remite hoy al estudio del conjunto de la vida social como forma específica de relación y comunicación que, teniendo como elemento central el poder en su dimensión pública, se introduce en los ámbitos doméstico, laboral, asociativo, relacionándose con otras esferas como la económica, social, ideológica, etc. Tal concepción incluye las instituciones del sistema político institucional pero las supera a través de la exploración de la acción política, las relaciones de poder, configuraciones sociales que las sustentan. Se trata de una profunda reconfiguración del campo que se tradujo en denominaciones tales como historia de lo político o nueva *historia política*; como en el caso de la historia cultural, la política reconoce variados linajes temáticos y procedimentales.

En ese marco, para los historiadores de la política contemporánea adquiere una nueva dimensión el estudio de las conmemoraciones, particularmente las conmemoraciones nacionalistas aludidas por Moreno Luzón. Celebraciones colectivas cuya naturaleza, más allá de su carácter consensual o conflictivo, sean promovidas por el Estado nacional o por iniciativas particulares, es indudablemente compleja.

Centrándose en el caso español pero enmarcado en la era de la conmemoración que caracterizó a Europa y a América hacia las décadas finales del siglo XIX y las primeras del XX, el texto permite, en las similitudes y diferencias, mirar desde otra óptica el caso argentino. Esta época regeracionista que demandaba nacionalizar a los españoles a través de la construcción de una serie de dispositivos estatales, es abordada a partir del estudio de las conmemoraciones del primer centenario de la Guerra de la Independencia, el tercer centenario de la publicación de la primera parte de *Don Quijote de la Mancha* y de la muerte de su autor, Miguel de Cervantes, y la oleada hispanoamericanista que tuvo su eje en el centenario de las independencias americanas de 1810-1811.

A través de ellas puede comprobarse cómo la nacionalización no siempre se produce en sentido vertical (de arriba hacia abajo); se marcan las fuertes raíces municipales, así como la existencia de otros nacionalismos peninsulares –sobre todo los catalanistas–, que compitieron con sus propias conmemoraciones y pueden llegar a transformar el sentido original de los proyectos.

Asistimos hoy –y por lo tanto de modo retrospectivo– a una eclosión de memorias sectoriales o particulares (grupos, asociaciones, empresas, comunidades, etc.), todas las cuales aspiran a ser reconocidas como legítimas, circunstancia paralela al desdibujamiento del Estado nación como definidor y custodio de la memoria nacional. Ello puede verificarse en el alter ego de la memoria: el **patrimonio**.

Sea manifestándose como interrogante, afirmándose como deber o reivindicándose como derecho, la memoria y el patrimonio constituyen una respuesta al presentismo y son un síntoma de este último.[3] ¿Preservar qué, por quién y para quién?, tal el imperativo del movimiento de patrimonialización que, por cierto, es objeto de historización y puede incorporarse con plenos derechos a la agenda historiográfica. Lugares, actores y objetos considerados "emblemáticos", remiten a la relación entre memoria y patrimonio.

La memoria y el patrimonio son el pasado en el presente sin mediaciones explícitas; no son unas experiencias en el tiempo sino más bien fuera del tiempo. Por tanto, el patrimonio no debería estudiarse desde el pasado –del que es un símbolo–, sino más bien desde el presente, como una categoría de acción en el presente; una señal de ruptura, entre el presente y el pasado. La ofensiva memorial perceptible desde hace unas décadas puede ser puesta en sintonía con la profunda mutación de nuestra relación con el tiempo histórico. La percepción de una progresiva aceleración de la historia, de transformaciones cada vez más veloces, conlleva para los actores el riesgo de una pérdida irreparable del pasado, de una ruptura cuya consecuencia puede ser el extrañamiento completo de ese pasado. Frente a esto, el patrimonio se presenta como un vínculo identitario que nos integra con las generaciones precedentes pero al mismo tiempo intenta sumar los vínculos que se quieren construir con las generaciones futuras.

Estrechamente vinculado con estas perspectivas patrimoniales, el texto de Gabriela Siracusano estudia los modos en que una iconografía particular se transfiere, apropia y resignifica socialmente. Esa iconografía se centra en el color, particularmente el del arco iris, y su presencia en los Andes en tanto signo que aseguraba metonímicamente su presencia en todas las prácticas sociales. En este punto el texto adquiere un tono más inquisitivo que asertivo, al sugerir que esta dimensión del color en los Andes pudo ser transferida e incorporada en los relatos visuales que tuvieron lugar durante la conquista y la evangelización. Se abría así la posibilidad

---

3. Hartog, François, "Historia y cultura: regímenes de historia y memoria", en *Museum Internacional* N° 227. Diversidad Cultural y Patrimonio UNESCO, 2005.

de transformarlo en un "*nuevo signo, un recurso sumamente eficaz para propósitos religiosos y políticos*".

El artículo termina con una sugerente reflexión en torno de la bandera de los siete colores que comenzó a flamear en Cuzco desde los años 1970.

En el escrito de Nora Pagano, conmemoraciones y patrimonio son invocados para reflexionar sobre dos aspectos de la administración de la memoria social durante el primer peronismo: la línea patrimonial adoptada y las conmemoraciones históricas. En función de tal objetivo, la autora hipotetiza que ambos fenómenos ilustran al menos dos perspectivas diferenciadas. Por un lado, la imposición procedente del Estado Nacional –o de sus burocracias– visible en las declaratorias entre 1946 y 1955; por otro, las actitudes asumidas por parte de la sociedad a través de la celebración de los centenarios.

En ese marco, se indaga sobre las declaratorias de sepulcros históricos decretadas, que se abordan en tanto patrimonio no sólo desde el punto de vista normativo sino conceptual, y las conmemoraciones de los centenarios del fallecimiento de Esteban Echeverría, del pronunciamiento de Justo J. de Urquiza (1951), de la batalla de Caseros (1952) y del combate de la Vuelta de Obligado (1953).

Queda claro que los artículos reseñados anteriormente contienen una dimensión instrumental, pero ella es claramente desplegada en el texto de Sabina Loriga. Éste permite reflexionar sobre los "usos del pasado", así como sobre el efecto inercial de ciertas construcciones. En este sentido, importa menos develar el "misterio etrusco" que exponer la importancia de volver al viejo problema de los orígenes: "*...Sus desafíos nunca están limitados a los especialistas, sino que implican otros medios sociales como representantes políticos, la aristocracia local, el clero, las academias, los artistas o los periodistas*".

Precisamente las cuatro hipótesis sobre el origen de los etruscos enfrentan a proyectos políticos diferentes y a veces opuestos; enfrentan a los protagonistas de la disputa fuera del tiempo histórico para garantizar una consistencia permanente.

Así, muestra que la hipótesis de la autoctonía –que analiza particularmente– conlleva fines que no son estrictamente científicos sino que sirve para explicar la persistencia del nacionalismo de la Italia fascista y postfascista, e involucra al debate público o la manualística escolar.

Su conclusión aporta valiosos elementos para repensar la problemática planteada: "*...el presente no siempre controla la escritura del pasado. Las manipulaciones del pasado –incluso las más instrumen-*

tales– tienen efecto a largo plazo. Ellas depositan residuos míticos muy voluminosos que se filtran en nuestra conciencia histórica. El prisma de la autoctonía parece estar tan registrado en la memoria que induce a la repetición: sus trazos continúan siendo recuperados y distorsionados en el tiempo, sin una razón específica, tal vez por costumbre, casi automáticamente".

La **dimensión instrumental** se funda en la ya clásica fórmula habermasiana "uso público de la Historia", distinguiendo así el tratamiento propiamente historiográfico del pasado por parte de los especialistas, de su utilización en el espacio público y/o en la esfera pública.

Reflexionar sobre los "usos públicos de la Historia" implica dar cuenta de las diferentes formas de gestión del conocimiento histórico y de las relaciones constantemente redefinidas entre un saber académico y su transmisión a la sociedad, desde la solemnidad de las conmemoraciones a la trivialidad de la propaganda, pasando por la refundación identitaria nacional.[4]

Entre los usos públicos de la Historia, los específicamente políticos han sido los que más han permeado al resto y convertido a la Historia en un elemento puramente instrumental. Esta problemática remite naturalmente a las relaciones entre la Historia y la política, que son tan antiguas como la propia disciplina. En efecto, el poder, los estados, los grupos, siempre han procurado legitimar sus acciones y proyectos a través de la apelación a la Historia. También, desde los inicios, hubo quien se lamentara de tales procedimientos, encontrando en ellos la raíz de "falsificaciones" y "manipulaciones".

Es por eso que según Giovanni Levi[5] sería absurdo imaginar que el uso político de la historia es una novedad. No obstante, el autor detecta al respecto dos cambios significativos: en la relación entre la historia y el lector –cambios que conciernen a los modos de la información– y aquéllos referidos a la memoria. Verifica no sólo la expansión sino la saturación de la memoria que obstaculiza el juicio y la crítica. Paralelamente, el proceso de la individualización, de la privatización de la experiencia, ha producido una memoria fragmentada y múltiple, una pérdida del sentido colectivo del pasado

---

4.   Acha, Omar, "El pasado que no pasa. La Historikerstreit y algunos problemas actuales de la historiografía", en *Entrepasados. Revista de Historia*, Buenos Aires, número 9, 1995.

5.   Levi, Giovanni, "Le passé lointain. Sur l'usage politique de l'histoire", en François Hartog y Jacques Revel, *Les usages politiques du passé*, Paris, Éditions de l'École de Hautes Études en Sciences Sociales, 2001.

que ha tornado posible la recuperación de visiones subjetivas que expresan con mayor frecuencia la desagregación que la pluralidad de los puntos de vista.

Más allá de la inscripción de los trabajos reseñados en uno de los tres ejes aludidos –conmemoraciones, patrimonio y usos del pasado– y de las relaciones establecidas entre ellos, los mismos cuentan con una apreciable autonomía aunque son susceptibles de habilitar otros cruces, diálogos y anclajes. Ellos admiten otras organizaciones intelectivas que les conferirían también sentido colectivo, tanto cronológico, cuanto temático, procedimental o referencial.

En síntesis, aspiramos a reflexionar sobre la *cultura histórica*, en tanto fórmula que expresa una manera de pensar y comprender la relación que un grupo humano mantiene con su pasado. Se trata de analizar cómo se crean, difunden y transforman ciertas imágenes del pasado; a pesar de sus recíprocas demarcaciones y diferencias, ellas encuentran su síntesis en la unidad global de la memoria histórica.

En tal sentido, este libro aspira a ser una indagación sobre las formas y contenidos de la elaboración social de la experiencia histórica y su plasmación en la vida de una comunidad, atendiendo a los agentes que la crean, los medios por los que se difunde, las representaciones que divulga. Elaboración que, habitualmente, llevan a cabo distintos agentes sociales a través de medios variados.[6]

---

6.   Rüsen, Jörn, "¿Qué es la cultura histórica?: Reflexiones sobre una nueva manera de abordar la historia", en *Culturahistórica*. Traducción de F. Sánchez Costa e Ib Schumacher. Original en Füssmann, K., Grütter, H.T., Rüsen, J. (eds.) *Historische Faszination. Geschichtskultur heute*, 1994; Sánchez Marcos, Fernando, "Memory-History vs. Science-History? The attractiveness and risks of an historiographical trend", en *Storia della Storiografia*, N° 48, 2005.

Conmemoraciones poliédricas: acerca del primer Centenario en la Argentina[1]

Fernando J. Devoto

(FFyL-UBA/IIPC-UNSAM)

Hace muchos años ya, en 1972, Pierre Nora anunció "el retorno del acontecimiento". Puede efectivamente afirmarse que ese pronóstico, incluso por vías muy diferentes a las sugeridas por Nora, fue acertado y que el estudio de momentos excepcionales por su impacto, ante todo en los contemporáneos de los mismos, se ha hecho un hábito historiográfico. Eran esos momentos en los que se podía afirmar –como había hecho Goethe a propósito de la batalla de Valmy– que se había estado allí. Ese interés por momentos específicos del pasado puede vincularse con diferentes cuestiones. Una de ellas es otro retorno que también tiene unos cuantos años, el del actor, o en otras palabras, el de los sujetos sociales en su concreta historicidad, en sus percepciones, sus experiencias y sus estrategias (la pequeña x de Droysen en la expresión recuperada por Sabina Loriga recientemente). La microhistoria o la *alltagsgeschicte* había dado cuenta de ello. Desde luego que también el acontecimiento puede ser un momento denso en el que se hacen visibles (o parecen hacerse visibles o pueden ser indagadas) un conjunto de movimientos y fuerzas históricas profundos. Estaríamos acá en el caso de un acontecimiento revelador

---

1. Este trabajo fue presentado como ponencia en las Jornadas Internacionales de Historia, Memoria y Patrimonio. Las conmemoraciones y el Bicentenario entre reflexión y experiencias, organizadas por el IIPC (Tarea) de la Universidad Nacional del San Martín y el Archivo General de la Nación (Buenos Aires, Argentina), los días 10 y 11 de noviembre de 2010. Agradezco los comentarios de Carlos Altamirano y Jacques Revel.

en dos planos: para los contemporáneos o para los historiadores posteriores (o para ambos a la vez). En este punto el acontecimiento puede ser percibido también como un momento de ruptura o de cesura, como punto de llegada o como un nuevo punto de partida. En fin, algo concerniente al problema de las discontinuidades y, en tanto tal, el acontecimiento puede ser un "evento" inesperado para los contemporáneos y para los historiadores que, entre otras cosas, reintroduce la dimensión del azar en el curso histórico.

En síntesis, y esquemáticamente, los acontecimientos pueden ser un objeto en sí, un retorno a un tiempo corto denso de significados, o pueden ser una excusa o pretexto para indagar desde ellos dimensiones de una historia profunda; y desde luego pueden combinarse ambas miradas, como en el caso de Georges Duby y su "Le Dimanche de Bouvines".

Sin embargo, la proliferación de acontecimientos como objetos de estudio puede vincularse también con otro orden de cuestiones: el tema de la memoria. Cierto tipo de acontecimientos son, según la conocida expresión, "lugares de memoria" para un grupo humano, a los que se les otorga luego una particular relevancia en la construcción de una genealogía identitaria, sea como un punto de partida, sea como una etapa intermedia en la construcción o invención (según se prefiera) de la misma.

Las conmemoraciones son un tipo especial de acontecimiento. Esa singularidad puede buscarse en muchas partes. De ellas me gustaría señalar dos: no es un acontecimiento inesperado sino, por el contrario, previsto, esperado. Por otro lado, remite en principio a otro acontecimiento precedente y se diferencia radicalmente de aquél. Una de esas diferencias es que es un acontecimiento "fabricado" o construido (lo que no impide que esa construcción pueda, a su vez, devenir en el momento concreto de su realización en algo inesperado). Es también por ello un acontecimiento convencional (es decir, resultado de una convención). Esas características obligan a colocar a las conmemoraciones en una perspectiva temporal más larga no solo en relación con las dimensiones profundas de la historia sino con su propia temporalidad, entendida tanto como el proceso concreto que lleva a su realización como el "horizonte de expectativas" (en la conocida categoría de Koselleck) de aquellos que lo formulan o de aquellos que lo esperan. Y ello es especialmente válido para las conmemoraciones estatales.

El propósito de este artículo es entonces colocar la conmemoración del primer Centenario en un triple diálogo: con los acontecimientos mismos de ese mes de mayo y –hasta donde nos es posible– con la experiencia de los actores que lo vivieron, con un conjunto de tendencias históricas de más largo plazo que pueden ser entrevistas o postuladas a partir de él y con el cuadro de su propia temporalidad constructiva y derivativa.

Una última precisión inicial. El carácter poliédrico de una conmemoración es algo inherente a cualquier conmemoración. Distintos actores perciben y se relacionan de diferente modo con ella en el momento de su realización. Empero, ese carácter poliédrico tiene también una declinación temporal. Con esto se quiere señalar que tanto antes del acontecimiento en su proceso de construcción como después del mismo en su recepción por sucesivos grupos humanos, la mirada sobre él y su valoración son diferentes.

La construcción de la conmemoración de mayo

Hemos aludido ya al carácter convencional de las conmemoraciones. El primer Centenario lo es en muchos sentidos. En primer lugar en relación con el acontecimiento que se elige conmemorar. Los países, a diferencia de las personas, no tienen un acta de nacimiento, ya que no nacen un día determinado y a una hora determinada. La fecha del centenario de la Argentina es, en este sentido, inevitablemente arbitraria. Con semejantes razones hubiera podido escogerse otra. Yendo incluso más allá, uno podría preguntarse por qué se escogió un acontecimiento –la creación de la Junta de Gobierno en Buenos Aires el 25 de mayo de 1810– que era un hecho porteño, en el que además no se declaró ninguna independencia, y no otros como el 9 de julio de 1816, cuando representantes de las provincias declararon efectivamente la independencia; o el 1º de mayo de 1853, cuando trece de las catorce provincias argentinas juraron en la ciudad de Paraná la constitución que iba a regir a la Argentina durante poco menos de un siglo y medio; o el 11 de noviembre de 1859, cuando en el Pacto de San José de Flores, el estado rebelde, Buenos Aires, decidió aceptar su incorporación a la Confederación Argentina. Sin embargo, las fiestas patrias no las imponen los historiadores, aunque puedan ayudar a legitimarlas. Las imponen las élites políticas y son consagradas por el tiempo, los usos y las costumbres que terminan por hacer evidente lo que en el origen es una pura convención. En este sentido, el 25 de mayo tenía a su favor una larga tradición de conmemoraciones y la idea de que allí se encontraba el momento fundacional de una nueva nación se expandió tempranamente, en especial en Buenos Aires. Ya al año siguiente, en 1811, se decidió conmemorar el evento del año anterior y, dos años después, la Asamblea del año XIII, reunida para dictar entre otras cosas una constitución y sancionar la independencia, no hizo ninguna de las dos cosas pero sí estableció la semana de mayo como fiesta patria. Eran las llamadas fiestas mayas que, sancionadas el 5 de mayo de 1813, comenzaron a celebrarse desde ese año. Los años sucesivos hicieron el resto. En cualquier caso, *la gran semana de mayo*, como denominó el historiador Vicente Fidel López a una crónica dramática inspirada en esos sucesos, siguió su camino floreciente como principal lugar de memoria de los argentinos. Juan Bautista Alberdi, uno de los padres intelectuales de la Argentina moderna, le dedicó una crónica dramática en cinco actos; Esteban Echeverría, otro de ellos, la consagró como ideal progresivo de la tradición argentina en el *Dogma socialista* y Bartolomé Mitre, presidente, militar y sobre todo fundador de la historiografía erudita argentina, la elaboró como un relato de los orígenes que era el punto de partida de la autobiografía de la nación en su *Historia de Belgrano y de la Independencia Argentina*.

Todo ese vasto movimiento no cesó de persistir en la segunda mitad del siglo XIX. La repetición de la conmemoración no significaba, sin embargo, la repetición de su significado o su importancia para sus promotores o para el público. Por lo demás, las relaciones o las proporciones entre una fiesta estatal y una fiesta popular fueron también cambiantes y se ha argumentado que a medida que nos aproximamos a las últimas décadas del siglo XIX, el primer componente (estatal) deviene más importante que el segundo (popular).

A la convención de la conmemoración del 25 de mayo se agrega una segunda que podríamos denominar la convención de los números redondos: cincuentenarios, centenarios, sesquicentenarios, bicentenarios. Ciertamente ello puede relacionarse con muchas cosas, una de ellas es la proliferación o inflación de las conmemoraciones a lo largo del siglo XIX que obligaba a una jerarquización entre las mismas, a una conmemoración de la conmemoración. Ciertamente también puede postularse su vinculación con cambios en la percepción del tiempo. En este sentido, a partir de que la medida oficial del tiempo devendrá, en el siglo XIX, ilusoriamente más precisa, exacta pero no por ello menos arbitraria (piénsese por ejemplo en el establecimiento del meridiano de Greenwich como referencia para fijar una hora universal en 1884) era esperable que las conmemoraciones fueran influidas por ello. En cualquier caso, las celebraciones en torno a aquellas estaciones temporales se convirtieron en un hecho habitual en la segunda mitad del siglo XIX en el mundo euroatlántico (por ejemplo, 1876, la celebración en Filadelfia del centenario de la declaración de la independencia de los Estados Unidos o 1889 en París, la del centenario de la revolución francesa o 1911 en Roma y Turín la del cincuentenario de la unidad italiana). Es evidente que las dos primeras y probablemente en especial la segunda sirvieron de ejemplo para otras posteriores, entre las cuales están las hispanoamericanas de 1910. Al menos, la importante presencia de un pabellón argentino en la de París de 1889 muestra el interés de las élites argentinas hacia ese tipo de acontecimientos y quizás presentaba un modelo concreto para la Argentina de 1910.

Esas conmemoraciones de segundo grado o conmemoraciones de conmemoraciones, al menos aquellas de la época, eran diferentes de las de primer grado en muchas cuestiones. Una de ellas derivaba de que se trataba de la mezcla de una conmemoración patriótica con otro tipo de evento que también se populariza en el siglo XIX, a partir del caso de Londres en 1851, la realización de una Exposición Universal o, al menos, internacional (y que era un desarrollo de exposiciones nacionales procedentes desde antes). Nuevamente los casos de Filadelfia en 1876 y París en 1889 son emblemáticos. Es evidente que la asociación entre ambos acontecimientos cambiaba en muchos modos las implicancias de la conmemoración. En primer lugar, introducía toda una dimensión económica, lo que podríamos denominar el negocio de la conmemoración. La misma obligaba a fuertes inversiones y gastos por parte sobre todo del sector público y secundariamente del sector privado (importantes fueron en el caso argentino las de las élites de las comunidades inmigrantes en pro de la donación de monumentos celebrativos de cada colectividad) y, según los casos, también de gobiernos y empresas extranjeras (fue el caso de la participación argentina en París en 1889, en la que participaron en primer lugar junto al Estado argentino, la Unión Industrial y otras entidades empresariales). Por detenernos en el caso argentino de 1910, tras muchas idas y vueltas, el gobierno terminó aprobando un presupuesto de 12.800.000 pesos para la conmemoración, una cifra bien significativa en el contexto del presupuesto de entonces ya que equivalía al 5% del gasto público total (considerando la media anual del gasto en el quinquenio 1905-1909, según los datos de Andrés Regalsky) y al 29,5% del gasto en obra pública. Por otra parte, al menos idealmente, ello implicaba nuevas potencialidades para la difusión de información que atrajera nuevas posibilidades al comercio internacional de cada país respectivo en el contexto de la ideología "liberista" que signaba el clima de lo que en buena medida era un ensayo general de globalización con su libertad de circulación de mercancías, capitales y personas anterior a la Primera Guerra Mundial. Aunque para el caso argentino no existen estudios sobre el "negocio" de la conmemoración, sí puede señalarse que las exposiciones conllevaban el 40% del total del presupuesto aprobado para la celebración. Por otra parte, la celebración implicó también la realización o un nuevo impulso a monumentos y obras de distinto tipo, largamente postergadas, entre otras iniciativas que incluían, por ejemplo, una demanda adicional a la industria editorial, lo que daría lugar a una proliferación de ediciones o reediciones.

Más allá de ello, la asociación de conmemoración y exposición (en el caso argentino, exposiciones agrícola, ganadera, industrial y de bellas artes) tenía otras implicancias. Entre ellas debería señalarse que al público interno al que estaba destinada se agregaba, en un lugar importante para las élites nativas, el público externo receptáculo de la imagen que quería proyectarse. En el caso argentino ello parecía particularmente relevante en tanto se buscaba mostrar al mundo los éxitos de medio siglo de progreso de la "nueva y gloriosa nación". Y en ese afán, el gobierno argentino no dejó de hacer cosas bastante extravagantes como pagar todos los consumos privados de todos los miembros de las delegaciones extranjeras que visitaron Buenos Aires en mayo de 1910. Desde luego que esa aspiración no necesariamente iba a encontrar un eco significativo en el mundo y aquí a las razones geográficas se le agregaban otras vinculadas con la importancia que los otros países asignaban al país anfitrión y con la trama de las relaciones políticas internacionales en que este último estaba inserto.

Mayo de 1910 ilustra muy bien estas cuestiones. Salvo en dos casos, España (encabezada por una princesa real, la Infanta Isabel de Borbón) y Chile (encabezada por el presidente Pedro Montt y casi todo el gabinete llegado en tren desde Mendoza), el resto de los países mandó delegaciones que podían ser consideradas de segundo orden. Las razones de la importancia de la presencia española y chilena son diferentes. En el caso español parece haberse tratado de una decisión estratégica de sus élites políticas en el contexto de un relanzamiento del hispanoamericanismo, decisión que aparecía

sostenida en la percepción de la potencialidad argentina, en razones
económicas (la importancia del creciente intercambio comercial
entre España y Argentina) y, desde luego, en la presencia de un
enorme contingente de inmigrantes españoles en el país (el censo
de 1914 mostrará que ellos eran en ese año el 10,5% de todos los
habitantes) que era el principal destino del flujo del ultramar. A ello
habría que agregar, además, el importante papel que los intelectuales
españoles tenían en la cultura platense, sea en su presencia como
columnistas en los periódicos o con visitas acompañadas de públicos
multitudinarios como la de Rafael Altamira el año anterior. Que esa
decisión no era para nada algo descontado lo muestra el caso de
la delegación italiana, pese a que las relaciones comerciales entre
Italia y Argentina eran florecientes o que la inmigración italiana era
históricamente la más importante. Las opiniones insistentemente
negativas del encargado de negocios italiano en Buenos Aires,
Vincenzo Macchi di Cellere, pueden haber influido tanto como la
caótica política de la *leadership* de la comunidad italiana en Argentina (tanto más fragmentada y menos eficaz que la española) en
la decisión de no mandar un príncipe real o una figura política de
primer plano a la celebración argentina. El eco muy diferente que
obtuvo una y otra delegación mostraron claramente la situación.
En las estimaciones de los periódicos de la época –imprecisas
pero que dan un orden de magnitud–, unas 200.000 personas
acompañaron el arribo de la Infanta, que fue recibida en el puerto
por el presidente argentino José Figueroa Alcorta el 18 de mayo,
mientras que 20/30.000 personas acompañaron al parlamentario
Ferdinando María Martini que encabezaba la delegación italiana y
que fue recibido en el puerto por el edecán del presidente argentino.
Las otras delegaciones europeas y de los Estados Unidos fueron
también de segundo orden.

En el caso sudamericano, las tensiones regionales pueden explicar bien la importancia de la misión chilena y la mucho menor de
otras. La Argentina venía de una situación de tensión con Brasil, en
parte promovida por Estanislao Zeballos, ministro de relaciones
exteriores argentino hasta 1908 (y no faltaron "mueras" al Brasil
en algunas turbas que atacaban a locales anarquistas el 14 de mayo
de 1910). Asimismo, había tenido paralelamente conflictos con el
Uruguay por el Río de la Plata y también con Bolivia (en relación
con un laudo arbitral desfavorable hacia ese país).

La imagen que provee la tipología de las delegaciones oficiales
puede ser algo diferente si se observa la presencia en las exposicio-

nes. En la mirada de Georges Clemenceau, que las visita como parte de su viaje a la Argentina en el mismo 1910 (aunque luego de las celebraciones), descollaba la presencia de la exposición inglesa de industria de ferrocarriles y la exposición alemana de electricidad, mientras que la francesa era, en sus palabras, bastante modesta al igual que la española (cuyo pabellón incluso había quedado sin terminar).

De este modo, y resumiendo, una conmemoración de segundo grado, como la he denominado, sugiere muchas dimensiones mayores que una conmemoración habitual: una faz internacional junto a otra nacional, una dimensión económica junto a otra memorialística, una idea fuerte de progreso civilizatorio junto a una celebración del pasado. Sugieren también variaciones en la temporalidad de la conmemoración (o al menos ese parece ser el caso en las conmemoraciones en el tránsito entre los siglos XIX y XX) y lo es con particular énfasis en el caso argentino.

Si los 25 de mayo convencionales argentinos, en sus múltiples diferencias y en su mayor o menor relevancia en distintos momentos, eran una variación entre presente y pasado (un pasado en el presente o mejor, un pasado excusa para ese presente), la conmemoración del centenario de 1910 enfatiza mucho más la dimensión de futuro. La excusa (el pasado) aparece devaluada ulteriormente ante el presente (autocelebración) entendido a su vez como caución de futuro. Y aunque no pueda concluirse que la dimensión futuro no aparezca en la conmemoraciones convencionales, sí puede postularse que el equilibrio entre los tres términos es muy diferente. El mismo hecho de las actividades conexas, desde exposiciones a congresos hasta las dimensiones internacionales, reducen el espacio dedicado a las dimensiones simplemente evocadoras del pasado y otorgan al momento contemporáneo un peso narrativo, visual y patrimonial mucho mayor. El hecho también conexo de exhibir y celebrar el progreso técnico y científico junto con las glorias pasadas orienta en la misma dirección.

Por otra parte, esas celebraciones van o suelen ir acompañadas, al menos en la Argentina de 1910, con todo tipo de pronósticos hacia el futuro, desde relatos utópicos hasta diseños futuristas o hasta meditaciones que anclan sus reflexiones mucho más en el porvenir.

Tomemos tres ejemplos de libros emblemáticos publicados en 1910. En ese año, Juan Álvarez escribe su notable *Ensayo sobre la historia de Santa Fe*, un libro de historia que puede verse como un canto al progreso argentino y como una drástica devaluación del pasado y del momento fundador (1810). Efectivamente, la historia santafesina (pero ésta era un ejemplo de la argentina) había estado según Álvarez signada por siglos de estancamiento que se habían revertido en los últimos decenios. Mayo era un punto en ese pasado sin mayor relevancia. Más aun, afirmó provocativamente que si la Argentina no se hubiera independizado en 1810, lo hubiese hecho como Cuba en 1898. Ello era en parte resultado de que los acontecimientos políticos no tenían para Álvarez demasiada importancia y en parte de hasta qué punto habían sido estériles la época colonial o la primera mitad del siglo XIX para el progreso de la Argentina.

Con otras modulaciones, una mirada comparable se puede encontrar en la colección de ensayos que en ese mismo 1910 reúne José Ingenieros en *La evolución sociológica argentina*. En él dedica un capítulo al pasado ("La formación económica de la nacionalidad argentina") y otro al futuro ("El devenir del imperialismo argentino"). Del balance de ambos se nota que este último es más fecundo y prometedor que el pasado. Si el siglo precedente ha sido en gran medida un siglo dominado por el caos y la barbarie "feudal", la Argentina ha entrado finalmente en pleno progreso capitalista y ello, en función de las leyes de la evolución social y de los recursos raciales, económicos, territoriales y climatológicos que posee, le asegura un ascenso a un rol hegemónico en el mundo por venir. Una Argentina destinada a convertirse en uno de los imperialismos dominantes en los próximos cien años sustituyendo a aquellos ya en el inicio de su declinación (Alemania e Inglaterra) y también a aquellos que vendrían luego (Estados Unidos y Japón).

Nuevamente una temática comparable aparece en Joaquín V. González. Con fundamentos y retóricas diferentes, su obra *El juicio del siglo*, aunque menos sombría y sin dejar de homenajear a los "padres fundadores", no deja por ello de ser ambigua y señalar el camino del futuro promisorio para la Argentina del siglo por venir, con menos determinismos pero con una semejante confianza voluntarista. Como dijo a los estudiantes que se congregaban bajo el balcón de su casa durante las celebraciones de mayo de 1910, había un norte y ese eran los Estados Unidos, el ejemplo del éxito, donde ya son 80 millones mientras "nosotros solo seis" que marcaban la senda por recorrer y el destino argentino.

Hasta cierto punto puede observarse que todos estos textos son resultado de reflexiones precedentes en el pensamiento en las que un hiato creciente se ha ido estableciendo con el pasado argentino. Por ejemplo, aquel ciclo entre decadentista y vagamente regeneracionista del pensamiento argentino de la década precedente al Centenario, que enmarca las obras de Juan Agustín García, Carlos Octavio Bunge, Lucas Ayarragaray y Rodolfo Rivarola, aunque centradas en los problemas remanentes para alcanzar la finalmente ansiada civilización y temerosas de que la pesada herencia del pasado de la época colonial –que casi cien años de independencia no habían logrado disipar– fuera todavía algo persistente y resistente, no dejaban por ello también de tomar distancia de aquel momento fundador y, más o menos optimistas acerca del futuro, no lo eran ciertamente del pasado. Y si hemos de buscar otras imágenes plenamente optimistas un poco antes, por qué no detenernos en el curioso texto utópico que Paul Groussac escribió en 1897, titulado "El Centenario", donde no se dejaba de imaginar que los muchos problemas que padecía todavía la Argentina serían solucionados en los trece años por venir (y en eso el Centenario devenía un término *ad quem* que completaba la transformación civilizatoria argentina) o en la mirada no menos optimista que permea el último capítulo de *Las multitudes argentinas* de José María Ramos Mejía, pese a toda la "guaranguería" imperante según el autor.

Bastante lejos se estaba ya de los relatos épicos del mito de los orígenes sin embargo funcionales para otros propósitos como el de "construir a los argentinos" a través de él, como mostraba la evolución de los planes de estudio de las escuelas o las liturgias patrióticas a ella asociadas (o incluso con la difusión de otros mitos como el del criollismo). Una curiosa dicotomía se encuentra aquí. Ella no debería oscurecer, nos parece, que el clima general de la época orientaba en el sentido de una ruptura con el pasado o a ese crecimiento de la distancia imaginaria entre presente y pasado o, en una lectura menos provocativa, si así se prefiere, a una tensión entre uno y otro. Por otra parte, a favor de la idea de distancia creciente entre un pasado remoto y el propio presente, había diversos factores que impulsaban las percepciones de los contemporáneos, desde la ideología del progreso indefinido hasta cosas tan concretas como el notable progreso económico o las transformaciones urbanas. Era ello el bajo continuo de ese optimismo que puede simbolizarse en una frase feliz que recordó Tulio Halperín Donghi: una Argentina con problemas pero sin "problema".

A su modo el Centenario argentino puede colocarse en esa distancia que, por usar las categorías de Koselleck, sitúa la idea de progreso o incluso la precedente de perfeccionamiento, características de la modernidad, entre "horizonte de expectativas" y "espacio de experiencias". En ese marco, es nuevamente evidente que la conmemoración del Centenario es más profundamente aun que otras (en tanto esa ideología de progreso eran tan sostenida) una celebración del mismo 1910 con la excusa de un hecho lejano, 1810. Es, en la mirada de los contemporáneos, más presente-futuro que futuro-pasado.

La conmemoración y el acontecimiento

La conmemoración de 1910 tiene su historia propia o interna, lo hemos señalado ya, junto a aquella más visible y mejor conocida que percibieron los contemporáneos. Veamos primero la interna y recordemos aquí que esa historia no es lineal y que de ella, más allá del mismo hecho de celebrar el Centenario y de seguir los modelos existentes para ese tipo de conmemoraciones, en la historia a ras del suelo todo era cambios de marcha, improvisaciones, redes interpersonales y negocios. Baste como ejemplo recordar que la Comisión Nacional encargada de la organización del Centenario, creada en 1906, renunció masivamente en 1909 ya que no se le habían asignado presupuestariamente los fondos y que una nueva tomó su lugar en febrero de 1909, es decir quince meses antes de la realización de los festejos. Entre los propósitos asignados a la Comisión estaba la realización de monumentos en Buenos Aires y en el interior, en especial el más significativo era el dedicado precisamente a la Independencia. Un monumento que tenía detrás de sí una historia larga. Una ley de 1887, que las dos cámaras habían votado, sancionaba la erección de un Monumento a la Revolución de Mayo en la Plaza que lleva ese nombre mediante una combinación de suscripción popular y apoyo suplementario estatal. La Comisión creada en 1906 volvió a reflotar el tema y la de 1909, también. Nunca se hizo. También tenía una historia detrás de sí, desde la misma época, 1887, otra ley para la erección de estatuas a Bernardino Rivadavia, Mariano Moreno y Guillermo Brown. En 1902 la Cámara de Diputados reclamaba al Poder Ejecutivo que diera cumplimiento a lo establecido. La Comisión de 1906 volvía a recuperar el tema y de nuevo la de 1909. Se inauguró en octubre de 1910 aquélla dedicada a Mariano Moreno. Otros proyectos antiguos, como el Panteón, procedente también de los años ochenta, seguía siendo objeto renovado de discusión en la Comisión de 1906.

Los ejemplos podrían multiplicarse aun más y todos ellos señalarían mucho de improvisación y las dificultades para llevar iniciativas complejas a buen puerto. Temas que pueden sugerir dos tipos de cuestiones. Unas en torno a "idiosincrasias" y más firmemente en torno a la ausencia de una *bildungsburguentum* y, entre ella, de una tecnocracia eficaz en la Argentina de entonces. Otras, sugieren hasta qué punto los monumentos y la estatuaria, del episodio o de los personajes a consagrar, no eran tan prioritarios a la hora de elegir cómo utilizar los recursos, lo que nos recuerda cuánto las miradas generales acerca de los "lugares de memoria" y su necesidad patriótica pueden ser no invertidas pero sí relativizadas si se miran desde sus desarrollos concretos. Por otra parte, tampoco la mayoría de las exposiciones pudo inaugurarse para mayo de 1910. Nuevamente Clemenceau observa que para esa fecha estaba solamente en funciones aquella dedicada a la ganadería, lo que era una exageración ya que por entonces estaban abiertas al menos una Exposición Universal organizada por la Liga de Almaceneros y la Exposición Internacional de Arte. En suma, lo que estos pocos ejemplos exploratorios sugieren es la necesidad de colocar a la conmemoración en una temporalidad un poco más larga que aquella que puede derivarse de indagar lo "efectivamente sucedido" en un momento dado.

La historia "visible" de la conmemoración es más conocida, la hemos narrado ya en otros lugares y por ello aquí haremos un breve resumen.

Todo puede comenzar con un anticlímax: la enorme manifestación anarquista que tuvo lugar el 8 de mayo en Buenos Aires. Una manifestación ciertamente no inesperada. Una larga serie de contenciosos enfrentaban al vasto y heterogéneo mundo anarquista con el Estado argentino, entre los cuales podrían indicarse aquí la violenta represión del 1º de mayo de 1909 o el asesinato del jefe de policía, Ramón Falcón, en noviembre del mismo año. Por otra parte, observando el mayor diario anarquista, *La Protesta*, en los meses anteriores a mayo se percibe bien que al menos los dirigentes e intelectuales del movimiento percibían toda la situación de potencial debilidad del gobierno en el mes de las celebraciones y cómo ella parecía hacerlos particularmente fuertes para expandir sus reivindicaciones.

Según algunos observadores, la manifestación del 8 de mayo había sido la más grande concentración de gente que se había visto en la ciudad: 40 o tal vez 50.000 personas. En la conclusión del acto los oradores convocaban a una huelga general revolucionaria que debía comenzar el 18 de mayo si no se satisfacían algunas demandas largamente exigidas: derogación de la ley de residencia, libertad a los presos "sociales" y a los infractores a la ley del servicio militar obligatorio. El gobierno respondió decretando una vez más el estado de sitio el 13 de mayo y encarcelando y deportando a militantes o supuestos militantes políticos, la gran mayoría extranjeros.

En cualquier caso, si ésta fue la respuesta del Estado, el 14 de mayo de 1910 emerge, al menos en Buenos Aires, una réplica bastante menos prevista: las calles son ocupadas por jóvenes, en su mayoría universitarios, que inundan la ciudad de banderas celestes y blancas y escarapelas, y esto dura el 14, el 15 y el 16, favorecido por las autoridades de la Universidad de Buenos Aires que habían decretado un feriado académico de un mes entre el 15 de mayo y el 15 de junio. Estos jóvenes que inundaban las calles, seguramente no solo universitarios, recorrían la ciudad cantando el himno casi de manera incesante. Y no faltaron algunos observadores que encontraron bastante lunático este comportamiento de personas que se desplazaban cantando el himno, con la escarapela patria en el ojal y enarbolando las banderas celestes y blancas.

Estas manifestaciones mayormente pacíficas conllevaban, sin embargo, una fuerte presión sobre los extranjeros presentes en la ciudad y desde luego también sobre los argentinos que no compartían el festejo patriótico. Un periodista italiano, Giuseppe Bevione, de orientación nacionalista en Italia, consideraba la situación intolerable ya que no se podía salir a la calle porque las personas eran obligadas a cantar el himno, aunque no supieran su letra, o eran instigados a sacarse el sombrero en el momento en que otros estaban cantando el himno. Lo describió así Juan Agustín García, en una carta a su amigo y condiscípulo de la Facultad de Derecho, Luis María Drago: "*La simple amenaza anarquista de que arrancarían los cintillos y escudos se tradujo en un entusiasmo tan grande que hasta las niñas llevan el distintivo patriota. Al parecer la huelga concluye deshecha por este ciclón de patriotismo. Algunos desgraciados que se atrevieron a silbar fueron manteados en el acto*". Asimismo, los mismos u otros grupos cometieron desmanes atacando la sede de diarios socialistas como *La Vanguardia*, o anarquistas como *La Protesta*, incendiando la imprenta donde se editaba este último, atacando locales de instituciones judías y realizando algunas agresiones contra casas particulares en el barrio de Once, donde la presencia de inmigrantes de ese origen era significativa.

Sin embargo, el clima que domina esos días parece cambiar sustancialmente a partir del 18 de mayo. Ese día se verifican dos cosas: primero, la huelga general revolucionaria fracasa estrepitosamente, y segundo, la llegada de la infanta Isabel de Borbón, la fea pero carismática "Chata", quizás la Borbón más popular que tuvieron los españoles entre el siglo XIX y XX. En cualquier caso, ante la llegada de la Infanta, como señalamos, unas estimadas 200.000 personas acompañan su trayecto por la ciudad, desde el puerto a la casa de gobierno, donde la Infanta va saludar desde los balcones, y luego en su recorrido por la Avenida de Mayo hasta Callao y por Callao hasta el barrio norte donde la misma se iba a alojar. Una manifestación, en cualquier caso, que excedía largamente el número de españoles en Buenos Aires.

Ese día la ciudad se engalanó de banderas españolas y banderas argentinas y, mirado desde la visibilidad pública, el sentido de la fiesta cambió. Una fiesta netamente argentina, como lo mostraban los colores celestes y blancos, devino multicolor. Los inmigrantes, de algún modo, se colaron a la fiesta e hicieron del primer centenario su propio festejo, distinto, aunque no necesariamente contradictorio, del festejo oficial. A su vez, el 21 de mayo llegó el enviado italiano, Ferdinando Martini, en una nave de guerra peninsular. Se alojó en el hotel Majestic en la Avenida de Mayo, que era donde estaba la mayoría de las delegaciones, y por supuesto lo acompañaron desde el puerto hasta el hotel las representaciones de las sociedades italianas, como siempre con sus bandas de música y sus estandartes. Su eco fue, ya lo observamos, importante pero mucho menor. Como le dijo la Infanta al mismo Martini, para un republicano (como lo eran los argentinos) no hay nada que los halague más que la presencia de una persona con sangre real (y un eco de ello se encuentra en las páginas de la revista PBT, donde se observaba risueñamente la monomanía aristocrática que parecía embargar a las élites argentinas desde la llegada de la infanta).

Las delegaciones extranjeras despertaron una oleada de entusiasmo en las colectividades en Buenos Aires y se multiplicaron los actos en las sedes de las instituciones étnicas. Por su parte, la Comisión de Recepción de la Embajada Española organizó una recordada velada en honor de la infanta en el Teatro Avenida y allí, a su modo, un arco iris tuvo lugar. La velada comenzó al son de "Viva la patria", "Viva España" y "Viva la Infanta" y desarrolló un programa donde se alternaban un diálogo de los hermanos Quintero, una comedia en un acto de Jacinto Benavente con arias y otros fragmentos musicales (de "La Habanera" de "Carmen" de Bizet a los "Aires Bohemios" de Sarasate). El tenor italiano Cosentino, en ese momento en Buenos Aires, agregó otro color entonando entre otras la canción "La Mia Bandiera". Todo culminó con el canónicamente argentino "Pericón Nacional". También las comunidades extranjeras procedieron a homenajear a la Argentina colocando las piedras fundamentales de los monumentos que costeaban para sumarse a los festejos, dedicados a la carta magna y a las cuatro regiones argentinas de los españoles, el consagrado a Colón de los italianos o la fuente donada por la colectividad alemana.

En contrapunto con esa dimensión étnica, las autoridades del Estado argentino desplegaron en esos días aquellas estatuas que estaban terminadas y procedieron al "bautismo" laico de todas las escuelas, en una sucesión de actos de religión patriótica encabezados por el presidente del Consejo Nacional de Educación, José María Ramos Mejía.

En cualquier caso, la fiesta siguió con otros contrapuntos. Largas filas se veían en las oficinas del Correo Central para adquirir los sellos postales realizados para celebrar el Centenario, mientras otros visitaban aquellas exposiciones que estaban inauguradas o asistían a los distintos congresos de funcionarios, intelectuales y especialistas programados para la celebración, desde el del Consejo de Mujeres al de Empleados Públicos de la República Argentina; desde el Congreso Científico Americano al Congreso Internacional de Americanistas o aun al avanzado Congreso Femenino Internacional. Mientras tanto se sucedían los banquetes, las manifestaciones y los desfiles. Uno de ellos fue la "Procesión Patriótica", organizada por la Comisión Nacional de la Juventud por el Centenario, compuesta por largas columnas encabezadas por un grupo numeroso de "guerreros del Paraguay", tema que era en esos tiempos otro "lugar de memoria" del imaginario argentino. Otros, en cambio, menos atraídos por ese fervor, preferían asistir al Hipódromo argentino donde el 24 se corría el Premio Centenario que prometía 5.000 pesos al propietario del caballo ganador. Otros, en fin, asistieron a la recepción que la Cámara de Diputados ofreció a las delegaciones extranjeras. Cuando éstas llegaron al palacio legislativo descubrieron que "las relaciones y amigos de los diputados y de los empleados tenían cómoda y preferente ubicación, ya sea ocupando las bancas de la legislatura, ya sea instalados en los palcos destinados al cuerpo diplomático".

El momento culminante de la fiesta fue el 25 de mayo. El nutrido programa oficial incluía, a las diez de la mañana, un acto donde se colocaba la piedra fundamental del monumento a la revolución de mayo seguido de la audición de himnos premiados, los honores militares, el himno nacional y el discurso del presidente Figueroa Alcorta. Hubo en ese y en otros actos oficiales significativas ausencias de líderes políticos. El presidente recientemente electo y que debía asumir en apenas cuatro meses, Roque Sáenz Peña, decidió quedarse en Roma donde era embajador y participar en un acto en el Campidoglio al que asistió el primer ministro italiano, Luigi Luzzatti. El ex presidente Julio Roca, que aún conservaba una cuota de poder político, prefirió embarcarse para Europa. Finalmente, nada se sabía del líder del opositor partido radical, Hipólito Yrigoyen, al que acreditadas versiones daban como perseguido por las autoridades ante el temor de que los festejos coincidiesen con un nuevo alzamiento político-militar radical como el de 1905, en el contexto de la táctica abstención-revolución impulsada por el mismo caudillo ante el fraude recurrente en las elecciones.

Las ceremonias continuaban al mediodía con el Tedéum en la catedral, al que seguía un desfile de 25.000 soldados, tanto argentinos (se habían convocado reservistas para la oportunidad) como extranjeros de las delegaciones militares que fueron enviadas para la celebración. Así, junto a los argentinos, desfilaron contingentes de Alemania, el Imperio Austrohúngaro, España, Francia, Italia, Japón, Chile y Uruguay. A la noche todo culminó con una función de gala en el Colón.

Otro acto significativo de ese día fue organizado por impulso del presidente del Consejo Nacional de Educación; los niños de las escuelas de Buenos Aires cantaron, acompañados por la banda de música de la Policía Federal, el himno nacional. Observaba *Tribuna*: *"El Dr. José María Ramos Mejía puede sentirse satisfecho. Es su obra de educacionista al servicio de la patria la que ha culminado la mañana del 25 de mayo en la Plaza del Congreso, al entonar con unción religiosa 30.000 vocecillas –que eran otros tantos corazones– el himno de la nueva nacionalidad fundada hace cien años"*.

Hagamos aquí un balance. Observemos ante todo que la conmemoración aparece como un lugar para exhibir a plena luz un conjunto de tensiones que se enmarcan en una temporalidad más larga y surcan a la Argentina: los problemas de la Argentina "sin problema". Hagamos una escueta enumeración de las mismas. En primer lugar, una pronunciada conflictividad y desintegración del sistema político, aquejado por conflictos internos al mismo "orden conservador" y a otros actores ajenos a él, como los radicales. En segundo lugar, una acentuada tensión social visible desde principios de siglo a la par de la presencia de un movimiento anarquista tan activo como heterogéneo. En tercer lugar, una tensión no violenta entre un nacionalismo argentinista y la multiplicidad de identidades extranjeras en una ciudad en la que la mitad de sus habitantes no había nacido en el país.

Un segundo orden de cuestiones remite a la multiplicidad de conmemoraciones en la conmemoración. Es posible afirmar aquí que hubo muchas conmemoraciones en mayo de 1910; ella fue, como era inevitable, poliédrica. Aquella oficial delimitó un "nosotros" y un "otros". El "otros" interno fue la izquierda, sobre todo los anarquistas y una parte de los trabajadores, aunque algunos de ellos, como ha recordado Juan Suriano, hicieron sus propios festejos alternativos (y/o participaron de los festejos de las comunidades de inmigrantes).

Finalmente, la conmemoración fue un acontecimiento en el sentido de un momento en tantas dimensiones inesperado o imprevisto. Tuvo muchos giros inesperados, huéspedes deseados o no deseados que se hicieron oír, inmigrantes que resignificaron la fiesta, trabajadores que la boicotearon, "niños bien" llamados "indios bien" que aprovecharon para cometer sus desmanes con o sin la complicidad estatal y ciertamente muchos indiferentes a sus significados explícitos. ¿Todas esas dinámicas del momento alteraron el curso de esas tensiones precedentes? ¿Cambiaron las correlaciones de fuerza? ¿Generaron nuevos movimientos de más largo plazo?

Derivas

A fines de junio de 1910, una bomba estalló en el Teatro Colón. El hecho sugiere que parte del activismo anarquista no consideró necesario cambiar de estrategia ante las imponentes manifestaciones argentinistas de mayo de 1910. El gobierno respondió con una ley represiva dirigida hacia ese movimiento, la Ley de Defensa Social. Ello parece sugerir que las cosas siguieron su curso normalmente. Con todo, es posible argumentar también que, con relación a la declinación del anarquismo en los años inmediatamente subsiguientes, el momento del Centenario significó una divisoria de aguas y un punto de inflexión.

En octubre de 1910 asumió el nuevo presidente, Roque Sáenz Peña, y pronto puso en movimiento, no sin resistencias, una nueva ley electoral destinada a resolver el malestar creciente en el sistema político y en la opinión pública argentina. Una reforma en su especificidad, el voto universal, secreto y obligatorio, puesta en discusión por otros desde el mismo momento de su sanción. El programa de reforma de Sáenz Peña estaba esbozado en su programa de 1909 y es difícil decir si el episodio del Centenario influyó de algún modo en él, más allá de ese rebosante optimismo que procedía de antes y que la celebración hizo visible y quizás alentó aun más. En cualquier caso, la ley reintrodujo a los radicales en la política institucional pero con el resultado imprevisto de que éstos y no los distintos fragmentos del mundo conservador dominarían la escena política de ahí en más.

En cuanto a las identidades plurales existentes en la Argentina del diez, que habían exhibido su poderío en los actos de 1910, la comprobación que mostrarían los años sucesivos sería que el "ciclón de patriotismo" llevaría las de ganar en el mediano plazo ante las identidades originarias de los inmigrantes. Esa batalla no se resolvería en los mismos inmigrantes, siempre cercanos al bagaje de recuerdos de "la patria lontana" (aunque ello no implicaba serios conflictos con su cotidianeidad argentina) sino en sus hijos. Estos serían la presa del "ciclón" por muchos instrumentos, entre ellos algunos visibles en las ceremonias de 1910, como la educación patriótica. No hay nada tan sorprendente aquí, finalmente son los países de gran inmigración aquellos que suelen conseguir un apoyo visible mayor entre sus habitantes y en ese hecho influye decisivamente la adhesión, a veces exasperada, de los hijos de los inmigrantes a las mitologías nacional-patrióticas impuestas desde el Estado.

Por otro lado, puede preguntarse acerca de la historia posterior de la misma conmemoración, sus diferentes imágenes en las épocas sucesivas. El tema de la recepción y de las resignificaciones del Centenario en la opinión pública argentina es una investigación a realizar. Sin embargo pueden hacerse algunas observaciones generales preliminares. Visiblemente el Centenario quedó colocado en su temporalidad específica y en este sentido más que devenir la conmemoración de otras conmemoraciones inauguró una nueva serie. Fue menos un recuerdo de 1810 que uno de 1910. En este sentido, quedó asociada a los vaivenes en la percepción de esa Argentina del esplendor pero a su vez del otoño conservador. Según cómo se juzgase a esa Argentina de los "ganados y las mieses" así se juzgaba a uno de sus momentos emblemáticos, el Centenario. Su fortuna iba aparejada entonces a la de lo que se llamó Argentina agroexportadora, el Régimen, en los términos de la tradición radical, o la Argentina oligárquica, en los términos de la tradición peronista. En tanto conmemoración en sí misma, quedó asociada a dos imágenes que resumieron la fiesta en el imaginario argentino: una, la fastuosidad de la misma, mirada desde la perspectiva que brindaban las imágenes de las recepciones con la vestimenta tan trabajada de unas élites que hacían suyas, formalmente, las reglas de una sociedad burguesa; y otra, la visita de la Infanta española. En la cultura de la izquierda persistió también el recuerdo de las deportaciones y las violencias. En la cultura de las clases conservadoras el recuerdo parece haber persistido pero atenuado crecientemente como un lugar más.

Sin embargo, a medida que la Argentina entró en dificultades de todo tipo en el último cuarto del siglo XX y algunos volvieron sus ojos hacia una Argentina que parecía haber ya sido otra, emergieron vetas nostálgicas. Será, sin embargo, la llegada del segundo centenario la que pondrá al primero nuevamente en el centro de la escena pública y la que promoverá que volviese a hablarse crecientemente de él como acontecimiento en sí y como símbolo de una época.

En el cruce de los encendidos debates que surcaron a la Argentina de los últimos años, el primer Centenario devino alternativamente, en simplificaciones binarias, el emblema de una Argentina oprobiosa en su desigualdad, cuyos vestigios (y actores) se imaginan subsistiendo todavía en el presente o, inversamente, el emblema de un país añorado y mejor. En suma, el Primer Centenario es ahora, con fuerza, un lugar de memoria en sí mismo, independizado plenamente de su pretexto conmemorativo, pero muy contrastado (memoria del bien para unos, del mal para otros) como contrastada es la Argentina del presente.

La repatriación de los restos de Rosas[1]

Eduardo Hourcade

(CONICET/UNSAM)

1. La repatriación de los restos como forma de la apoteosis

No sabemos con precisión qué lugar ocupa; pero me parece evidente que las operaciones que han tenido y tienen lugar respecto de la disposición de los despojos póstumos de aquellos a quienes podemos considerar hombres o mujeres célebres, especialmente en el dominio de lo político, constituyen un modo de expresión de nuestra sensibilidad política que pueden ser detectados a lo largo de gran parte de nuestra vida constitucional.[2]

Entre estas operaciones de distinta clase, la repatriación puede ser considerada como un capítulo particular. Es posible que el hecho de que quienes fundaron el orden republicano hubieran atravesado la experiencia del exilio anti-rosista, y que esa experiencia del exilio fuera investida de un aura épica que sometía al patriota al casi insoportable dolor del ostracismo –la condena de los griegos que al expulsar al antes ciudadano de la polis lo enviaba no sólo a un lugar distinto sino a una especie de inframundo–, impusiera sobre estos antiguos exiliados una especie de deber moral: repatriar a aquellos

---

1. Agradezco los comentarios recibidos durante el encuentro, en especial por parte de N. Pagano, M. Rodriguez, S. Gayol y F. Devoto.

2. Al momento de escribir este texto ignoraba la existencia del excelente artículo de Sandra Gayol, "La celebración de los grandes hombres: funerales gloriosos y carreras *post mortem* en Argentina", publicado en *Quinto Sol*, Vol. 16, N° 2, julio-diciembre 2012. De todos modos lo aquí escrito es, reitero, anterior a su conocimiento.

que no habían podido morir en su tierra. A la manera del soldado quien antes y ahora se obliga en la medida de sus fuerzas a llevar a su patria, a su familia, a su tierra, los restos de aquel camarada que pereciera en el combate en tierra ajena.

La operación de la repatriación de los restos se imagina equivalente al funeral cívico y político que sus compatriotas fueron incapaces de proporcionar en el debido momento. La gratitud que estos profesan por las lecciones del muerto en el extranjero encuentra así un primer punto de reanudación entre presente y pasado de sentido apoteótico. Es más –y como podremos ver enseguida–, suelen ser el punto de inicio de un dispositivo memorial, conmemorativo, identificatorio –entre otras posibles calificaciones– que se extiende por un largo período en el cual –y como resulta inevitable– muchas veces la figuración del muerto se desplaza en sentidos nuevos, abriendo así a un juego de producción de sentido cambiante.

Entendemos que es posible señalar para esta práctica de la apoteosis de la repatriación de los restos, las ceremonias que se llevaran a cabo en 1857, con motivo de uno de estos notables funerales de Estado, dedicado a Bernardino Rivadavia. Como sabemos, Rivadavia, que murió en Cádiz en 1845, expresa el punto de encuentro de la generación de hombres de letras antes exiliados y ahora en la cúspide del poder porteño. No hay demasiado escrito por entonces acerca de Rivadavia, pero resulta ser una especie de consenso que ese era el hombre que había dejado una obra histórica de construcción institucional que debía ser imitada. En todo caso era uno de los posibles puntos de inicio de una fundamentación del pasado por el presente.

En febrero de 1857 el gobierno bonaerense dispone que se ponga en marcha la repatriación de los restos rivadavianos. A fines de marzo son exhumados en Cádiz y puestos sobre un vapor. Al llegar a la rada de Buenos Aires son desplazados a otra embarcación de la marina nacional que se consideraba más adecuada para la ceremonia. Mientras tanto, las hojas impresas convocaban al público para la recepción. La misma se produjo en el más moderno muelle disponible. Recibido el féretro por sus descendientes, habla en primer lugar la presidente de la Sociedad de Beneficiencia y, a continuación, José Mármol.[3]

---

3.   Cfr. Galván Moreno, C. *Rivadavia, el estadista genial*, Buenos Aires, Claridad, 1940, p. 546 y ss.

Se traslada el féretro un centenar de metros y luego le corresponde tomar la palabra en nombre del municipio a Domingo F. Sarmiento, quien subraya el adorno con que los edificios de Buenos Aires se han preparado, al tiempo que lamenta la inconclusión del frontispicio de la catedral: *"¡Don Bernardino! ¡Ésta es la misma patria que dejasteis hace treinta años! Las mismas instituciones la rigen, el mismo espíritu la anima. ¡Estáis con los vuestros! ¡Entrad y reposad en medio de las bendiciones de la posteridad!"*.

Eso sí, el camino conmemorativo no sería precisamente reposado. Al desembarco y traslado de los restos a la catedral de Buenos Aires, el 20 de agosto continúa un segundo desplazamiento hacia el Cementerio de la Recoleta el día 4 de septiembre. Con posterioridad, en 1932, y conmemorando el aniversario de su muerte el día 2 de septiembre, los despojos son emplazados en el enorme monumento a su memoria en la plaza Once de Septiembre.

No pude menos que sonreír al observar que uno de sus biógrafos, C. Galván Moreno, al publicar su extenso *Rivadavia, estadista genial* en 1940, preveía que el 2 de setiembre de 1945 *"con el carácter de verdadera apoteosis que debe un pueblo al más grande de sus constructores, deberá conmemorarse el Centenario de su muerte"*.

Como dije antes, entiendo que la repatriación de los restos de Rivadavia señala un punto de comienzo que nos permitirá la comparación con acontecimientos posteriores. Por seguir en orden cronológico, corresponde detenernos brevemente en la repatriación de los restos sanmartinianos. Como es sabido, San Martín muere en el norte de Francia en agosto de 1850. Incumbe al presidente Avellaneda, en una coyuntura que la casi totalidad de los biógrafos evalúa de manera similar, la iniciativa de la repatriación. Se encuentra en marcha una operación (a la larga fallida) de pacificación de las facciones bonaerenses. En ese marco, la iniciativa de la repatriación sanmartiniana venía a mostrar que ese compromiso del presente se convertía también en una mirada hacia el pasado, homenajeando a quien por entonces ya comenzaba a ser considerado el más grande de los "argentinos". Diferencias con Rivadavia: para 1877 existe ya en esbozo una historia argentina en tanto relato de pretensión verídica sobre el pasado. Justamente entre los líderes de las facciones pacificadas se encuentra uno de los fundadores de nuestra tradición de escritura.

Inconvenientes no faltan. Primero, la repatriación resulta en cierto modo contra la voluntad del muerto, que habiendo por testamento previsto su entierro simple en un cementerio, expresa sí el deseo de que su corazón (sólo su corazón) reposara en Buenos Aires. Algunos de sus familiares habían tramitado un lugar para él en el Cementerio de la Recoleta, donde incluso se previó un monumento. Finalmente, el desembarco se produce poco antes del reinicio del conflicto civil, en mayo de 1880. Entretanto, la Comisión de Repatriación ha designado como emplazamiento del mausoleo recordatorio a la catedral de Buenos Aires y ha encargado el cenotafio monumental, luego de un concurso que contara con seis aspirantes, al francés Albert Carrier-Belleuse. Toca otra vez a Sarmiento recibir los restos. Por supuesto, ni Buenos Aires ni Sarmiento son los de 1857. Para Sarmiento, la catedral de Buenos Aires podía como la de Westminster "ser el panteón de nuestros grandes hombres".

> "A nombre de la presente generación, recibimos estas cenizas del hombre ilustre, como expiación que la historia nos impone de los errores de la que nos precedió... Que otra generación que en pos de nosotros venga, no se reúna un día en este mismo muelle, a recibir los restos de los profetas, de los salvadores que nos fueron preparados por el Genio de la Patria y habremos enviado al ostracismo, al destierro, al desaliento y a la desesperación. Conduzcamos, señores, este depósito al lugar que la gratitud pública tiene deparado".[4]

San Martín ha permanecido en el sitio asignado. Pero la historia de su emplazamiento "eterno" está desde el inicio atravesada por signos recogidos por los historiadores que al menos subrayan la incomodidad con la que tanto la iglesia como los intelectuales anticlericales debieron adaptarse a esta imagen del panteón catedralicio que expusiera Sarmiento. Diversos estudios han aludido a que la capilla sanmartiniana se encuentra en realidad emplazada exteriormente con respecto a la catedral en sí misma. No faltan quienes sostengan que no fue error la inadecuación del tamaño del nicho en el túmulo con respecto al féretro, lo que obligó a su colocación oblicua antes que la obligada horizontal, signos todos ellos del rechazo a la inclusión del "masón" en la principal casa de los católicos argentinos.

En fin, si bien San Martín sigue estando allí, recientemente un investigador del Instituto Sanmartiniano se ha visto en la obligación de desmentir toda esta serie de indocumentados indicios y aseverar

---

4.   Rojas, Ricardo, *El Santo de la Espada*, Buenos Aires, Losada, 1957, p. 615 y ss.

la pertinencia de su reposo en tierra sacra junto a quienes fueran algunos de sus más destacados ayudantes.[5] Que la historia no termina se confirma por la presentación en agosto de 2011 de un proyecto de ley por parte del diputado nacional Roy Cortina para que los restos de San Martín fueran trasladados al Cementerio de la Recoleta, ubicados en inmediaciones de los de su esposa Remedios y construido un mausoleo nuevo.[6]

Revisemos rápidamente los casos de Sarmiento y Alberdi. En el caso de Sarmiento hasta se me puede objetar que se trate de una repatriación, al menos respecto de cómo él mismo la hubiera percibido. Fallece en Asunción, donde había residido aun con intermitencias por cerca de dos años buscando un clima más cálido, el 11 de septiembre de 1888. Tiene prevista su inhumación en el Cementerio de la Recoleta, y él mismo ha diseñado el mausoleo "masónico" para sus restos coronado de un obelisco que sostiene un águila y ostenta además la inscripción "Civilización o Barbarie". También ha previsto que su féretro sea embanderado con los símbolos nacionales de Argentina, Uruguay, Paraguay y Chile. Toca a Carlos Pellegrini (vicepresidente) recibir los restos embarcados el día 21 de septiembre de 1888; fue, afirma, el cerebro más poderoso que haya producido la América.

Emplazado en la Recoleta, sus restos no han sido tocados, pero las dos fechas, la de su muerte y la de su repatriación, han sido memorializadas. En 1902, Salvador Debenedetti, entonces presidente del Centro de Estudiantes de la Facultad de Filosofía, propone a la facultad que la ocasión del aniversario del regreso de sus restos ocurrido el 21 de septiembre fuese considerada como Día del Estudiante. Inicialmente con vigencia en la Facultad, más tarde en la Universidad, luego se convierte en efeméride escolar. Además, en 1943, un congreso panamericano de educadores consagra a Sarmiento como Maestro de América y propone a todos los países observar la fecha de su muerte, 11 de septiembre, como Día del Maestro. En Argentina se observa desde 1945.

Respecto de Alberdi, sin duda se trata de una repatriación, pero a contramano de la voluntad del autor de *Las Bases*. Muere en 1884 cerca de Paris, en Neuilly-sur-Seine, habiendo dejado preparado un

---

5. Cfr. Mayochi, Enrique, *La repatriación de los restos*, en página web del Instituto Nacional Sanmartiniano (http://www.sanmartiniano.gov.ar/ documentos/documento094.php).

6. Cortina, Roy (diputado nacional), Proyecto presentado Expte. 5716-D-2012.

mausoleo ornamentado en el cementerio parisino de Pére Lachaise. Sus familiares se niegan a llevarlo hasta allí y lo entierran en el cementerio local, permaneciendo hasta hoy vacío el sitio parisino. En 1889 –y ya sabemos en qué situación– el presidente Juárez Celman inicia los trámites para su repatriación. Sus restos llegan a Buenos Aires el 28 de mayo y son encaminados a la Catedral, donde se le propinan los imaginables honores, aunque pocos días después, el 5 de junio, son trasladados al Cementerio de la Recoleta y ubicados en un emplazamiento prestado, la bóveda de la familia Ledesma, hasta tanto se le construyera el mausoleo previsto en un sitio acordado especialmente por la Municipalidad. Finalmente, Alberdi no reposa en cementerio ni en camposanto. Allí quedan los dos monumentos vacíos de Pére Lachaise y de la Recoleta. Sus restos "descansan" en la casa de gobierno de la ciudad de Tucumán.

2. La repatriación de los restos de Rosas

Nos pareció necesaria la introducción anterior, en la convicción de que no resulta comprensible por sí sola la repatriación de los restos de Rosas. La repatriación de los restos es una instancia de agregación de sentimientos colectivos y, tal como dijimos, ya guarda un lugar en el sistema de nuestras referencias ciudadanas. El cuándo, el cómo, el por qué o el para qué, se pueden declinar de maneras distintas y por supuesto que no son menores los cambios que han ocurrido respecto de la sensibilidad ante la muerte, de la apoteosis funeraria como forma de la sacralización física, o de la valoración acerca de la justa o injusta inclusión de todos estos hombres (sabemos también que hay de por medio un caso femenino que tiene gloria propia) en el imaginario panteón de la patria.

El reclamo por la repatriación de los restos de Rosas es una práctica impulsada con diverso brío pero sin discontinuidades por el revisionismo histórico argentino, a partir de la organización del Instituto de Investigaciones Históricas "Juan Manuel de Rosas", junto con la sacralización cívica de la fecha del 20 de noviembre, correspondiente a la Batalla de Obligado.[7] Más allá de los diversos

---

7. Librada por tropas de la Confederación Rosista en 1845 con el objeto de impedir la navegación del río Paraná al norte de una flota militar que asociaba navíos franceses e ingleses y que era acompañada por una más ilusa que esperanzada cohorte de navíos comerciantes que soñaban poder obtener ganancias en Paraguay.

momentos que atravesó el revisionismo argentino, estas dos empresas de memoria lanzadas a fines de los años treinta podrían pensarse como una suerte de punto de agregación de una familia que no siempre convivió armoniosamente.[8]

El revisionismo histórico tardó en hacerse reconocer institucionalmente, pero durante el último veintenio y en asociación a gobiernos peronistas –desde ya que muy diferentes entre sí– conseguirá, en 1989, la repatriación de los restos de Rosas, y con motivo del Bicentenario y ya en plena "década ganada", que la fecha de la batalla de la Vuelta de Obligado se instale en el calendario memorial obligatorio en tanto "Día de la Soberanía Nacional".

Revisaremos entonces en primer término las dificultades planteadas para repatriar los restos de Rosas; en segundo término, su repatriación en 1989 y las conmemoraciones a las que abriera paso en estos dos decenios y, finalmente, haremos referencia al "Día de la Soberanía Nacional" y a su modo celebratorio.

Si estamos familiarizados con las formas de construcción de la historiografía argentina, sabemos que con diverso énfasis y especialmente en la difusión pública con el objetivo de formación de masas en el siglo XX, principalmente por la vía del sistema escolar, el régimen del procerato argentino tiene un antihéroe: Juan Manuel de Rosas. La organización nacional a partir de 1853 había sido la tarea de quienes combatieron al tirano y sufrieron las humillaciones que el pueblo argentino había sufrido hasta que finalmente fuera derrocado en febrero de 1851. No es este el momento de hacer evaluaciones sobre la figura de Rosas ni sobre el revisionismo que ha sido analizado con mucho cuidado por una cantidad de autores de los que soy deudor. Aquí solamente me interesa enfatizar el juicio de tirano arbitrario que sintetiza la opinión de sus contradictores, quienes no sólo ganaron la guerra sino que además escribieron la historia. Y que es por cierto una historia no necesariamente falsa.

---

8. Es muy extensa la bibliografía sobre el revisionismo histórico argentino. De todos modos quisiera dar algunas referencias, no por exhaustivas, sino para exponer mejor al lector sobre mis propias inclinaciones respecto a tan vasta temática: Quattrocchi-Woisson, Diana, *Los males de la Memoria*, Buenos Aires, Sudamericana, 1995. Cattaruzza, Alejandro y Eujanian, Alejandro, *Políticas de la Historia*, Buenos Aires, Alianza, 2003. Chiaramonte, José C., *Usos políticos de la Historia*, Buenos Aires, Sudamericana, 2013. Devoto, Fernando, *Nacionalismo, fascismo y tradicionalismo en la Argentina Moderna*, Buenos Aires, Siglo XXI, 2002. Devoto, Fernando (comp.), *La historiografía argentina en el siglo XX*, Buenos Aires, Editores de América Latina, 2006.

Pero hay algo más. Juan Manuel de Rosas no sólo es el antihéroe sino que es quien en verdad merece el ostracismo, al que lo condena un pueblo que se ha desatado de su yugo. Hemos nombrado antes a José Mármol, entre quienes recibieran los restos de Rivadavia. A estar de su propio relato, preso del rosismo un breve tiempo durante 1839, y quemando palillos de yerba para convertirlos en carbonilla, versificó en las paredes de su encierro por primera vez sus profundos sentimientos en contra del orden político que lo ponía preso. Exiliado en Montevideo, va a publicar a la vez como homenaje al 25 de mayo y como diatriba poética, veinticuatro líneas de versos que integran el poema "A Rosas, el 25 de mayo de 1843". Este texto que durante generaciones formara parte de la instrucción obligada de los escolares argentinos, se cerraba con lo que tiempo después querrá leerse como una mezcla de maldición y profecía:

> "(...) que entonces de ese Rosas que (te) abomina tanto,
> ni el polvo de sus huesos la América tendrá".

El poema fue además reunido junto a otras obras del mismo autor en su volumen *Armonías* que conociera la luz en 1851. Si sus poemas tienen un valor en sí como génesis de la literatura nacional, desde el punto de vista literario su extensa novela *Amalia* constituyó la reconstrucción histórico-literaria predominante respecto de la época rosista y es probable que su influencia al producir una imagen popular de los tiempos de la tiranía y el exilio montevideanos, resultara más eficaz que las obras de historiadores un poco más apegados a los documentos. Mármol, entre otras funciones, fue director de lo que actualmente es la Biblioteca Nacional hasta 1868 cuando la ceguera le impidió continuar.

Desde mi punto de vista, no es seguro que el texto de 1843 fuera una profecía que ocupara un lugar sustantivo en la negativa evaluación que su autor hacía del rosismo. Si nosotros comparamos el poema con un texto en prosa dirigido a Rosas, publicado en Montevideo en octubre de 1851, momentos en que se puede vislumbrar que el llamado Ejército Grande finalmente dará cuenta del jefe de Buenos Aires por casi dos décadas, le señala que quiere aprovechar para decirle ahora cuando todavía está en el poder lo que piensa de él, dado que *dentro de algunas semanas os encontraréis (...) en el destierro o bajo la vigilancia de la justicia*. Mármol intenta explicar que Rosas no sólo es nefasto para el pueblo de Buenos Aires, sino que también lo es para quienes lo rodean –todos recordamos sus escritos sobre Manuela Rosas–, pero además es nefasto para sí mismo en tanto se conduce a su propia perdición.

"Un hombre de altura, y que entendiese lo que le convenía, en posición como la vuestra (...) no hubiera cometido tantos errores. Ahí tenéis general Rosas, todo cuanto habéis hecho desde 1850 hasta hoy, y si tenéis la generosidad de decir la verdad una sola vez en la vida, diréis conmigo que el último cacique de los patagones habría entendido mejor sus intereses en situación tan difícil".

El juicio sobre el futuro inmediato plantea la opción del exilio, como ya vimos. Y sobre ella se extiende al final del artículo:

"si vuestra cobardía os hace huir, vuestra vida en el extranjero será un objeto de asco y repugnancia por vuestros crímenes, de desprecio y de burla por vuestra nulidad. Y la historia dirá alguna vez que la mayor desgracia de los argentinos no fue la de tener un tirano, sino la de que ese tirano fuera Rosas".

Creo que si en este texto podemos apreciar una maldición/ profecía, el mismo tiene esencialmente que ver con la condena de la Historia según Mármol, condena que es análoga a la que hacen caer sobre Rosas sus enemigos del presente. Estoy seguro de que Mármol no imaginaba cuán cerca de enunciar el futuro estaba al suponer esta inclinación del juicio literario posterior.

En todo caso, si la divulgación de sus versos hacían que la maldición de Mármol se convirtiera en interdicción plena, en condena eterna y excepcional de una sociedad que sentía que la repatriación de los muertos era un ejercicio de memoria debida, es seguro que esta suerte de juicio definitivo tendría la perduración de las representaciones del pasado que la sostenían. Como sabemos por quienes han trabajado sobre historiografía argentina, para la década de los años veinte un nuevo horizonte de experiencias, conceptualizaciones y pasiones, requerirían de una remodelación del pasado argentino, en tanto fundante de su presente y garantía de su porvenir.

Espero se me perdone el recurso a otro director de la Biblioteca Nacional, a otro ciego, y casi sin disensos, nuestra mayor pluma: Jorge Luis Borges, quien se refiriera a Rosas en un poema publicado en *Fervor de Buenos Aires* en el año 1923. Ya ahora no es tan seguro que Rosas fuera ese monstruo:

"No sé si Rosas
fue sólo un ávido puñal como los abuelos decían;
creo que fue como tú y yo
un hecho entre los hechos.

Ahora el mar es una larga separación
entre la ceniza y la patria.

> Ya toda vida, por humilde que sea,
> puede pisar su nada y su noche.
>
> Ya Dios lo habrá olvidado
> y es menos una injuria que una piedad
> demorar su infinita disolución
> con limosnas de odio".

Más allá entonces de su supuesta vida criminal, el odio contemporáneo a Rosas sólo puede convertirse en una limosna piadosa que demora su disolución. Hasta olvidado de Dios, el mar es la separación entre la ceniza y la patria. No por bien conocida, ésta me parece ser una referencia desdeñable respecto de cómo el clima de ideas está cambiando en Buenos Aires.

En tal sentido, creo posible sostener que antes que dinamizar efectivamente la repatriación de los restos de Rosas, que en varios sentidos resultaba antipático promover, resultó demorada por la emergencia en el revisionismo histórico de ese imaginario contrahistórico del que se han ocupado varios autores. En contribuciones al análisis de la historiografía argentina dedicados a los años treinta y cuarenta, tanto Nora Pagano como Martha Rodriguez nos proveen de indicios en ese sentido.[9] Al ser asumidos como puntos centrales de un programa propio de reconstrucción del pasado que caracterizaba más o menos de falsarios a todos aquellos que se encontraban en divergencia con sus propias posiciones, el rosismo faccionalizó ambas peticiones conmemorativas, la de la Vuelta de Obligado en primer término, que creo hubiera sido relativamente asimilable al nuevo énfasis de los dispositivos conmemorativos del Estado a partir de los años 1930. Finalmente, se trataba de una batalla perdida en el marco de una guerra ganada a la dos potencias coloniales del momento. Se trataba nada menos que de una gesta militar y existe toda una serie de indicios de su digestibilidad –por así decir– para la llamada historia oficial. Respecto de la repatriación de los restos de Rosas, es indudable que se trataba de una empresa que hubiera exigido reelaboraciones más profundas.

Ha sido subrayado por diversos autores –menciono entre ellos a Alejandro Cattaruzza– el modo en que revisionismo histórico y peronismo terminan por ser formas de construcción ideológico-

---

9. Cfr. Rodriguez, Martha, "Cultura y educación bajo el primer peronismo" y Pagano, Nora, "Olvidar y recordar una historia de vida. El caso de Diego Luis Molinari", en Pagano, N. y Rodriguez, M., *La historiografía rioplatense en la posguerra*, Buenos Aires, La Colmena, 2001, pp. 39-64 y 67-90.

política afines. Es cierto también que considerados juntos o por separado tanto "peronismo" como "revisionismo histórico" son dos continentes nada homogéneos en su topografía. Pero espero que en el espacio que dispongo se me disculpe esta expresión aunque sea como descripción de una convergencia que de diversas maneras empieza a producirse a partir del año 1958 y que se va prolongando por diversos canales hasta convertirse en algo más sólido a principios de los años setenta. Para ir rápido, desde el Instituto "Juan Manuel de Rosas" se han ensayado exitosas campañas durante los años sesenta para difundir el proyecto de la repatriación, más bien como una iniciativa de la sociedad civil (opositora) y utilizando medios tales como la suscripción de fondos populares para la empresa.

Llegado el peronismo al gobierno, en 1974, parece ser que la empresa de memoria va a tener por fin su momento de consumación. Perón, en los cortos meses de su gobierno que van desde la asunción gubernativa hasta la crisis del 1º de mayo de 1974, ensayó una diversa serie de medidas apuntando a la concordia nacional. En un tiempo tan faccionalizado como aquel era difícil que propuestas demasiado complejas tuvieran andamiento. No obstante, se ensaya poner en obra un complejo dispositivo de memoria: el Altar de la Patria.

Es obvio que la idea de Panteón resultaba excesivamente laica. La noción de Altar de la Patria permitía un empalme con la idea católica de Nación, que si bien ya no se esparcía homogéneamente en el interior del peronismo, tendía la mano a un conjunto grueso de sus antiguos adversarios del nacionalismo católico. El Altar de la Patria se emplazaría en Figueroa Alcorta y Tagle de la ciudad de Buenos Aires, terreno que el primer peronismo ya había reservado para un monumental y nunca construido Monumento al Trabajo, y en el que finalmente la dictadura asentó lo más moderno de su dispositivo comunicacional, la entonces ATC, devenida hoy en Televisión Pública.

En el Altar de la Patria tendría su lugar la recién repatriada Eva Perón, y sería el destino final de varios de los despojos que evocamos anteriormente, sumados a otros que vendrían del interior y que por supuesto incluirían a Juan Manuel de Rosas. Manuel de Anchorena va a ser convocado por el presidente Perón el día 20 de noviembre de 1973 (aniversario de la batalla de Obligado), quien le ofrece ocupar la embajada argentina en Gran Bretaña para poner especial énfasis en la gestión por Malvinas y también como modo de auxiliarlo a continuar *in situ* y ahora representando al Estado

Argentino, la tarea de repatriar los restos de Rosas a la que había dedicado muchos años de su vida. Si en lo que hace a la elección de quien podía desempeñar la tarea externa Perón había obrado bien, es probable que no percibiera cuán controversial resultaba desde el comienzo el Altar de la Patria, siendo que estaba en la esfera de influencias del "brujo" José López Rega. En síntesis, el final de López Rega a mediados de 1975 sumado a la infinita complejidad de la situación política dejada por Perón a su muerte, hundieron ambas iniciativas.

Sin embargo, los años setenta nos dejan frente a un estado de cosas que en cierto modo resulta novedosa. Si la resonancia del revisionismo histórico resulta ser –como se dijo– amplia, aquella tendencia del revisionismo que se empeña en mantener el culto rosista *per se* comienza a perder fuerza frente otra que reivindica más su antiimperialismo que su modelo de organización y disciplina social. Esto me parece que explica cuáles fueron las facciones políticas que finalmente obtendrían la repatriación de los restos de rosas.

Los detalles de la repatriación de Rosas han sido contados por uno de sus protagonistas de primera línea. Manuel de Anchorena publicó en 1990 *La Repatriación de Rosas*, editado por la caracterizada editorial, Theoría, de una de las familias revisionistas; probablemente aquella familia que integra Anchorena entre otros y que tal vez resulte la que mejor combine rosismo con tradicionalismo y catolicismo, para recuperar la fórmula de Fernando Devoto. En verdad, sus conocidas posiciones de estanciero católico le habían valido a Anchorena diversos sinsabores en la vida política del peronismo setentista. Habiendo obtenido de manera legal la nominación partidaria para la gobernación de Buenos Aires, fue presionado para renunciar abriendo paso a la candidatura de Oscar Bidegain. Tampoco en los años ochenta los aires políticos le eran favorables, pues tanto él como Sánchez Sorondo, con quien se lo puede asociar desde el punto de vista ideológico-político, no alcanzaron sus respectivas aspiraciones senatoriales ni en la Provincia de Buenos Aires ni en la entonces Capital Federal.

Resulta que será Menem quien finalmente lo haga. Recién llegado a la presidencia –poncho riojano, largas patillas que se convertían en una semi-barba, cabello largo, negro y ensortijado, acento norteño– muchos y diversos grupos por sus orientaciones entreveían en este enigma –que parafraseando una cierta moda conceptual en boga y a la podríamos apelar, se ofrecía como un "significante vacío"– al conductor que habría de sacarnos de la crisis política, la hiperinflación y

el estancamiento. La democracia devenida menemista se aprestaba
a superar lo que concebía como formalismo democrático del radicalismo en búsqueda de una regeneración sustantiva: la revolución
productiva. Entre los muchos convocados a la obra se encontraban
los antiguos revisionistas, y esta vez sí, la promesa sería realidad en
tiempo récord. Menem asumió la presidencia el 9 de julio de 1989,
y el 30 de setiembre los restos mortales del Brigadier Juan Manuel
de Rosas, transportados desde Southampton por un avión militar,
aterrizaban en el aeropuerto de Rosario y con la correspondiente
custodia de honor eran llevados hasta el Monumento a la Bandera
donde se realizaba la primera ceremonia de recepción, a cargo del
propio presidente:

> "Hermanas y hermanos de mi patria, queridos niños:
> Yo, Carlos Saúl Menem, quiero hablar con todos y cada uno de
> los argentinos. A cada uno de mis compatriotas, a cada mujer, a
> cada hombre de esta bendita tierra les quiero dirigir estas pala-
> bras al corazón y a la conciencia. Mano a mano, sin demagogia,
> sin hipocresía, sin doble discurso, sin segundas intenciones, sin
> mentiras. No deseo tan sólo hablarles como presidente de la
> República; no quiero dirigirme a ustedes simplemente como
> gobernante ni tan siquiera como político, les quiero hablar como
> un hermano más, como un argentino más, como un hombre que
> sufre, sueña, trabaja y espera todo de esta Nación.
>
> A cada obrero, a cada empresario, a cada estudiante, a cada
> intelectual, a cada dirigente, a cada profesional, a cada ciudadano
> le quiero hacer una pregunta. Una pregunta clave, una pregun-
> ta inexcusable, una pregunta vital para nuestro pueblo y para
> nuestro futuro: ¿Es posible construir una patria sobre el odio
> entre hermanos? Lo repito: ¿Es posible construir una verdadera
> patria sobre el odio entre hermanos? ¿Es posible la Argentina si
> continuamos desgarrándonos sobre nuestras viejas heridas? ¿Es
> posible una nueva y gloriosa nación si continuamos alentando
> odios, recelos y sospechas entre compatriotas? ¿Es posible levan-
> tar un país en serio sobre los falsos pilares de la discordia, de la
> desunión y la lucha fratricida?
>
> Porque creo en mi pueblo, porque conozco palmo a palmo su
> pensamiento y su sentimiento; porque tengo un oído puesto en
> sus más íntimas convicciones, sé que la respuesta es una y sólo
> una. La respuesta es no. No se puede construir una verdadera
> patria sobre el odio entre los hermanos. Sé que el clamor de este
> tiempo es no; no a la revancha, no a la división, no al resenti-

miento, no al sectarismo, no a la ceguera ideologizada, no a la soberbia de creerse dueño de toda la verdad, no a la intolerancia, no al veneno de seguir agitando nuestros viejos errores, no al fantasma de reanimar nuestros tristes desencuentros.

Y, al decir no, el pueblo argentino también está diciendo sí; sí a la valentía de perdonar agravios, sí al coraje de pacificar los espíritus, sí al valor de sepultar los odios, sí a la honestidad de reconocer los desaciertos. En definitiva, sí a la posibilidad de poner en marcha una Argentina mejor".[10]

Desde allí el féretro fue trasladado a un buque militar y descendió por el río Paraná, recibiendo homenajes especiales en las inmediaciones de la Vuelta de Obligado. Llegado a Buenos Aires, la misa de recepción se efectuó en el Cementerio de la Recoleta, oficiada por uno de sus descendientes y fue finalmente depositado en el panteón familiar. También cabe anotar que desde 1989 el Instituto "Juan Manuel de Rosas" tiene carácter oficial, estando integrado en la Secretaría de Cultura. Por si fuera poco, también durante la gestión menemista se inaugura un monumento a Rosas, emplazado en la que fuera su antigua residencia de Palermo, en la intersección de las avenidas Sarmiento y Libertador.

En un sentido, entonces, Rosas no sólo ha sido repatriado, sino que su memoria ha sido oficializada, y oficializada por cierto en un momento que se asocia con una versión hoy casi abjurada del peronismo, aquel de los indultos, de la convertibilidad y las privatizaciones, que por cierto también era incómoda para los nacionalistas doctrinarios. Considerando las cosas desde un punto de vista menos formal, la movilización de opinión que consiguió la repatriación de los restos de Rosas fue cuanto menos modesta. En Rosario, alguna obligatoriedad escolar había al menos parcialmente congregado un público. Si revisamos las imágenes de la televisación son notorios los planos cortos que impiden al televidente obtener una constancia del número de los presentes. En otro sentido, lo más notable y telegénico aparte de la imagen del presidente, resultan los contingentes integrados por jinetes de todo el país, de delegaciones gauchescas que tanto en Rosario como en Buenos Aires, venían a reivindicar la llegada "del mejor de los suyos" como sostuviera recientemente una agrupación gauchesca del nordeste argentino.

---

10. Menem, Carlos S., Discurso de Carlos Saúl Menem en la ciudad de Rosario, con motivo de la repatriación de los restos de Juan Manuel de Rosas, 30 de septiembre de 1989, en Biblioteca Digital Conectar Igualdad, Ministerio de Educación, Buenos Aires.

Asimismo, pasados los años, si observamos las fotografías que ilustran cada aniversario del 30 de septiembre cuando se promueve un homenaje institucional a Rosas que tiene lugar en la Recoleta, junto a su tumba, veremos escaso público. Las figuras conocidas de la institución leyendo algún texto de circunstancia y una escueta guardia uniformada completando el homenaje. Casi una formalidad.

Pese a lo esperado, la larguísima ilusión de medio siglo no había encontrado un final apoteótico. La situación me parece más bien anticlimática. Una cierta frialdad popular, la imposibilidad del revisionismo pese a sus nuevos sitiales oficiales de convertirse en generador de una imagen pregnante del pasado y asimismo conectiva respecto del presente.

Son muchas las cuestiones que habían cambiado en la Argentina de fines del siglo XX con respecto a la de la entreguerra. La centralidad de la cultura escolar en disminución, una equivalente pérdida del interés por el escrito (que eran las vías regias de la producción del sentido simbólico en el momento anterior), pero también el cambio del foco de significatividad respecto del pasado que experimenta la Argentina contemporánea. Sus dolores ya no son los del siglo XIX, la dimensión temporal del régimen de la historicidad argentino se ha aplastado hacia el presente. Y no estoy seguro que sea en el sentido del presentismo caro a Francois Hartog, sino a la dramática tragedia de la Argentina reciente: el terrorismo de Estado y su más doloroso legado, los desaparecidos.

Triunfo entonces paradójico el del revisionismo histórico. Comienza a ser oficial cuando entre el público cunde una cierta indiferencia frente a lo que se desea representar. En este sentido, la alianza con el kirchnerismo nos permite mostrar otras valencias. Si el revisionismo es invocado en términos generales, el federalismo encarnado por Dorrego parece más adecuado a las necesidades del momento de mostrar una historia. Si se nos permite llamarla así, la teoría de la historia del kirchnerismo parece estar casi completamente expuesta en el discurso pronunciado en noviembre de 2011 cerca de San Pedro, provincia de Buenos Aires, en las inmediaciones de la Vuelta de Obligado, por la presidente Cristina Fernández. Recorto alguna de sus manifestaciones:

> "He firmado también en el día de ayer el resultado de una larga lucha de un grupo de caracterizados historiadores e historiadoras argentinas que venían bregando desde hacía mucho tiempo, luchando por la conformación de un espacio institucional desde el cual poder analizar, estudiar, reflexionar y debatir también

acerca de la historia real de los argentinos y no de la historia oficial. Por eso ayer por la noche firmaba el decreto que conforma el Instituto de Revisión Histórica Manuel Dorrego, otro gran patriota argentino.

Yo luzco muy orgullosa esta insignia federal que me colgó recién un Colorado del Monte, con la figura del brigadier don Juan Manuel de Rosas y de su esposa doña Encarnación Ezcurra, esa gran mujer ocultada por la historia, verdadera inspiradora de la revolución de los restauradores, que permitió precisamente que el Movimiento Federal pudiera continuar. Pero bueno, a las mujeres siempre nos cuesta más aparecer; ahora, cuando aparecemos hacemos historia, como doña Encarnación.

¿Alsogaray está por ahí? Ahí estás. ¿Cómo estás? Este es el Alsogaray comprometido con la historia nacional y que nos acompaña; sus antecedentes, sus abuelos, sus bisabuelos, un chozno debe haber sido, qué sé yo, era uno de los jefes de batería, creo. Está en el monolito ¿no es cierto? Me dijo: la voy a ir a acompañar, Presidenta, soy descendiente de los Alsogaray que pelearon por la soberanía nacional, por la independencia y quiero estar ahí junto a usted y al resto de los argentinos. Gracias por acompañarnos hoy.

Pero bueno, acá estamos en este día maravilloso de los argentinos, que hemos vuelto a recuperar en nuestro calendario de fechas patrias, que estaba ocultado. ¿Por qué estaba ocultado? Porque era necesario convencer a cada uno de nosotros que era imposible oponerse o luchar contra las grandes fuerzas, de la misma manera que nos tuvieron convencidos hasta el año 2003 de que no se podía hacer nada que no estuviera autorizado por el Fondo Monetario Internacional, que no se podía hacer nada que fuera contra la corriente porque entonces nos íbamos a sumergir en el aislamiento, porque en el fondo ahí radica una de las claves: en convencernos que solamente los superhombres o las súper mujeres que existen en otros lados -nunca existen por supuesto en nuestro país- pueden hacer las cosas, y yo digo que es al revés, son los hombres comunes, somos las mujeres comunes pero con responsabilidades, las que junto a los grandes pueblos podemos hacer las grandes victorias que se merece nuestra gente, nuestra historia y todos los que ya no están.

Yo les pido a todos los argentinos que hagamos un inmenso esfuerzo para comprender este momento histórico que vive la Argentina y el mundo, las cosas que hemos hecho en estos años, que las defendamos con uñas y dientes, que corrijamos las que están mal pero que profundicemos las que hemos hecho bien para que la equidad, la igualdad y la libertad lleguen a todos los argentinos, como quería Rosas, como quería Mansilla, como quería Dorrego, San Martín, Belgrano, Mariano Moreno y todos los grandes hombres que construyeron la historia. Viva la patria, viva la Vuelta de Obligado, viva la Argentina. Gracias, viva la América del Sur. Muchas gracias".

Habría mucho para analizar en el texto, pero creo que con lo expuesto puede alcanzarse a percibir el sentido mucho más eficaz con que el kirchnerismo ha sabido presentar su enlace entre el pasado y el presente. En el listado de nombres del final falta ostensiblemente Sarmiento, pero esto no lo deja sin un lugar. También Sarmiento, creo, ha dejado de ser la bestia negra de esta nueva manera de acomodar el dispositivo memorialistico y conmemorativo.

Habría más que decir sobre la consecución de la segunda empresa de memorialización intentada por el revisionismo desde finales de los años treinta: elevar a la categoría de conmemoración oficial a la batalla de la Vuelta de Obligado, imponiendo el 20 de noviembre como Día de la Soberanía. Mencioné más arriba esta incorporación, que se incluye junto a otras modificaciones, algunas formales, otras más sustantivas. Entiendo que los feriados del 24 de marzo y del 2 de abril constituyen la innovación más sustantiva; no creo que cambiarle el nombre al 12 de octubre dedicándolo ahora a la diversidad cultural implique más que formalidad. Respecto del 20 de noviembre, lo que vengo observando es que los contingentes más significativos de manifestantes que acompañan la conmemoración son las federaciones gauchescas.

Uno de los escritos de Julio Stortini sobre el revisionismo ha expuesto que en los años sesenta se había dado en el seno del Instituto "Juan Manuel de Rosas" un debate respecto a que la visión del pasado que se intentaba difundir no debía ser confundida con un tradicionalismo folklórico que resultaba ser más una simulación que la representación del mundo cotidiano de los argentinos. Creo que esa interesante observación se debe tener en cuenta a la hora de reflexionar sobre si el Día de la Soberanía no se ha convertido en una especie de substituto del antes conmemorado Día de la Tradición, que evocaba a José Hernández y caía casualmente en el mes de noviembre.[11]

---

11. Stortini, Julio, "Polémica y crisis en el revisionismo argentino: el Instituto de Investigaciones Históricas Juan Manuel de Rosas 1955-1971", en

Finalmente, el nuevo calendario oficial está regido por dos leyes que no tienen demasiado que ver con la historia, o al menos a primera vista. En primer término, todos sabemos que el impulso de los fines de semana largo o los feriados puente apunta a fortificar la actividad del turismo local. La segunda es que la disminución de las jornadas laborables para los empleados formales –diferencia no menor– significa una disminución de las horas trabajadas y consecuentemente goza de las simpatías sindicales y de todos los asalariados que son favorecidos con dicho calendario. Pero si están concordes conmigo en que estas son las premisas que impulsan las asignaciones jornaleras de conmemoración, podrán también convenir en que no constituyen un encuadre en el que la representación del pasado de una nueva forma pueda tener un valor fuertemente apreciable.

En fin, disculpen mi carácter –si se quiere– escéptico, pero creo que más allá de algunos efectos circunstanciales, las tendencias que dominan la organización de la sensibilidad (o tal vez de la insensibilidad) de nuestra sociedad frente al pasado me parece deben pensarse respecto de otros fenómenos que no conectan con el dispositivo memorial oficial, aunque por supuesto valoro positivamente la toma de posición en el debate público por los historiadores profesionales que se ha producido con frecuencia en estos últimos tiempos, dadas las notorias arbitrariedades de la empresa para cualquier persona que se tome su trabajo en serio. No quiero molestar a nadie con la omisión, pero me viene a la cabeza en primer lugar el nombre de Luis Alberto Romero.

En definitiva, los historiadores tenemos siempre que aprender. Si Ricardo Rojas pensaba que el niño nacido en Yapeyú tal vez era hijo del Inti (el Sol) guaraní, Hugo Chumbita nos quiere demostrar, ADN mediante, que su pertenencia raigal a las culturas originarias tiene motivos más prosaicos. Como dice Chiaramonte, debemos seguir revisando.[12]

Devoto, F. y Pagano, N., *La historiografía académica y la historiografía militante en Argentina y Uruguay*, Buenos Aires, Biblos, 2004. Cfr. Stortini, Julio, "Los orígenes de una empresa historiográfica: el Instituto de Investigaciones Históricas Juan Manuel de Rosas, 1938-1943", en Devoto, F. (comp.), *La historiografía argentina en el siglo XX*, Buenos Aires, Editores de América Latina, 2006.

12. Chumbita, Hugo, *El secreto de Yapeyú: El origen mestizo de San Martín*, Buenos Aires, 2001. También *El manuscrito de Joaquina*, Buenos Aires, Catálogos, 2007.

Apéndice

A Rosas, el 25 de Mayo de 1843

Cuando a los pueblos postra la bárbara inclemencia
de un déspota que abriga sangriento frenesí,
el corazón rechaza la bíblica indulgencia:
de tigres nada, dijo la voz del Sinaí.
El bueno de los buenos, desde su trono santo
la renegada frente maldijo de Luzbel;
la humildad, entonces, cuando la vejan tanto,
también tiene derecho a maldecir como él.

¡Sí, Rosas, te maldigo! Jamás dentro mis venas
la hiel de la venganza mis horas agitó:
como hombre te perdono mi cárcel y cadenas;
pero como argentino las de la patria, NO.

Entonces, sol de mayo, los días inmortales
sobre mi libre patria recordarán en ti;
y te dirán entonces los cánticos triunfales,
que esa Buenos Aires la de tu gloria, sí.

Entonces desde el Plata, sin negra pesadumbre
te mirarán los hijos latiendo el corazón,
pues opulenta entonces reflejará tu lumbre
en códigos y palmas y noble pabellón.

Y al extenderse hermoso tu brillantino manto,
ni esclavos ni tiranos con mengua cubrirá;
que entonces de ese Rosas que te abomina tanto,
ni el polvo de sus huesos la América tendrá.

José Marmol

Rosas

En la sala tranquila
cuyo reloj austero derrama
un tiempo ya sin aventuras ni asombro
sobre la decente blancura
que amortaja la pasión roja de la caoba,
alguien, como reproche cariñoso,
pronunció el nombre familiar y temido.

La imagen del tirano
abarrotó el instante,
no clara como un mármol en la tarde,
sino grande y umbría
como la sombra de una montaña remota
y conjeturas y memorias
sucedieron a la mención eventual
como un eco insondable.

Famosamente infame
su nombre fue desolación de las casas,
idolátrico amor en el gauchaje
y horror del tajo en la garganta.

Hoy el olvido borra su censo de muertes,
porque son venales las muertes
si las pensamos como parte del Tiempo,
es inmortalidad infatigable
que anonada con silenciosa culpa las razas
y en cuya herida siempre abierta
que el último dios habrá de restañar el último día,
cabe toda la sangre derramada.

No sé si Rosas
fue sólo un ávido puñal como los abuelos decían;
creo que fue como tú y yo
un hecho entre los hechos
que vivió en la zozobra cotidiana
y dirigió para exaltaciones y penas
la incertidumbre de otros.

Ahora el mar es una larga separación
entre la ceniza y la patria.
Ya toda vida, por humilde que sea,
puede pisar su nada y su noche.

Ya Dios lo habrá olvidado
y es menos una injuria que una piedad
demorar su infinita disolución
con limosnas de odio.

Jorge Luis Borges
Fervor de Buenos Aires (1923)

La conmemoración del bicentenario argentino: intelectuales, Estado y producción editorial

Martha Rodriguez

(PIHA-UBA)

Si la memoria empezó a ser pensada como un objeto de estudio de la historia hacia fines de los años setenta y sus múltiples expresiones y materializaciones quedaron desde allí bajo la lupa de los historiadores, la celebración del bicentenario de la Revolución Francesa en 1989 enfrentó a los historiadores con una vía de entrada plena de potencialidades a ese objeto: el estudio de la "conmemoración".[1] Un trabajo pionero en ese sentido fue la obra colectiva y de largo aliento compilada por Pierre Nora, *Los lugares de la memoria*, en la que se plantea una separación definida entre lo conmemorado y la conmemoración y por ende el pleno derecho de ésta a instituirse en objeto de estudio, en un "lugar de la memoria" cuya esencia es la de ser una especie de *"...restos, la forma extrema bajo la cual subsiste una conciencia conmemorativa...".* La asociación de la conmemoración con los mecanismos identitarios moldeó profundamente el modo en que los historiadores se aproximaron –en Francia y en otros contextos nacionales como el nuestro– a este tema.[2]

---

1. La utilidad de recordar u olvidar el pasado, dos funciones inherentes a la memoria, han sido objeto de reflexión y de debate a lo largo de la historia. Bastaría señalar los nombres de Descartes, Galileo o Bacon para marcar la profundidad temporal de las reflexiones sobre esa cuestión. Sin embargo, es innegable que la relevancia otorgada a la memoria ha sufrido una dilatación significativa desde hace algunas décadas.

2. Nora, Pierre (dir.), *Les lieux de mémoire*, Paris, Gallimard, 3 tomos, t. 1 *La République* (1 vol., 1984), t. 2 *La Nation* (3 vol., 1987), t. 3 *Les France* (3 vol., 1992). Sin duda, esta matriz francesa, ampliamente difundida en otros marcos nacionales, es uno de los modos posibles de abordar este problema.

El estudio de las prácticas y rituales que se ponen en funcionamiento cuando se organiza una conmemoración y las imágenes del pasado que éstas construyen, puso en primer plano que en las grandes conmemoraciones cívicas la historia puede ser invocada desde fuera de la historiografía profesional, habilitando a intereses de muy diversa entidad y naturaleza a hablar de historia (medios de comunicación, publicistas, políticos, intelectuales). En definitiva, otras voces que hacen un uso público de la historia que trasciende a los propios historiadores tanto en la organización estatal de las conmemoraciones cuanto en las actividades que otros colectivos organizan en torno a ellas. En este sentido es posible pensar a las conmemoraciones como una forma específica de relación de una sociedad con el pasado, distinta de la historia disciplinarmente organizada, pero que también contribuye a la formación de la memoria y la identidad colectiva.[3]

Esa operación practicada en el contexto de las conmemoraciones es llevada a cabo por un conjunto heterogéneo de actores a través de ciertas prácticas y de la valorización de espacios y objetos que genéricamente constituyen componentes de la cultura histórica. Se configuran así escenarios en los que se despliegan conflictos entre distintas interpretaciones y sentidos del pasado, con miras a la intervención sobre el presente y que conllevan una cierta proyección hacia el futuro.[4] Esto supone poner en discusión también el monopolio de la historia como disciplina en el modo de configurar las relaciones de una sociedad con su pasado, analizar aquellas constantemente redefinidas entre un saber académico y su transmisión a la sociedad por medio de otros soportes así como explorar las tensiones entre erudición y divulgación, aspiración "científica" e intervención "pública", entre historia y memoria.

En la historiografía italiana, más atenta a los conflictos entre "memorias" y a los mecanismos de difusión en la sociedad, una empresa muy parecida y con el mismo nombre *luoghi della memoria* da lugar a una exploración sobre temas y objetos bien diferentes: Isnenghi, Mario, *I luoghi della memoria. Simboli e miti dell'Italia unita*, Bari, Laterza, 2010.

3. Rabotnikof, Nora, "Polìtica y Tiempo. Pensar la conmemoración", en *Sociohistòrica*, n° 26, segundo semestre 2009. [En línea], URL: www.fuentesmemoria.fahce.unlp.edu.ar/art_revistas/pr.4513/pr.4513.pdf

4. Rüsen, Jörn, "¿Qué es la cultura histórica?: Reflexiones sobre una nueva manera de abordar la historia", en *Cultura histórica*, 2009 (versión castellana del texto original alemán en K. Füssmann, H.T. Grütter y J. Rüsen, eds., *Historische Faszination. Geschichtskultur heute*. Keulen, Böhlau, Weimar y Wenen, 1994).

La conmemoración del Bicentenario en la Argentina

Siguiendo estas reflexiones, la coyuntura del bicentenario de la Revolución de Mayo[5] –festejado en la argentina durante el año 2010–, tan próxima como para limitar análisis con algún espesor temporal, ofrece un espacio privilegiado para analizar algunas de las cuestiones reseñadas más arriba.[6] La conmemoración de la Revolución de Mayo se convierte así en un mirador excepcional para explorar las múltiples mediaciones a través de las cuales se construyen o remodelan los vínculos con el pasado.

En las páginas que siguen nos concentraremos en un aspecto particular de esta conmemoración, analizaremos algunos emprendimientos editoriales y multimediales desarrollados tanto desde el Estado como por editoriales privadas. Asimismo, nos detendremos en los alcances que adquiere la intervención de intelectuales y particularmente de historiadores en estas publicaciones.

Los proyectos organizados desde el Estado

En el ámbito gubernamental, los antecedentes institucionales de la organización de los festejos por el Bicentenario se remontan al año 2005. En agosto de ese año, se creó el Comité Permanente del Bicentenario en el ámbito de la Jefatura de Gabinete. Integrado en su totalidad por funcionarios (el ministro de Interior, el jefe de Gabinetes de Ministros y el Secretario de Cultura) su objetivo

---

5. A partir de la segunda mitad del siglo XIX se consolidó una interpretación que situaba los orígenes de la Nación Argentina en la constitución de la Junta Provisional organizada en Buenos Aires el 25 de mayo de 1810. Esta interpretación –con algunos matices y particularidades– se extendió en la historiografía académica durante buena parte del siglo XX y, vía el sistema escolar, se capilarizó a la sociedad.

6. Aunque no abundan las reflexiones sobre la conmemoración del Bicentenario como hecho cultural en el mundo académico, existen algunos trabajos dedicados a estos tópicos. Cfr., por ejemplo, Acha, Omar, "Desafíos para la historiografía en el bicentenario", en *Polhis*, n° 8, segundo semestre de 2011 y "El bicentenario y las incertidumbres culturales de la izquierda", en *Íd., Un revisionismo histórico de izquierda y otros ensayos de política intelectual*, Buenos Aires, Ediciones Herramienta, 2012; o Lesgart, Cecilia, "Intelectuales y académicos produciendo el bicentenario", en *Estudios*, n° 23-24, enero-diciembre de 2010. Una mirada crítica a la conmemoración desde una perspectiva de la subalternidad puede encontrarse en Giarracca, Norma (comp.), *Bicentenarios (otros), transiciones y resistencias*, Buenos Aires, Una Ventana Ediciones, 2011.

era elaborar los lineamientos generales a partir de los cuales se
organizarían todas las iniciativas públicas y privadas destinadas
a conmemorar el Bicentenario de la Revolución de Mayo, tanto a
nivel nacional como provincial, municipal e incluso en el extranjero.[7]
Tres años más tarde, con funciones muy parecidas, se organizó la
Secretaría Ejecutiva de la Conmemoración del Bicentenario bajo la
órbita de la Secretaría General de la Presidencia de la Nación y se
declaró al 2010 "Año del Bicentenario de la Revolución de Mayo"
con el fin de poner en marcha acciones "*...que estimulen la evocación de los acontecimientos que hicieron posible el camino hacia la
independencia nacional...*".[8]

Sin embargo la organización material de las actividades recién
se inició con la creación de la Unidad Ejecutora del Bicentenario en
septiembre de 2009, a cuyo cargo se colocó la responsabilidad de
dirigir el programa central de la conmemoración así como todos
los proyectos que desde el Estado tuvieran como fin contribuir
a los festejos.[9]

Si bien las celebraciones fueron diseñadas con vocación federal,[10]
los actos tuvieron su epicentro en Buenos Aires –sobre la avenida 9
de Julio, donde se montó el denominado "Paseo del Bicentenario"–,
y en ellos estuvieron representadas todas las provincias argentinas

---

7. Decreto 1016/05. En realidad existía desde el año 1999 (decreto 1561/99) una
   Comisión del Bicentenario integrada por seis miembros y asesorada por dos
   comités, uno "oficial" integrado por funcionarios del gobierno nacional y otro
   "consultivo científico" integrado por quince personalidades "competentes".
   En el año 2005, el nuevo decreto deja sin efecto el de 1999 y crea una nueva
   comisión, que mantiene el nombre y varias de las funciones de la anterior pero
   sus miembros quedan reducidos a tres y se eliminan los comités asesores.

8. Decreto 278 del 18/02/2008.

9. Decreto 1358 del 30/09/2009.

10. A lo largo de 2010 y en el marco de las celebraciones se desarrolló una
    cantidad importante de muestras y exposiciones que itineraron por las distintas
    provincias: *Viaje a través de 200 años de historia de la inmigración italiana en
    la Argentina*; *Dos siglos de música argentina*; *200 años, 200 libros*; *Laberinto
    del Bicentenario*; *Argentina de Punta a Punta*; *La Patria dibujada: el libro
    de historietas del Bicentenario*; la colección del Museo Nacional de Bellas
    Artes. Además, se montaron cerca de 200 espacios de encuentro y formación
    en diferentes puntos del país, a través del Programa *Casas de la Historia y
    la Cultura*.

y los países latinoamericanos que celebraban también sus bicentenarios por esos años.[11]

Más allá de estos festejos desplegados en la semana del 24 al 30 de mayo, a lo largo de todo el año el gobierno nacional desarrolló múltiples actividades, materializadas en publicaciones, muestras, instalaciones y producciones audiovisuales en las que cientistas sociales, y en particular historiadores, fueron convocados en calidad de autores, asesores, colaboradores o especialistas.[12] El bicentenario fue convertido así en un acontecimiento cultural en el que el mundo académico –entre otras constelaciones– fue interpelado en busca de respuestas sobre su significado.

El canal Encuentro[13] produjo y emitió a lo largo de todo el año un conjunto de programas donde la historia y el Bicentenario fue-

---

11. La impronta federal y latinoamericanista de los festejos oficiales del bicentenario se profundizó con la llegada de Jorge Coscia a la Secretaría de Cultura a mediados del año 2009. Del mismo modo, es luego de su asunción como secretario que se pone en marcha el trabajo de la Unidad Ejecutora del Bicentenario.

12. Analizaremos aquí únicamente los emprendimientos de este tipo que contaron con la participación de historiadores. Esto deja de lado un número importante de proyectos organizados desde diferentes áreas de la administración pública. Por ejemplo, la Secretaría de Cultura en colaboración con la Universidad de Tres de Febrero produjo *Bicentenario: 25 miradas, 25 películas*, un conjunto de 25 cortos de 8 minutos de duración cada una que forman parte de una construcción colectiva de 200 minutos totales. Los directores participantes debían elegir como eje uno de los tres propuestos: quiénes quisimos ser, qué hemos sido, qué queremos ser. Otro proyecto llevado adelante por esa misma secretaría y dirigido por Juan Sasturain fue *La patria dibujada*, sobre la base del libro homónimo, en la que se exponen obras de dibujantes de historieta realizados sobre guiones escritos por narradores y que retratan momentos históricos seleccionados por su relevancia. Colaboraron entre otros: Alejandro Dolina y Carlos F. Solano López, Roberto Lorenzo, Carlos Casalla y Cristian Mallea, Eduardo Risso y Diego Agrimbau, José P. Feinmann y Leopoldo Durañona, Horacio Altuna, Pablo De Santis y Carlos Trillo. Desde el ámbito de La Casa Nacional del Bicentenario en colaboración con el Ministerio de Educación a través del Canal Encuentro y del portal educ.ar, se desarrolló *El mural Bicentenario (1810-2010)* interactivo con material audiovisual y recursos para trabajar en el sistema educativo sobre la base del mural realizado por el dibujante Miguel Rep en el stand de la Secretaría de Cultura durante el transcurso de la Feria del Libro 2008.

13. *Encuentro* es un canal de televisión del Ministerio de Educación de la Nación creado en el año 2005 por decreto N° 533/05, que funciona bajo el marco legal de Educ.ar Sociedad del Estado y comenzó a transmitir en el año 2007.

ron protagonistas.[14] Entre ellos, *Batallas de la libertad*, una serie de ficción que recrea los vaivenes bélicos y su impacto en la política, la economía, y la sociedad de la década de 1810. En cada uno de los programas se analiza una de las batallas del período, entre ellas la de Suipacha, Martín García o la Vuelta de Obligado. Con el eje en ese mismo período pero tomando el proceso revolucionario desde la perspectiva de los sectores populares se produjo otro programa, *Bajo Pueblo*, una propuesta en la que se intenta poner el foco no en los grandes hombres sino en la construcción de la experiencia colectiva de distintos sectores como las comunidades originarias, los afrodescendientes, los mestizos.

Desde ese mismo canal, también se puso en pantalla el programa *Dos siglos después: los caminos de la revolución*, pensado y armado por el colectivo *Los Historiadores y el Bicentenario*, integrado por un grupo heterogéneo de historiadores de distintas universidades del país.[15] Esta producción se diferencia de las anteriores, pues aquí el interés fue más bien historiográfico, explorar las nuevas perspectivas sobre la Revolución de Mayo desarrolladas por historiadores en ámbitos académicos en las últimas décadas. El programa pivota sobre los ejes Revolución, República y Nación e intenta interpelar a un público más amplio que el académico a partir del cuestionamiento del 25 de mayo como acta de nacimiento de la nación y su inscripción en un proceso histórico de horizontes atlánticos donde las contingencias desplazan a la voluntad revolucionaria. Desmontando las imágenes más tradicionales de nuestro pasado, comúnmente sintetizadas en el "mito de los orígenes", se intenta presentar a

---

14. Esto se extendió también a la programación para el segmento infantil con la producción de *La asombrosa excursión de Zamba*, una serie animada creada por Sebastián Mignona, originalmente de cuatro capítulos (actualmente tiene ya tres temporadas y más de 15 capítulos). En ella, José Zamba, un niño formoseño, logra durante una excursión escolar viajar en el tiempo y protagonizar aventuras que se entraman con el proceso revolucionario abierto en 1810. Como en otros programas del canal, el asesoramiento histórico corrió por cuenta del historiador Gabriel Di Meglio.

    Dentro de la grilla de programas destinados a la conmemoración del Bicentenario, también se incluyó la emisión de la película muda *La Revolución de Mayo* realizada por Mario Gallo en 1909 en el contexto de otra conmemoración del mismo acontecimiento, la del Centenario. En este caso la proyección fue acompañada de análisis y comentarios de los historiadores Osvaldo Bayer, Javier Trímboli y Gabriel Di Meglio.

15. El programa fue editado en DVD y acompañado de un libro con artículos de los miembros de este grupo: *Dos siglos después. Los caminos de la Revolución - Textos para el debate*, Rosario, Prohistoria Ediciones, 2010.

mayo de 1810 como el inicio de un proceso abierto con la crisis del orden colonial pero de resultados inciertos y sin un horizonte único de arribo. En espejo con esto, se intenta presentar a estas interpretaciones sobre la revolución como múltiples y provisorias construcciones historiográficas, resultado del trabajo académico de quienes se dedican a estudiarla.[16]

La Secretaría de Cultura de la Nación se sumó a la celebración del Bicentenario con varias propuestas. Junto con el Ministerio de Educación y en el marco del programa *Argentina de punta a punta* montó la instalación *Laberinto del Bicentenario. Parque temático de las antinomias argentinas*, diseñada y dirigida por el artista plástico Daniel Santoro y el cineasta Francis Estrada y asesorada históricamente por el historiador Javier Trímboli. El eje articulador del relato de esta muestra son las antinomias pasadas y presentes de la historia argentina, fragua de una argentinidad en tensión. A partir de ellas se organizaron una serie de espacios interactivos en los que podían encontrarse propuestas tan disímiles como retratos parlantes de próceres no siempre contemporáneos, que sobre la base de discursos reales "intercambiaban opiniones"; una maqueta de la batalla de Caseros o los momentos centrales en las luchas populares; las dictaduras militares; la recuperación de la democracia y los años noventa. Los visitantes atravesaban este largo periplo guiados por un grupo de actores caracterizados como personajes históricos.

La heterogeneidad que primó en la propuesta no era sólo estética o técnica, también combinó espacios más pensados en términos de la historia tradicional de matriz ético-política y encarnada en los grandes hombres –presente especialmente en aquellos referidos al siglo XIX–, con otros donde la historia adquiere un carácter marcadamente social y aparece como el resultado de las gestas populares, la resistencia y la participación popular –especialmente

---

16. Junto a la grilla de programas que se pusieron al aire como parte de las actividades del canal por el bicentenario, también se gestaron proyectos de más largo aliento. En coproducción con el canal estatal 7, el Instituto Nacional de Cine y Artes Audiovisuales y la Universidad Nacional de San Martín se produjeron dos ficciones históricas de amplia repercusión: los largometrajes *Belgrano*, dirigido por Sebastian Pivotto y *San Martín, el cruce de los andes*, dirigido por Leandro Ipiña. Ambas películas, que llegaron incluso a algunos circuitos cinematográficos comerciales, contaron con el asesoramiento histórico de profesionales; en la primera, esta tarea quedó a cargo del historiador Javier Trímboli y en la segunda, a éste se sumó la colaboración de Gabriel Di Meglio.

presente en el relato de las últimas décadas–. En su conjunto la muestra condensa lo que podríamos llamar un sentido común sobre la historia argentina, simplificable en la existencia de oposiciones irreductibles que desde los años 1930 el revisionismo contribuyó a construir y consolidar en amplios sectores.

La inauguración del *Laberinto del Bicentenario*, que encabezaron la Presidente de la Nación, Cristina Fernandez de Kirchner, el Ministro de Educación Alberto Sileoni y el Secretario de Cultura Jorge Coscia, fue el marco propicio para presentar el libro que condensó la mirada oficial sobre el Bicentenario, *Argentina 1810-2010 Bicentenario*. La obra "*...muestra una posición y un proyecto político demostrando que el bicentenario es una oportunidad para recuperar con orgullo el concepto de patria que sólo estaba reservado para algunos sectores que no reflejan el pensamiento nacional...*", señalaba en esa oportunidad el Ministro de Educación. "*...Presentamos las antinomias que han determinado nuestros éxitos y fracasos; y, a su vez, el libro que propone salir del laberinto por el camino correcto de la encrucijada, que es sólo aquel que incluye a todos...*", sostenía por su parte el Secretario de Cultura.

Sin embargo, el libro no es un texto programático, no expresa un programa de acción ni una nueva y homogénea mirada sobre la historia nacional. Por el contrario, es una publicación colectiva, una compilación sobre diferentes aspectos considerados constitutivos de la identidad nacional a la que se invitó a participar a un nutrido y heterogéneo grupo de autores de distintas disciplinas y profesiones. Intelectuales de la república de las letras como David Viñas, Mempo Giardinelli o Juan Gelman, junto a cientistas sociales como Aldo Ferrer, Fernando Devoto, Marcelo Rougier y Julio Godio, ensayistas como Norberto Galasso, periodistas o críticos de espectáculos como Carlos Morelli, Rómulo Berruti, Carlos Ulanovsky o Sandra Russo, y un gran número de funcionarios –algunos de los cuales también tienen o tuvieron alguna inserción académica– como Jorge Coscia, Lino Barañao, Juan M. Abal Medina, Julián Kopecek, Eduardo Luis Duhalde, Alberto Sileoni, Horacio González, Pacho O'Donnell. El resultado de la obra no es una narrativa nacional compacta, una interpretación sobre la historia nacional que cruce pasado y presente, sino un relato coral donde se acomodan sin demasiada argamasa una multiplicidad de temas, ejes y sentidos.[17]

---

17. De la música al turismo; del sindicalismo a los deportistas, de la arquitectura a los gauchos e indígenas, de la alimentación al cine, de las mujeres del bicentenario a los argentinos que hicieron historia, todo pudo integrar los

La Biblioteca Nacional también lanzó sus propias propuestas destinadas a conmemorar el Bicentenario. Una de ellas, co-organizada con el Archivo General de la Nación, fue un concurso destinado a seleccionar los mejores ensayos de investigación histórica sobre el tema "Cuestiones nacionales a la luz del Bicentenario". Para evaluar los 56 trabajos presentados se convocó a un jurado integrado por cinco reconocidos historiadores de diferentes generaciones: Fernando Devoto, Waldo Ansaldi, Lila Caimari, Fabio Wasserman y Omar Acha.

Sin embargo, uno de los proyectos editoriales de mayor difusión pública fue el *Diario del Bicentenario*, desarrollado por la mencionada Unidad Ejecutora del Bicentenario. El diseño comprendió la confección de 200 diarios –uno por cada año–, de cuatro páginas cada uno y organizados en las secciones Política, Economía, El Mundo, Sociedad, Cultura, Deportes y Personajes del año. Las noticias repasan los principales acontecimientos históricos de la Argentina y del mundo de cada año. Para su redacción fue convocado un heterogéneo grupo de autores, tanto institucional como ideológica, geográfica y generacionalmente, dentro del que los historiadores fueron mayoría. José Carlos Chiaramonte, Mario Rapoport, Hilda Sabato, Jorge Gelman, Juan Suriano, Pilar Gonzalez Bernaldo, Ricardo Gonzalez Leandri, Raul Fradkin, Alberto Lettieri, Mirta Lobato, Marcela Ferrari, Noemí Girbal de Blacha, Pablo Buchbinder, Marcela Ternavasio, Daniel Mazzeo, Estela Espinelli, Leticia Prislei, Juan Manuel Palacio, fueron algunos de los autores de columnas y notas en esta publicación.[18] Sin embargo, todos ellos convivieron con un omnipresente Felipe Pigna, quien mediante la regularidad de su participación y la redacción de sucesos y años clave marcó en cierta medida el tono de la obra. En este mismo sentido, son múltiples las colaboraciones de Pacho O'Donnell sobre todo para el siglo XX.

Por otra parte, la propia materialidad de la obra y su formato contribuyeron en la factura de un producto donde la centralidad de individuos y acontecimientos relegó a un diluido segundo plano la posibilidad de incorporar al relato las novedades interpretativas desarrolladas por varios de los historiares que colaboraron en la publicación.

---

capítulos que componen el libro. De los cuarenta capítulos desplegados en 552 páginas que componen la obra, sólo tres están exclusivamente dedicados a lo que laxamente podemos denominar "pensamiento nacional".

18. La lista completa de autores que colaboraron en esta publicación puede consultarse en http://www.bicentenario.argentina.ar/diario_escriben.php.

La distribución masiva se aseguró mediante convenios con diarios nacionales y provinciales de todo el país, que la incluyeron dentro de sus periódicos. En el caso de los diarios provinciales se lograron acuerdos que garantizaron su presencia en casi todas las jurisdicciones,[19] aunque en el plano nacional no acompañaron las ediciones de los diarios de tirada masiva como *Clarín* y *La Nación* sino la de los diarios *Crónica, Diario Popular* y *El Argentino*.

Los proyectos diseñados desde las editoriales

Anticipándose uno o dos años a la conmemoración del Bicentenario, también las editoriales empezaron a gestar libros para incluir en sus catálogos. Desde 2009 los estantes de las librerías comenzaron a poblarse de publicaciones en las que la historia ocupó un lugar central, aunque la apelación a esta última no tuvo el mismo sentido en todas ellas.

En algunos casos la historia fue tomada en un sentido que podríamos denominar "laxo", lo que permitió ofrecer bajo ese rubro desde novelas históricas y libros de cocina hasta humor. En estas propuestas la invocación al Bicentenario fue una excusa para publicar libros en los que la historia remite solamente a un espacio físico o un período en el que ambientar los relatos. En este grupo se pueden incluir por ejemplo algunas de las propuestas de la editorial Planeta, como la novela histórica *La Logia de Cádiz*, escrita por Jorge Fernández Díaz e ilustrada por Guillermo Roux, cuyo protagonista es un San Martín guerrero, *El Relicario* de Ernesto Mallo que transcurre en los 300 años que van desde la fundación de Buenos Aires hasta el fusilamiento de Santiago de Liniers en 1810, o el libro humorístico *200 años de peronismo* de Miguel Rep, donde las historietas sobrevuelan personajes y hechos de la historia argentina.

La editorial Sudamericana publicó los libros del periodista Daniel Balmaceda *Historias inesperadas de la historia argentina. Tragedias, misterios y delirios de nuestro pasado; Historias de Corceles y de Aceros* y *Biografía no autorizada de 1910*, libros que comparten una estructura apoyada en el relato de lo que podrían llamarse "curiosidades históricas".

---

19. *El Territorio* de Misiones, *El Diario de Cuyo* de San Juan, *Diario Norte* de Chaco, *El Siglo* de Tucumán, *El Liberal* y el *Nuevo Diario* de Santiago del Estero y *La Mañana del Sur* de Neuquén, entre otros.

Otras editoriales también sumaron al mercado propuestas de este tipo. El grupo Alfaguara lanzó *El otro Bicentenario* de Gustavo Ng, Néstor Restivo y Camilo Sánchez, donde se pasa revista a doscientos hechos que, según el subtítulo del libro, *No hicieron patria*. Así, momentos considerados ridículos, vergonzantes o siniestros, de distinta naturaleza y envergadura, como Sobremonte huyendo con el tesoro, las peleas entre Saavedra y Moreno, la muerte en el exilio de San Martín, el robo de la capa de la reina de España en su visita al país en 1978, el derrotero del cadáver de Evita, las políticas genocidas de los setenta, Yacyretá, los negociados y la corrupción en diferentes momentos y también la tragedia de Cromañón, conviven en estos relatos. Por su parte, la editorial Norma relanzó *Los sabores de la patria* de Víctor Ducrot, que describe los hábitos culinarios de diferentes personajes históricos (como la Pericona, Rosas o Evita) o de diferentes grupos sociales (como los inmigrantes) a lo largo de los siglos XIX y XX.

Este tipo de propuesta también incluyó la elaboración de libros destinados al segmento infantil-juvenil del público. El bicentenario promovió la edición de cuentos y novelas ambientadas en la época de la Revolución de Mayo como *Las empanadas criollas son una joya* y *Cuentos de amor en mayo*, editadas por Santillana, o *El rastro de la canela* y *El fantasma de las invasiones inglesas*, publicadas por Alfaguara.

Todos estos emprendimientos editoriales, no realizados por historiadores profesionales, estuvieron orientados a un público al que la conmemoración del Bicentenario estimuló a buscar libros que remitían a estos tópicos más desde la ficción o la curiosidad por épocas y personajes históricos, que desde una reflexión producida a partir de investigaciones históricas.

Pero el Bicentenario también incentivó la publicación de otro tipo de libros, donde la historia tuvo una intervención más directa en su factura. Es el caso de las biografías sobre los considerados artífices de la construcción de la nación y la reedición de textos escritos por estos personajes. Así, la editorial El Ateneo publicó la colección *Claves del Bicentenario*, compuesta por dos subcolecciones, una de ellas llamada *Pensamiento Político Argentino*, integrada por catorce títulos en los que se reúnen documentos, textos, discursos y cartas de diferentes protagonistas de la historia argentina como Echeverría, Alberdi, Mitre o José Hernández; o de diferentes movimientos como la generación del 80, el radicalismo, los nacionalistas y el peronismo. Todos los libros tienen un estudio preliminar, en algunos casos realizado por historiadores como Hilda Sabato, Ezequiel Gallo, Noemí Goldman o Klaus Gallo, en otros casos realizados por periodistas como Daniel Muchnik o por divulgadores de la historia como Félix Luna o Ricardo de Titto.[20]

La editorial Emecé optó por una estrategia parecida al armar su colección, *Biblioteca Bicentenario*, también dedicada a exhumar escritos de los protagonistas de la construcción de la nación. Compuesta de veinte volúmenes, en ella se encuentra el *Plan revolucionario de operaciones y otros escritos* de Mariano Moreno, *Autobiografía y otros escritos económicos* de Belgrano; los *Escritos políticos* de Bernardo de Monteagudo; *El crimen de la guerra* de Juan Bautista Alberdi y *Escritos políticos* de Leandro Alem. En este caso, los documentos son precedidos por estudios preliminares a cargo del director de la colección, Felipe Pigna.

Con una concepción muy parecida, la Editorial Del Nuevo Extremo editó la colección *Biblioteca Nacional de la Identidad*, que reúne también escritos de personalidades destacadas del siglo XIX, en este caso con una variante interesante: sus prólogos y estudios preliminares son los que acompañaron las primeras ediciones de las obras, escritos en general por contemporáneos a ellas. Entre ellos, *Mi vida*, de Manuel Belgrano, con presentación de José Celedonio Balbín; *Educación popular*, de Domingo Faustino Sarmiento, y *El dogma socialista*, de Esteban Echeverría con prólogo de Ricardo Rojas y José Ingenieros; *Un rayo de luz entre dos tormentas*, de Nicolás Avellaneda, con una presentación de Lucio V. Mansilla y un estudio preliminar de Paul Groussac; *Patriotas*, de Bernardo de Monteagudo, con presentación de Juan María Gutiérrez; *Apuntes autógrafos* de José de San Martín con presentación de Sarmiento.

La opción por las biografías de los protagonistas de los procesos históricos abiertos por la Revolución de 1810, fue la elegida por la editorial Edhasa para iniciar la colección *Biografías Argentinas* bajo la dirección de los historiadores Juan Suriano y Gustavo Paz. La serie incluye la publicación de obras sobre la vida de hombres y mujeres destacados como Juan José Castelli, Mariquita Sánchez

---

20. La otra subcolección es *Breves Historias de la Argentina*, siete volúmenes que se concentran en el desarrollo histórico de diferentes aspectos de la sociedad como el sindicalismo, la literatura, la política, el espectáculo, el deporte y la economía. Algunos de sus autores son Santiago Senén González, Fabián Bosoer, Noé Jitrik, Ricardo de Titto, Pablo Sirvén, Ezequiel Fernández Moores, Daniel Muchnik, Félix Luna. La inclusión de historiadores entre los autores es mucho menor que en la otra subcolección.

de Thompson o Bernardino Rivadavia, realizadas por historiadores especializados en el estudio de esos personajes o de los procesos históricos que los tienen como protagonistas.[21] También la editorial Norma publicó en esta línea, aunque con una voluntad menos académica, el libro *Hombres de Mayo* de Ricardo de Titto, en el que se intenta presentar a la Revolución de Mayo a partir de las biografías de algunos de sus protagonistas, descriptos como hombres comunes a los que las circunstancias los llevan al centro de la vida política, económica y social de su época.

Dentro de este mismo grupo, también es posible incluir otras propuestas editoriales y autorales en las que el objetivo es la investigación de algún aspecto particular que puede ser puesto en diálogo con la Revolución de Mayo o el Centenario.[22] La editorial Sudamericana presentó a lo largo de 2010 dos libros con estas características. Uno es *Buenos Aires antes del centenario 1904-1909*, escrito por las sociólogas Francis Korn y Silvia Sigal, que incluye en sus diferentes capítulos los resultados de investigaciones desarrolladas por las autoras sobre los entretenimientos, celebraciones y hábitos de la sociedad porteña de la primera década del siglo XX. El otro libro es *Enigmas de la Historia*, escrito por Diego Valenzuela en torno a preguntas/enigmas históricos –como por ejemplo: ¿por qué no quedan negros?, ¿qué discutían unitarios y federales?, ¿cuál fue rol de los caudillos?– que son respondidos apelando a los resultados y conclusiones de las investigaciones desarrolladas en el ámbito académico en las últimas décadas.[23]

Frente a las dos opciones editoriales descriptas, es posible reconocer un tercer conglomerado de títulos, cuya publicación está en línea con la coyuntura del Bicentenario, pero tienen una pretensión diferente a la de los grupos antes analizados. Muchos de ellos

---

21. La biografía de Juan José Castelli fue escrita por Fabio Wasserman, la de Mariquita Sanchez de Thompson por Graciela Batticuore y la de Bernardino Rivadavia por Klaus Gallo.

22. Así como señaláramos para el primer bloque de libros analizados, también en este es posible encontrar ofertas para el público infantil y juvenil, en este caso producidas por especialistas y presentadas como relatos apoyados en investigaciones. Cfr. *Historias para el Bicentenario* de Diana González y Analía Segal (editorial Santillana); *Tiempos de infancia* de Gabriela Diker y Gracela Frigerio y *El libro del bicentenario* de Gabriel Di Meglio.

23. La organización del libro remite al formato que tuvieron los programas de televisión *Noticias de la Historia* de la señal TN y *Palabra de historiador*, transmitido por Canal á, ambos conducidos por el autor.

fueron gestados en el marco de universidades y centros en los que la investigación es un componente central de sus funciones, pero al mismo tiempo, la intención de los autores –y la apuesta de las editoriales– es la de difundir los resultados de esas investigaciones a un público más amplio que el de la academia. En ellos el Bicentenario actúa como un disparador de reflexiones y balances sobre el camino recorrido a lo largo de los 200 años; hay una reflexión histórica que interpela al presente en sus logros y asignaturas pendientes. De los tres momentos históricos que el prisma de la conmemoración atraviesa –1810, 1910, 2010– los ejercicios intelectuales plasmados en estas obras iluminan fundamentalmente el momento del centenario, es de cara a esa Argentina de 1910 que se construyen los balances.

Sin embargo, si los elementos mencionados permiten agrupar un conjunto de libros bajo ese común denominador, sus interpretaciones sobre las características y el signo del desarrollo de la sociedad en estos 200 años obligan a señalar diferencias. En algunos de estos libros prima una interpretación liberal del proceso de formación de la Argentina moderna, en el que una Argentina que prometía mucho en 1910 no logra desarrollar todo su potencial en los cien años siguientes. La omnipresencia no siempre explícita del populismo de mediados de siglo XX sobrevuela estos argumentos. Las ediciones de Taurus, *Argentina 2010. Entre la frustración y la esperanza*, dirigida por Natalio Botana, y *Argentina 1910-2010. Balance de siglo*, encabezada por Roberto Russell, pueden incluirse en esta caracterización.[24] En el primero Roberto Cortés Conde, Karina Galperín, Osvaldo Guariglia, Guillermo Jaim Etcheverry, Manuel Mora y Araujo, Carlos Pérez Llana, Julio Sanguinetti, Fernando Enrique Cardoso y el propio Botana escriben para explicar una decadencia, "pérdida de status" en palabras de su compilador, que según el aspecto iluminado por cada autor puede estar en la dificultad para sellar

---

24. Ambas publicaciones desarrolladas en el contexto de la Universidad T. Di Tella forman parte de una colección mayor editada por Taurus, compuesta por siete libros en los que se publican los resultados alcanzados en la investigación "El Bicentenario: lecciones y oportunidades, 1910-2010" desarrollada entre 2008 y 2010 en cuatro países americanos –México, Colombia, Chile y Argentina– con el auspicio de la Fundación Carolina y la Fundación Vidanta. El resto de los volúmenes publicados son: *Cien años de luces y sombras* (2 vol.), Ricardo Lagos Escobar (ed.); *Colombia 1910-2010*, María Teresa Calderón e Isabela Restrepo (eds.); *México 2010: El juicio del siglo*, María Amparo Casar y Guadalupe González (eds.); *México 2010: Hipotecando el futuro*, Érika Ruiz Sandoval (ed.)

un pacto fiscal estable, en la amenaza potencial introducida por el colapso del sistema de partidos y la deformación del régimen federal, en la crisis del modelo democrático-republicano, en el desencanto de la política producido por la corrupción y la marginalidad, en los problemas del sistema educativo, en el aislamiento internacional o en la baja competitividad de la economía.

Los escritos compilados en el segundo de los libros, oscilando en la misma frecuencia que el anterior, presentan un contrapunto entre los festejos de un Centenario hechos bajo los auspicios de una fe inquebrantable en el porvenir de prosperidad al que estaba llamada la Argentina y los festejos del Bicentenario donde según los autores la realidad es muy distinta de la imaginada cien años atrás. En este caso son Carlos Altamirano, Pablo Gerchunoff, Luis Alberto Romero, Juan Carlos Torre y el propio Russell quienes delinean los trazos de esta síntesis crítica de la centuria que va de 1910 al presente.

En los dos casos los análisis históricos tienen una dimensión programática, pues cada uno de los autores, y particularmente los editores, intentan precisar un conjunto de desafíos que deberían abordarse para revertir la tendencia negativa.

Sin embargo, la caracterización de un Centenario que encontraba a la Argentina en su apogeo distó de ser una imagen generalizada. Por el contrario, 1910 suscitó otras lecturas posibles y otros balances. Este es el caso de la compilación realizada por Gustavo Lugones y Jorge Flores, *Intérpretes e interpretaciones de la Argentina en el bicentenario*, publicado por la Universidad Nacional de Quilmes. Presentado como una contribución, pero también como parte de las tareas que debe desarrollar una universidad pública –docencia, investigación y extensión– los artículos de Dora Barrancos, Martín Becerra, María Bjerg, Roque Dabat, Sabina Frederic, Noemí M. Girbal-Blacha, Adrián Gorelik, Bernardo Kosacoff, Pablo Kreimer, Ernesto López, Margarita Pierini, María Sonderéguer, Ernesto Villanueva y Alejandro Villar, entre otros reunidos en este libro, recorren diferentes aspectos de la construcción de una ciudadanía a la vez política y social y de un Estado democrático. Esta perspectiva –aun presentando luces y sombras– permite mirar al bicentenario como un momento donde la consolidación del espacio público y la polifonía de voces habilitada permiten el debate, la elaboración de ideas y la reflexión.

En este tercer segmento también podríamos incluir a aquellos libros cuyos autores no intentan reflexionar, hacer balances o explicar los procesos históricos generales de ese camino iniciado en 1810, sino dar cuenta de las interpretaciones producidas por, y los sentidos asignados a, ese acontecimiento. Prima en este caso una perspectiva historiográfica, como la desplegada en el libro que coordinan Raúl Fradkin y Jorge Gelman, *Doscientos años pensando la revolución de Mayo*, también publicado por Editorial Sudamericana.[25] Resultado de un trabajo producido desde la Facultad de Filosofía y Letras de la Universidad de Buenos Aires, aquí el objetivo es presentar a los lectores las principales interpretaciones sobre la revolución de mayo y sus contextos de producción, incluyendo los textos donde están expresadas las opiniones de los autores seleccionados – desde los contemporáneos a la renovación historiográfica de los años 60'.[26]

Un contrapunto interesante tanto desde el punto de vista heurístico e interpretativo como desde el lugar de enunciación de los argumentos, son los libros *Verdades y mitos del Bicentenario: una interpretación latinoamericana* de Norberto Galasso, publicado por la editorial Colihue y *1810* de Felipe Pigna, publicado por Planeta.[27]

Ambos libros, el de Galasso desde una perspectiva de izquierda nacional y el de Pigna desde un revisionismo difuso y sui generis, se

---

25. Aunque no es intención de los coordinadores analizar los procesos históricos concretos, en el prólogo plantean un contrapunto entre el clima y los esfuerzos del Estado nacional puestos en la celebración del Centenario y el Bicentenario.

26. Sin ser un planteo estrictamente historiográfico, también podría mencionarse aquí el producto editorial en que se convirtió el proyecto los *Historiadores y el bicentenario*, al que hicimos referencia como parte de la programación preparada por el canal Encuentro para la conmemoración. Originalmente pensado como un programa destinado a difundir los enfoques y perspectivas historiográficas más recientes de los estudios sobre la Revolución, al mismo tiempo que a problematizar el concepto de Nación y su surgimiento, cobró vida autónoma a través de su publicación en formato de libro: *Los historiadores y el Bicentenario. Dos siglos después. Los caminos de la Revolución. Textos para el debate*, Rosario, Prohistoria Ediciones, 2010. En la línea de las reflexiones sobre el surgimiento de la Nación y los debates sobre una identidad nacional en la primera mitad del siglo XIX, también puede situarse otro texto publicado por estos años: Chiaramonte, Jose Carlos et al., *Crear la Nación. Los nombres de los países en América Latina*, Buenos Aires, Sudamericana, 2008.

27. El contrapunto podría ampliarse aun más con la inclusión de perspectivas cercanas al trotskismo como las de Harari, Fabián. *La contra. Los enemigos de la Revolución de Mayo, ayer y hoy*, Buenos Aires, Ediciones ryr, 2010; o a cierto maoísmo como las de Claudio Spiguel en "De la Independencia a la dependencia", en Mateu, Cristina (comp.), *Argentina en el Bicentenario de la Revolución de Mayo. Historia y perspectivas*, Buenos Aires, Ed. La Marea, 2010.

plantean acercar a los lectores a una Revolución de Mayo distinta a la construida por las efemérides difundidas desde el sistema educativo. Los dos intentan ofrecer, antes que un análisis erudito del proceso histórico, una pintura viva de la revolución, presentada como el puntapié de una larga tradición de resistencia a la dominación. Para hacerlo, sus autores dicen colocarse fuera de las interpretaciones dominantes en el mundo académico, en el que reconocen pocos matices y muchas continuidades con la para ellos interpretación canónica inmortalizada en las aulas. Este punto de partida diluye en sus escritos no sólo los avances historiográficos de las últimas décadas sino las transformaciones operadas en los nuevos libros de texto y materiales producidos para trabajar en las aulas, universos en los que definitivamente se han estabilizado un conjunto de saberes e interpretaciones que impugnan la tradicional recuperación de 1810 como mito fundacional de la nación.

Algunas reflexiones finales

Como toda conmemoración, la del Bicentenario de la Revolución de Mayo de 1810 fue un acontecimiento dotado de significación. Aunque varios intelectuales afirmaron en intervenciones públicas a lo largo de 2010 que el bicentenario se caracterizaba por la ausencia de proyectos editoriales y la falta de iniciativa estatal para organizar actividades con vistas a la conmemoración,[28] entre los años 2008 y 2010 se han desplegado numerosos proyectos editoriales, tanto desde distintas áreas de la administración pública como desde el mundo editorial. En ellos los historiadores ocuparon un lugar no

---

28. Beatriz Sarlo señalaba en su intervención/debate con Horacio González en el programa "Argentina para armar" emitido el 30/05/2010, que, a diferencia de los proyectos llevados adelante para el sesquicentenario como la Colección Biblioteca de Mayo, en la que se recopilaban documentos, diarios y textos de época, o la colección del Siglo y Medio editada por EUDEBA y destinada a difundir clásicos de la literatura argentina, para el bicentenario no se habían diseñado ni concretado proyectos similares. En el mismo sentido, Marcela Ternavassio en una entrevista publicada en enero de 2010 en la revista *Nuevo Mundo Mundos Nuevos*, sostenía que "…*en Argentina, no se está haciendo nada realmente interesante a nivel oficial-institucional (…) ahora asistimos a una suerte de festival carnavalesco, con iniciativas fragmentadas, básicamente improvisadas, y sin un sentido que las englobe. Por otro lado, en el ámbito académico de las universidades, no contamos con ningún apoyo económico para realizar ninguna actividad de envergadura…*". En *Nuevo Mundo Mundos Nuevos*, 2010 [En línea], URL: http://nuevomundo.revues.org/58253.

menor, aunque no fueron las únicas voces convocadas para hablar del pasado. Compartiendo espacios con un conglomerado diverso de autores, ofrecieron interpretaciones de la historia argentina que se materializaron en distintos soportes y productos.

Los proyectos originados en el marco estatal priorizaron formatos menos convencionales que el libro, como productos digitales, video, cine o instalaciones para presentar las interpretaciones sobre ese pasado conmemorado, aunque los diferentes proyectos no se articularon en una única clave interpretativa. Más bien podría decirse lo contrario, que en ellos se entrama una polifonía de voces y argumentos. Polifonía que sin embargo tuvo su límite en el rescate del presente en contraste con la Argentina del Centenario. La historiografía académica fue invitada a participar de estos emprendimientos, aunque sus discursos, portadores de las novedades interpretativas generadas en el mundo académico en las últimas décadas, quedaron diluidos entre significaciones diversas emanadas de los guiones de muestras, discursos y otras intervenciones. Los enunciados de la historiografía convivieron sin tensión, pero al mismo tiempo sin impacto en el gran público, con otros organizados en torno de un ambiguo revisionismo expresado en la revalorización de los caudillos, la impronta federal, el proyecto nacional, la raíz latinoamericana, las antinomias como matriz constitutiva y la impugnación de una visión liberal del pasado.

También los libros gestados por las distintas editoriales en el marco del bicentenario contienen esta multiplicidad de voces. Las propuestas editoriales intentaron cubrir una amplia gama de público, ofreciendo géneros diversos que van desde novelas históricas a investigaciones académicas. Algunas grandes editoriales produjeron en forma paralela libros orientados a distintos públicos, haciendo convivir en sus catálogos autores y perspectivas sin mayores conflictos.

Es indudable que en los juicios y balances sobre el presente ensayados en algunas publicaciones, y más allá del signo que se les coloque, se toma como referencia el momento 1910. Es frente al Centenario que se ensayaron reflexiones sobre el camino recorrido por la sociedad y fundamentalmente sobre los horizontes por recorrer, no es casual que haya sido en ellas donde se concitaron las mayores polémicas.

Entre Mayo y Julio: las conmemoraciones sesquicentenarias, las izquierdas y la Historia

María Elena García Moral

(PIHA-UBA)

Introducción

Las conmemoraciones de los bicentenarios tanto de la Revolución de Mayo de 1810 como –la venidera– de la declaración de independencia de 1816 sirven de inspiración para reflexionar acerca de los significados de Mayo y de Julio en diferentes coyunturas de la Argentina. En el presente artículo nos interesa estudiar sus conmemoraciones sesquicentenarias, centrándonos en la labor editorial y, en particular, en la producción historiográfica realizada por afuera del campo académico: la de los historiadores y/o intelectuales vinculados al ámbito de los partidos socialista y comunista. Nos proponemos, entonces, indagar en la dimensión instrumental de su operación, específicamente los usos políticos de la Historia, a partir del análisis de las lecturas producidas en su ámbito, con el objeto de brindar una aproximación a la cultura histórica de dichas izquierdas.

Los contextos político-culturales en que se insertaron las conmemoraciones de los sesquicentenarios de Mayo y de Julio estuvieron signados por la entonces ya clásica polarización entre peronistas y antiperonistas, así como por las más recientes disputas políticas e ideológicas dentro de los campos respectivos. El gobierno de Arturo Frondizi (1958-1962) mantuvo relaciones conflictivas tanto con el peronismo y los demás partidos políticos de la oposición como con las fuerzas armadas. El propio proyecto frondizista que conjugaba desarrollo e integración –el desarrollo económico mediante inversiones extranjeras, y la integración económica regional del país y la integración política del peronismo a la legalidad– se convirtió en una importante fuente de tensiones. Aunque la dictadura encabezada por Juan Carlos Onganía (1966-1970) contó con el aval inicial de gran parte de la prensa y de las corporaciones patronales y obreras, se propuso la modernización del país por vía autoritaria y supuso el paso del antiperonismo a la antipolítica con la destitución del presidente, el Parlamento y la Corte Suprema de Justicia, y la disolución de todos los partidos políticos.

En parte por los reclamos de autocrítica esgrimidos frente al antiperonismo de la dirigencia partidaria y su colaboración con los gobiernos militares de 1955, el Partido Socialista de la Argentina se dividió en Partido Socialista Argentino (PS Argentino) y Partido Socialista Democrático (PS Democrático), a mediados de 1958. Aunque los comunistas locales tampoco fueron ajenos a los debates y los conflictos internos, los mismos se manifestaron inicialmente de forma solapada.[1] Como la conducción partidaria rechazó todo intento de apertura política e ideológica-cultural, el Partido Comunista (PC) conoció disidencias y desgajamientos sucesivos a lo largo de los años sesenta, como la expulsión del colectivo que publicó la revista *La Rosa Blindada* (1964-1966), los jóvenes gramscianos que editaron la revista *Pasado y Presente* (1963-1965 y 1973) y sus *Cuadernos*, y/o la que dio origen al posterior Partido Comunista

---

1. Cfr. Blanco, Cecilia, "La erosión de la unidad partidaria en el Partido Socialista, 1955-1958" y Tortti, María Cristina, "Las divisiones del Partido Socialista y los orígenes de la nueva izquierda argentina", en Camarero, Hernán y Herrera, Carlos María (eds.), *El Partido Socialista en Argentina. Sociedad, política e ideas a través de un siglo*, Buenos Aires, Prometeo, 2005, pp. 367-412; Herrera, Carlos María, *Las huellas del futuro. Breve historia del Partido Socialista de Argentina*, Buenos Aires, La Vanguardia, 2007, pp. 58-63; Tortti, María Cristina, "Debates y rupturas en los partidos Comunista y Socialista durante el frondizismo", en *Prismas*, n° 6, Bernal, 2002, pp. 266-268, y *El "viejo" partido socialista y los orígenes de la "nueva" izquierda (1955-1965)*, Buenos Aires, Prometeo, 2009, pp. 40-247. De algún modo, la postura del PC frente al peronismo basculó entre la ilusión inicial de su desaparición tras el derrocamiento (1955), el proclamado "giro a la izquierda" de las masas peronistas y la búsqueda de políticas de unidad tanto electoral como sindical que lo condujo al apoyo de candidatos peronistas en algunos comicios o a la coincidencia en el voto en blanco. Contó asimismo con una amplia influencia en los sectores medios y juveniles y, en especial, en los ámbitos intelectuales y artísticos, y con una política editorial consecuente. Cfr. Campione, Daniel, "El Partido Comunista de la Argentina. Apuntes sobre su trayectoria", en Concheiro, Elvira, Modonesi, Massimo y Crespo, Horacio (coord.), *El comunismo: otras miradas desde América Latina*, México, Universidad Nacional Autónoma de México, 2007, pp. 182-198.

Revolucionario (PCR), de orientación maoísta. En cualquier caso, el golpe militar de 1966 fue condenado por el PC que sufrió no sólo la proscripción común a todos los partidos políticos dictada por el onganiato, sino una legislación persecutoria especial.

1. En busca de un marco teórico-metodológico

Respecto de los aniversarios y conmemoraciones, Elizabeth Jelin ha aportado una noción dinámica de las mismas, sosteniendo que *"se trata de fechas en las que el pasado se hace presente en rituales públicos, en que se activan sentimientos y se interrogan sentidos, en que se construyen y reconstruyen las memorias del pasado"*.[2] Las conmemoraciones, habitadas por tensiones y contradicciones,[3] operan, entonces, como mediadores a través de los cuales los distintos colectivos sociales en pugna trazan vínculos con su pasado y se instituyen en generadores de imaginarios sociales.[4]

Por otra parte, en las conmemoraciones se articulan las tres dimensiones de la "cultura histórica" según la entiende Jörn Rüsen: cognitiva, instrumental y memorial.[5] En el presente artículo referido a la producción de algunas izquierdas historiográficas nos centramos en la segunda, aunque las otras dos dimensiones no están necesariamente del todo ausentes. La dimensión instrumental remite a la fórmula habermasiana del "uso público de la Historia" en tanto distinción entre el tratamiento del pasado por parte de los especialistas y su utilización en la esfera pública.[6] Si bien reconocemos los límites de la expresión "usos de la historia" en la medida que no hay historia, en tanto discurso, que no haya sida construida para ser

---

2. Jelin, Elizabeth, "Introducción", en Jelin, Elizabeth (comp.), *Las conmemoraciones. Las disputas en las fechas "in-felices"*, Madrid, Siglo XXI, 2002, p. 1.

3. Nora, Pierre, "La era de la conmemoración", en Nora, Pierre, *Les lieux de mémoire*, Montevideo, Trilce, 2008, p. 169.

4. En cuanto a la diferencia entre celebración y conmemoración, consideramos que ambas pueden tomar la forma de un festejo pero que la primera implica un sentido de pertenencia y/o de protagonismo de lo que se recuerda, ausente en la segunda donde prima la distancia con los hechos recordados.

5. Rüsen, Jörn, "¿Qué es la cultura histórica?: Reflexiones sobre una nueva manera de abordar la historia", en *Culturahistórica*, 2009 [en línea].

6. Habermas, Jürgen y Leaman, Jeremy, "Concerning the public use of History", en *New German Critique*, n° 44, New York, spring/summer 1988, pp. 40-50.

usada, nos concentramos en la cuestión de los usos específicamente políticos de la historia[7] y consideramos que en principio no resulta incompatible con la de cultura histórica. Como ha señalado José Rilla, *"en la naturaleza de la historia, en tanto relato y reconstrucción, está su uso. En la naturaleza de la política en tanto acción pública persuasiva está la historia,* almacén de ejemplos".[8] Asimismo, como consideramos que las conmemoraciones son escenarios donde se despliegan conflictos entre distintas interpretaciones y sentidos del pasado, no ajenos a la voluntad de intervención sobre el presente ni de proyección hacia el futuro, aparece el problema de las relaciones cambiantes que las sociedades establecen con el tiempo. Es decir, una semántica de los tiempos históricos, como ha planteado Reinhart Koselleck,[9] basada en la tensión entre el campo de experiencia y el horizonte de expectativa; y que ha llevado a François Hartog a indagar en torno al "régimen de historicidad" en tanto manera de articular pasado, presente y futuro.[10]

2. Momentos de preparativos y de festejos

2.1. La conmemoración de Mayo

La Comisión Nacional Ejecutiva de Homenaje al Sesquicentenario de la Revolución de Mayo (CNEHSRM), presidida por el ministro del interior Alfredo R. Vítolo, tuvo a su cargo la organización de los festejos oficiales y contó con una subcomisión de Asuntos Historiográficos y Folklóricos, integrada por los profesores Roberto Etchepareborda, Ricardo R. Caillet Bois y Carlos A. Pueyrredón. Con el auspicio de la comisión que se propuso la exaltación de Mayo y la difusión de su

---

7. Véanse Hartog, François, "Avant-propos", Revel, Jacques, "Note de conjoncture historiographique" y Levi, Giovanni, "Le passé lointain. Sur l´usage politique de l´histoire", en Hartog, François y Revel, Jacques (sous la direction), *Les usages politiques du passé*, Paris, Éditions de l´École des Hautes Études en Sciences Sociales, 2001, pp. 7-37.

8. Rilla, José, *La actualidad del pasado. Usos de la historia en la política de partidos del Uruguay (1942-1972)*, Montevideo, Sudamericana, 2008, p. 109.

9. Koselleck, Reinhart, *Futuro pasado. Para una semántica de los tiempos históricos*, Barcelona, Paidós, 1993.

10. Hartog, François, "Ordenes del tiempo, regímenes de historicidad", en *Historia y Grafía*, 2003 [en línea].

ideario y de su trascendencia americana, se organizaron diversas actividades, en especial de índole editorial.[11]

Aunque el clima propicio con el que se iniciaron los preparativos a mediados de 1958 no se mantuvo hasta los festejos, se fueron ultimando los detalles como la ejecución de las obras de restauración e iluminación especial en el Cabildo de Buenos Aires, el embanderamiento general de los edificios públicos y privados, y/o la inauguración, el mismo 25 de mayo, del Teatro Municipal General San Martín. Asimismo, proliferaron las comisiones y los actos de homenaje como las muestras, concursos y exposiciones,[12] y se repatriaron reliquias del general José de San Martín –tanto su testamento como el original de su foja de servicios militares en España–. Los actos también fueron propiciados por los establecimientos educativos y otras entidades como las asociaciones vecinales, profesionales y de colectividades, los ateneos, las bibliotecas populares y los museos, que se asociaron a la conmemoración por medio de desfiles de carrozas, grupos de bailes tradicionales, conferencias, y/o exposiciones pictóricas. Tampoco los medios de comunicación fueron ajenos al espíritu conmemorativo. Radio Nacional dedicó la

---

11. Como bien ha señalado Isabel Paredes, la labor editorial fue el centro de la conmemoración sesquicentenaria de Mayo (*"el Sesquicentenario fue, esencialmente, una conmemoración en el papel"*). Paredes, Isabel, "El Sesquicentenario de Mayo, la memoria y la acción editorial: memoria e historia hacia 1960", en *Anuario del Instituto de Historia Argentina*, n° 10, La Plata, 2010, pp. 137-163. (http://www.fuentesmemoria.fahce.unlp.edu.ar/art_revistas/pr.4702/pr.4702.pd). La mayor parte de las publicaciones fueron reediciones, series documentales, biografías y guías bibliográficas, mientras que, en general, las obras de investigación que aportaban novedades ocuparon un segundo plano. Entre las ediciones especiales se destaca *Biblioteca de Mayo. Colección de Obras y Documentos para la Historia Argentina*, como homenaje del Senado de la Nación, y la obra *Mayo documental*, editada con el auspicio de la CNEHSRM por el Instituto de Investigaciones Históricas dependiente de la Facultad de Filosofía y Letras (FFyL) de la Universidad de Buenos Aires (UBA), rebautizado Emilio Ravignani.

12. Como la muestra sobre la fiesta del Centenario denominada "Recuerdo del Centenario"; la muestra "150 años de arte argentino" realizada por el Museo Nacional de Bellas Artes; la exposición-feria que se abrió entre octubre de 1960 y marzo de 1961 bajo el lema "Argentina en el tiempo y en el mundo"; la Exposición Histórica de Mayo organizada por la Comisión Nacional de Museos y Monumentos Históricos; la apertura de la sala de exposiciones del Museo Histórico Nacional; los concursos literarios como el de la Facultad de Filosofía y Letras de la UBA; la organización de una Exposición Filatélica Interamericana: "Efimayo 1960"; la acuñación de nuevas monedas de un peso y nuevos billetes de cinco pesos; entre otras actividades.

mayor parte de sus programas correspondientes al mes de mayo a la celebración del sesquicentenario y *La Nación* publicó una serie de ilustraciones denominada "Mayo en estampas", acompañadas de breves textos explicativos inspirados en *La Historia de Belgrano y de la Independencia Argentina* de Bartolomé Mitre, y preparó ediciones especiales para el 22 y 25 de mayo.[13]

En términos generales, el programa oficial de la celebración se cumplió sin mayores inconvenientes. Prácticamente desde el 19 de mayo empezaron a llegar las delegaciones extranjeras, que fueron recibidas oficialmente por Frondizi, como estaba previsto, el sábado 21. Ese mismo día, la Iglesia católica hizo pública la pastoral en adhesión a la fecha en la que, al mismo tiempo, hacía un llamado a la obediencia a la autoridad legítima. A diferencia de los festejos del Centenario que contaron con la presencia de la infanta española Isabel de Borbón, las delegaciones extranjeras estuvieron encabezadas, en general, por embajadores –mayormente, por los acreditados en el país–, o por ministros, gobernadores y comandantes en jefe. Sólo se hicieron presente tres jefes de gobierno: Benito Nardone, presidente del Consejo Nacional de Gobierno del Uruguay, Osvaldo Dórticos, presidente de Cuba, y Manuel Prado, presidente de Perú; y también concurrió el príncipe Bernardo de los Países Bajos. En cierta forma, el comienzo oficial de los festejos fue el domingo 22 cuando el presidente habló desde el balcón del Cabildo e hizo un llamado a la unidad de los argentinos: "Que este sea el año de la unión de los argentinos", y desfilaron escolares y efectivos de las tres fuerzas armadas –precedidos por los cadetes españoles–. Por la tarde tuvo lugar la recepción prevista. El lunes fue el turno de la Asamblea Extraordinaria en el Congreso, en la que tomaron la palabra el presidente del Senado, José María Guido y Benito Nardone, que exaltó el significado americano de la gesta de 1810, y el martes se efectuaron en honor de las delegaciones extranjeras tanto la recepción en la Corte Suprema cuanto el agasajo que ofreció el presidente. Finalmente, el miércoles 25 fue el turno del Tedéum, la gran revista y el desfile militar sobre la Avenida del Libertador General San Martín entre las calles Coronel Díaz y Juramento, en el que participaron más de 15.000 efectivos no sólo de nuestras fuerzas armadas sino de otros países americanos y

---

13. Editorial, "Mayo", en *La Nación*, 25 de mayo de 1960, p. 6.

de España, así como la velada de gala en el Teatro Colón.[14] Según *Clarín*, "una multitud colmó la Gran Avenida".[15] De alguna manera, los festejos públicos continuaron no sólo en Buenos Aires, sino también en el resto de las provincias, en los barrios y hasta en el exterior. En la ciudad de Nueva York, por ejemplo, se proclamó el 25 de mayo "Día Argentino".

Con todo, lo cierto es que los festejos públicos se vieron acompañados por un estado de ánimo y un clima de ideas poco propicios, así como por la crisis económica, los reclamos sociales y el malestar político. Esa actualidad crítica estuvo presente en la mayor parte de las evocaciones formuladas, por caso, desde las filas peronistas;[16] como en el comunicado de la Comisión Popular de Homenaje a la Revolución de Mayo (CPHRM), donde se cuestionaba las invitaciones que el gobierno argentino había cursado a regímenes que consideraba totalitarios y dictatoriales, insistiendo en el carácter democrático de Mayo;[17] y/o, incluso, en el discurso presidencial del día 22 de mayo.

2.2. La conmemoración de Julio

En el caso del sesquicentenario de la declaración de independencia, también se organizaron comisiones de homenaje y proliferaron las adhesiones y los actos en adhesión a los festejos dispuestos por entidades de carácter educativo, cultural, social, empresarial, vecinal y deportivo, que organizaron desfiles, conferencias, disertaciones, muestras, exposiciones, concursos, misas, conciertos, números fol-

---

14. Véase *Clarín*, 23 de mayo de 1960, pp. 7-9; y 24 de mayo de 1960, pp. 10-15, 22 y 25.

15. Cfr. *Clarín*, 26 de mayo de 1960, p. 10. En el editorial de *La Nación* del 26 de mayo también se señalaba el auspicio popular con que contaron las diversas ceremonias y su significación histórica. Editorial, "La celebración de Mayo", en *La Nación*, 26 de mayo de 1960, p. 6.

16. Véase la declaración del Partido Justicialista en *La Nación*, 25 de mayo de 1960, p. 6.

17. El 23 de mayo fue la fecha elegida por la CPHRM para su marcha cívica con el lema "Mayo, progreso y democracia". Ese mismo día la comisión lanzó la denominada Proclama de Mayo donde reivindicaba la plena vigencia de la tradición de Mayo y la línea histórica Mayo-Caseros, no sin hacer mención a las "frustraciones", "zozobras" y "escollos del presente". Cfr. "La Proclama de Mayo", en *La Nación*, 24 de mayo de 1960, p. 15.

clóricos, comidas y colocaciones de placas recordativas.[18] Asimismo, se emitieron estampillas alusivas y se dispuso la iluminación especial y el embanderamiento de los edificios públicos. Tampoco faltaron las audiciones dedicadas a la conmemoración por Radio Nacional, ni las ediciones especiales y suplementos extraordinarios como los de *Clarín* y su diaria "Crónica de las sesiones del Congreso de Tucumán", o de *La Prensa*, que le dedicó sus "Ediciones Ilustradas".

A diferencia de lo ocurrido con la conmemoración del Sesquicentenario de Mayo, los detalles de los festejos por la declaración de la independencia se conocieron prácticamente durante el transcurso de la semana previa a los mismos.[19] Los actos centrales tuvieron lugar en las ciudades de San Miguel de Tucumán y de Buenos Aires, y contaron con una activa participación militar y de la Iglesia católica. Mientras que buques de guerra llegaron al puerto de Buenos Aires para ser visitados, en la ciudad de Tucumán se veneró el corazón de Fray Justo Santa María de Oro traído desde la provincia de San Juan.[20] Esta última ciudad fue dispuesta por dos días capital de la República y asiento del Poder Ejecutivo. El viernes 8 de julio, a su llegada a la capital de Tucumán para presidir los actos, Onganía recibió las llaves simbólicas de la ciudad y se trasladó a la Casa de Gobierno provincial, donde concedió audiencias. El sábado 9 fue el turno del Tedéum en la catedral tucumana, el discurso presidencial –centrado en las ideas fundamentales de la Revolución Argentina y de su gobierno– en la Casa de Tucumán –que en su carácter de epicentro de los actos, al parecer, conoció un desfile incesante de

---

18. "Prosiguen realizándose actos en adhesión al sesquicentenario de la independencia", "Emítense estampillas por el sesquicentenario", "Continúa la realización de actos por el sesquicentenario de la independencia", "Realízanse hoy nuevos actos en adhesión a los festejos por el sesquicentenario", en *La Prensa*, 2, 3 y 4 de julio de 1966, pp. 6, 5, 8 y 9; "Sesquicentenario. Varios actos en homenaje a los congresales de 1816", "Sesquicentenario", "Numerosos actos de adhesión al 150° aniversario de nuestra independencia" y "Numerosos actos se realizan celebrando el sesquicentenario de la independencia", en *Clarín*, 3, 4, 5 y 6 de julio de 1966, pp. 35, 24, 27 y 24.

19. "Sesquicentenario: Onganía dirigirá el sábado un mensaje al país desde Tucumán", en *Clarín*, 7 de julio de 1966, pp. 13-14.

20. "Venérase en Tucumán el corazón de Fray Justo Santa María de Oro" y "Visítanse los buques de la flota de mar", en *La Prensa*, 8 de julio de 1966, p. 6; y "Sesquicentenario. Tucumán vive con fervor la magna fecha y se suceden los homenajes a la gesta precursora" y "Sesquicentenario. El Arzobispo de San Juan, Monseñor Sansierra, llevó a Tucumán el corazón de Fray Justo Santa María de Oro", en *Clarín*, 6 y 8 de julio de 1966, pp. 27 y 25.

visitantes– y el desfile militar, a cuyo término Onganía partió hacia Buenos Aires para asistir por la noche a la función de gala en el Teatro Colón.[21] El domingo 10, tras recibir el saludo de las autoridades, presidió el desfile militar en la Avenida del Libertador, que contó con 15.000 efectivos de las tres fuerzas armadas y con el cual terminaron los actos celebratorios. Según la prensa, los festejos contaron con gran adhesión popular, aunque no se dejó de señalar las limitaciones impuestas a los periodistas para cubrir los actos centrales.[22] Los actos de adhesión se replicaron asimismo en las otras provincias y localidades.[23]

3. Los lugares de la Historia

De algún modo, se puede decir que el discurso de los socialistas y los comunistas buscó apropiarse de ciertos significados atribuidos a Mayo y a Julio para legitimar sus propias trayectorias y tradiciones partidarias, y fundamentar sus posiciones político-sociales de cara, por lo menos, a su presente.

3.1. Los socialistas frente a los sesquicentenarios

Hacia 1960, el PS Democrático se había convertido en un emblema del socialismo liberal, y se caracterizaba tanto por un fuerte antiperonismo y anticomunismo como por cierta estabilidad y homogeneidad. Si bien la labor historiográfica quedó relegada en su

---

21. "Solemnemente celebra el país el Sesquicentenario de la Declaración de la Independencia, que se cumple hoy", "En la histórica Casa de Tucumán se realizó ayer el acto central en celebración del sesquicentenario" y "Tuvo lucimiento el desfile para celebrar el sesquicentenario", en *La Prensa*, 9, 10 y 11 de julio de 1966, p. 1; "Digno marco popular y oficial tendrán los actos celebratorios del sesquicentenario", "El pueblo tucumano ovacionó al primer mandatario", "Onganía: proporcionaremos a cada ciudadano la oportunidad de sentirse dueño de su destino", "Tucumán: 200.000 personas presenciaron el desfile" y "Velada de gala en el Colón", en *Clarín*, 9 y 10 de julio de 1966, pp. 14-15, 18 y 40.

22. "Las autoridades civiles, militares y eclesiásticas presentaron sus saludos al Presidente de la República" e "Imponente desfile militar en adhesión al aniversario de nuestra independencia", en *Clarín*, 11 de julio de 1966, p. 11-15 y 18.

23. "Ceremonias celebratorias en las provincias", en *Clarín*, 9 de julio de 1966, p. 28.

núcleo dirigente –con la excepción de Juan Antonio Solari– y en sus publicaciones, se observa que, en general, ensayaron una historia de las ideas y sostuvieron la línea Mayo-Caseros y la imagen negativa de la colonia y el rosismo. En ocasión de los sesquicentenarios, tampoco realizaron publicaciones especiales. Con todo, se pueden recordar algunas notas aparecidas en el semanario *Afirmación* con motivo del Sesquicentenario de Mayo[24] o el acto en su homenaje realizado por el partido en el Teatro Lassalle y que contó entre sus oradores con Américo Ghioldi, quien afirmó: *"Mayo es el eje de la historia argentina (...) En Mayo anticolonial nacen simultáneamente la patria, la libertad, el pueblo y el ser argentino con conciencia de su personalidad autónoma".*[25]

Como se ha indicado, Solari produjo una obra copiosa dedicada principalmente a la divulgación de la historia partidaria –concretamente, la de sus élites–, así como de los sucesos, la labor parlamentaria y las figuras pertenecientes al socialismo y el liberalismo.

---

24. Véanse Solari, Juan Antonio, "La gesta de Mayo. Conciencia de la libertad", en *Afirmación. Tribuna de orientación democrática y socialista*, año III, n° 124, Buenos Aires, 26 de abril de 1960, p. 6; "Mayo en el pensamiento socialista", "Porque esta es la manifiesta voluntad del pueblo. Celebración del nacimiento de la nacionalidad" y "Homenaje del PSD a la Revolución de Mayo. Hablaron Carlos P. Carranza, Juan Canter y Américo Ghioldi", en *Ibíd.*, año III, n° 128, Buenos Aires, 24 de mayo de 1960, pp. 1-2; "Los trabajadores, dignos herederos de Mayo", en *Ibíd.*, año III, n° 129, Buenos Aires, 1° de junio de 1960, p. 1; y "Mayo: Movimiento ideal con evidente carácter económico. Conferencia pronunciada por el Dr. Repetto en Lobos", en *Ibíd.*, año III, n° 130, Buenos Aires, 8 de junio de 1960, p. 2. En los artículos se consideraba a Mayo como sinónimo de la democracia y la libertad, destacando su impronta popular y el nacimiento de la nación.

25. "Homenaje del PSD a la Revolución de Mayo. Hablaron Carlos P. Carranza, Juan Canter y Américo Ghioldi", en *Afirmación*, año III, n° 128, Buenos Aires, 24 de mayo de 1960, p. 3; y "Acto socialista en homenaje al Sesquicentenario", en *La Nación*, 25 de mayo de 1960, p. 15. En cierta forma, también se puede traer a colación la obra *Sarmiento y Mitre. Hombres de Mayo y Caseros* de José S. Campobassi –que mantuvo cierta cercanía al círculo ghioldista–, premiada en el concurso de ensayos organizado para la ocasión por la editorial Losada. Allí, Campobassi suscribía la línea "Mayo-Caseros" en torno a las figuras de Domingo F. Sarmiento y Mitre, presentados en paralelo como adalides del liberalismo y de la pacificación, la reorganización institucional y la reconstrucción del poder nacional –no sin señalar sus disidencias respecto de la manera de encarar tanto la lucha contra la montonera como las labores diplomáticas, entre otras cuestiones–. Cfr. Campobassi, José Salvador, *Sarmiento y Mitre. Hombres de Mayo y Caseros*, Buenos Aires, Losada, 1962, pp. 99-179, 220-288 y 341-372.

Entre sus obras con un perfil más histórico se destaca aquella que escribió con motivo del sesquicentenario de la declaración de independencia de 1816, donde aunaba bajo el ideal liberal y democrático de la tradición de Mayo no sólo al Congreso de Tucumán, sino a la Asamblea de 1813, los "ejércitos liberadores", los jóvenes de la Asociación de Mayo y la Constituyente de 1853.[26]

Por el contrario, la heterogeneidad y la inestabilidad fueron los sellos distintivos del PS Argentino. Más allá del antighioldismo primigenio y de la adhesión que suscitó la Revolución Cubana, en sus filas confluyeron grupos de orientación más tradicional –que, en general, coincidían con los sectores de antigua militancia (Ramón Muñiz, Alfredo Palacios, Alicia Moreau de Justo, Emilio Carreira y Carlos Sánchez Viamonte) y cuyos órganos de expresión fueron *La Vanguardia* y *Sagitario*; con grupos juveniles más radicalizados, que contaron con la participación excepcional de David Tieffenberg y del historiador José Luis Romero y con las revistas *Situación* y, en menor medida, *Che*, y que propiciaban una política frentista con el peronismo y/o con el comunismo. Más allá del peso relativo de las cuestiones peronista y cubana, entre mayo y junio de 1961, el PS Argentino se escindió en secretarías, que luego conformaron el PS Argentino-Casa del Pueblo y el PS Argentino de Vanguardia (PSAV). El PSA-Casa del Pueblo no sólo se quedó prácticamente sin líderes de envergadura luego de los fallecimientos de Muñiz, Carreira y Palacios y de la expulsión de su secretario Juan Carlos Coral en 1965; sino que desapareció fundiéndose con el Movimiento de Acción Popular Argentino (MAPA) y otros grupos en el Partido Socialista Popular (PSP) en 1972, que inmediatamente sufrió nuevas divisiones. Tras el apoyo que el PSAV brindó a la fórmula peronista encabezada por Andrés Framini en las elecciones bonaerenses de marzo de 1962, se produjo la renuncia de Romero así como la de otros dirigentes, y el partido entró en crisis y conoció divisiones y escisiones en la segunda mitad de 1963 no sólo por problemas de organización y de competencia de liderazgos, sino a causa principalmente de sus diferentes posiciones político-estratégicas respecto del peronismo y la lucha armada; opciones en que los diferentes grupos vanguardistas terminaron confluyendo. En cualquier caso,

---

26. Solari, Juan Antonio, *El Congreso de 1816. Breve crónica histórica*, Buenos Aires, Afirmación, 1966, p. 11. El libro se cierra con un apéndice en el que Solari daba cuenta de algunas contribuciones bibliográfico-documentales sobre el Congreso efectuadas desde la celebración de su centenario en 1916.

las derivas sesentistas del socialismo de vanguardia se mostraron, en general, ajenas a la indagación histórica.

En las páginas de *Sagitario*, frente al "ceremonioso Mayo oficial" se postuló un Mayo popular, latinoamericanista y para la juventud,[27] se ensayó un reconocimiento al general Juan José Viamonte y un acercamiento a la "conformación económico-social" colonial, destacando el papel de la expansión pecuaria desde 1750, el proceso de apropiación de la tierra y la formación de la burguesía ganadera que reclamó el libre comercio; así como se reprodujeron un párrafo de Juan B. Justo con motivo de la conmemoración del Centenario de Mayo donde hacía un llamado a su celebración en el fuero interno para "no servir de coro ni de marco a los advenedizos que nos gobiernan y preparan sus más groseras farsas de patriotas profesionales",[28] y –ante el desfile de tropas falangistas como parte de los homenajes– un artículo de Carlos Sánchez Viamonte de 1938 en el que suscribía la tesis de las dos Españas.[29] El paralelo con el centenario se basaba en la desigualdad económica y la intensa agitación social. Aunque en aquellos años tan turbulentos para la vida nacional y partidaria la producción de discursos históricos no parece haber estado en el centro de las preocupaciones de Palacios y Sánchez Viamonte, se puede recordar una colaboración del primero en víspera de la conmemoración de Mayo, en la que se pronunciaba contra la caracterización que de ella hacían los revisionistas como un mero pronunciamiento militar, sosteniendo su origen y trascendencia popular al tiempo que americana, la existencia de una democracia "instintiva" en el Río de la Plata, y la gravitación de la idea y la voluntad de independencia.[30] Por su parte, Sánchez Viamonte se encargó de prologar el libro que Armando Alonso Piñeiro dedicó

---

27. "Mayo de Nuestra América frente al ceremonioso Mayo oficial"; J. I. M., "Mayo y la juventud"; "Mensaje especial del Prof. Sánchez Viamonte"; Sánchez Viamonte, Carlos, "América y la Revolución de Mayo"; Piñeiro, Armando Alonso, "Revalorización de un hombre de Mayo"; y Dieguez, Héctor L., "Escenario en que se forjó la Revolución", en *Sagitario. El presente analizado con sentido de futuro*, año II, n° 24, Buenos Aires, mayo de 1960, pp. 1, 3, 6-7 y 12.

28. V. G. C., "Hoy como ayer", en *Ibíd.*, p. 1. Las iniciales corresponden a Víctor García Costa.

29. Sánchez Viamonte, Carlos, "Una visión americana de la historia de España", en *Ibíd.*, pp. 5 y 8.

30. Palacios, Alfredo L., *El pueblo en la Revolución de Mayo*, Buenos Aires, Ediciones de la CPHRM, 1959, pp. 3-13.

al general Viamonte –en calidad de pariente y depositario de su archivo– como contribución a la conmemoración del Sesquicentenario de Mayo.[31]

En el editorial de mayo de 1960 de la revista *Situación* es posible observar cómo se contraponía el festejo "con boato" del gobierno a la imagen de un país "empobrecido". No sólo se denunciaba la presencia en los festejos de representantes de gobiernos reaccionarios –en particular, de la "falange española"– y la gravitación del "imperialismo yanqui", sino la ausencia de libertad, la existencia de presos políticos y gremiales, las torturas y asesinatos, y la omnipotencia de los militares. A su entender, la "oligarquía" pretendía "adueñarse de una revolución que frustró principalmente a partir de 1880", pero la "masa popular, hoy factor de poder que todavía no podía ser en 1810", se encontraba en "pie de lucha".[32] En el mismo número se decidió publicar un extracto de *Las ideas políticas en Argentina* de José L. Romero, donde se evocaba a Mayo de 1810 como el inicio de una "nueva era" y como una "revolución" a la vez "emancipadora" y "social", en la medida que habría implicado el ascenso de los grupos criollos –aunque luego se habrían enfrentado sus "núcleos ilustrados" con las "masas populares" en torno a dos concepciones político-sociales–.[33]

3.2. Los comunistas frente a los sesquicentenarios

Hacia 1960, en un clima de creciente disidencia e inconformismo interno, empezaron a aparecer en las publicaciones periódicas del PC las alusiones a la conmemoración que se avecinaba, así como a los festejos programados por el gobierno. Los cuestionamientos al gobierno, que a su entender se proponía convertir las celebraciones en actos de adhesión a su política, cobraron cierto protagonismo en los editoriales y las declaraciones. Así, se cuestionaba tanto la fastuosidad de los preparativos y la vigencia de las proscripciones, el estado de sitio y el Plan Conintes, como la orientación historiográfica de las ediciones y la autoridad moral y política del "gobierno de la

---

31. Sánchez Viamonte, Carlos, "Prólogo", en Piñeiro, Armando Alonso, *Historia del general Viamonte y su época*, Buenos Aires, Mundonuevo, 1959, pp. 11-19.

32. "Editorial", en *Situación*, n° 3, Buenos Aires, mayo de 1960, p. 3.

33. Romero, José Luis, "1810", en *Ibíd.*, p. 2.

sumisión ante el imperialismo" para presidir la conmemoración.[34] El paralelismo trazado con el momento del Centenario se vuelve explícito: *"Otra vez la fecha máxima de la nacionalidad nos encuentra en las condiciones de la libertad inexistente para el pueblo".*[35] Pero esa historia que –según su lectura– se repetía, lo hacía con un agravante porque el gobierno de Frondizi no sólo representaba a la "burguesía", sino que había recibido el apoyo popular en virtud de un programa democrático, nacional y popular que, una vez en el poder, no hizo otra cosa que traicionar. El PC se proponía "rescatar" el sentido popular, democrático, progresista y revolucionario de los sucesos de Mayo, así como su vigencia, considerándose el legítimo heredero de sus tradiciones: *"el patriotismo de los comunistas no es retórico sino activo".*[36] En el terreno historiográfico, los cuestionamientos fueron tanto para la corriente "hispanistarosista" –sobre todo, por idealizar la colonia y vaciar a Mayo del contenido de la independencia– como para la "escuela liberal". Para los comunistas ambas corrientes "reaccionarias" negaban a los sucesos su carácter popular, anticolonial y antifeudal, así como ocultaban el papel jugado por "Argentina" durante las guerras de independencia de los demás países sudamericanos. Al mismo tiempo que reivindicaban el sentido progresista del capitalismo y el papel liberador de las fuerzas armadas en la época de Mayo, aseveraban que había quedado sin resolver la "cuestión agraria" y que en la actualidad existían condiciones favorables –mundiales y nacionales– para la realización de las tareas "de la revolución agraria y antiimperialista".[37] En otro editorial, se hacía hincapié en el sentido anticolonial de Mayo y en la influencia de la Revolución Francesa

---

34. Comité Central del PC, "Llamamiento del PC con motivo del 150° Aniversario de la Revolución de Mayo. El mejor homenaje popular al aniversario de Mayo: unidad por la independencia y progreso de la patria", en *Nuestra Palabra*, n° 515, Buenos Aires, 10 de mayo de 1960, p. 3. Asimismo, se daba cuenta de la negativa de sectores tanto obreros como docentes a participar y/o prestar colaboración en los festejos oficiales. "Los trabajadores y el sesquicentenario", en *Nuestra Palabra*, n° 516, Buenos Aires, 17 de mayo de 1960, p. 6.

35. Redacción, "Mayo es del pueblo", en *Cuadernos de Cultura*, n° 46, Buenos Aires, marzo-abril de 1960, pp. 1-2.

36. Comité Central del PC, "Llamamiento del PC con motivo del 150° aniversario de la Revolución de Mayo. El mejor homenaje popular al aniversario de Mayo: unidad por la independencia y progreso de la patria", *op. cit.*, p. 3.

37. Editorial, "Hacia la celebración del 150° aniversario de la Revolución de Mayo", en *Nueva Era*, n° 2, Buenos Aires, febrero de 1960, pp. 99-112.

y el movimiento emancipador de América del Norte, así como se señalaba a las sublevaciones "indígenas y campesinas" del siglo XVIII como un antecedente de la emancipación americana. Ahora la comparación propuesta era entre 1810 y 1960, con el objeto de mostrar que el gobierno de Frondizi acentuaba el "estatuto colonial de nuestra dependencia" y representaba una "traición a los ideales de Mayo", como que el "antiimperialismo de hoy" era la prolongación del viejo "anticolonialismo".[38] Por su parte, Héctor P. Agosti se encargó de señalar la distancia entre los que hicieron Mayo y quienes lo celebraban oficialmente en términos de lo "anticolonial" y lo "colonial", respectivamente.[39]

El semanario *Nuestra Palabra* lanzó una edición extraordinaria dedicada a la conmemoración en la que también fueron protagonistas los llamados a la liberación de los presos políticos y gremiales, y a la defensa y superación de Mayo en términos de independencia nacional, reforma agraria, mejoramiento de las condiciones de vida de los sectores populares e institucionalidad democrática; la sucedánea comparación con el Centenario por la conculcación de las libertades públicas, la vigencia del estado de sitio y la ley de Defensa Social y el Plan Conintes, en forma respectiva; la defensa del carácter popular, democrático, progresista y anticlerical –un clero dividido en clases y al servicio de sus intereses– de la revolución –aunque interrumpida– de Mayo y del pensamiento antilatifundista de sus ideólogos; y la lectura binaria del proceso en términos de progreso y reacción; junto con citas de Bernardo de Monteagudo, Esteban Echeverría, y noticias sobre la adhesión a la conmemoración en la URSS.[40] En sus páginas también se destacó la participación popular en los festejos en los barrios y, en especial, la estudiantil a través del Cabildo de la Democracia y la marcha de las antorchas bajo el estribillo "Sesquicentenario sin Fondo Monetario", el homenaje

---

38. Comité Central del PC, "Llamamiento del PC con motivo del 150° aniversario de la Revolución de Mayo", en *Ibíd.*, n° 4, Buenos Aires, abril de 1960, pp. 291-298.

39. Agosti, Héctor P., "Mayo y la responsabilidad de los escritores", en *Cuadernos de Cultura*, n° 46, Buenos Aires, marzo-abril de 1960, pp. 99-101.

40. Véanse "Para la defensa y superación de Mayo", "¡25 de Mayo sin presos gremiales ni políticos!", "Conintización es antidemocracia", "Odesa-Buenos Aires", "Revolución popular y progresista", "El papel del clero en 1810", "La Revolución Argentina y la tierra", "Mayo y la democracia" y "En la URSS se conmemora el Sesquicentenario de la Revolución de Mayo", en *Nuestra Palabra*, n° 517, Buenos Aires, 24 de mayo de 1960, pp. 1 y 3-6.

a Mariano Moreno, la adhesión a Cuba y la silbatina a *La Prensa*, así como el globo que sobrevoló el palco presidencial durante la revista militar reclamando un 25 de mayo sin presos políticos con la insignia del PC.[41]

El número 47 de la revista *Cuadernos de Cultura*, también dedicado a Mayo desde gran variedad de temáticas –y donde incluso se publicaron fragmentos del *Plan de Operaciones* de Moreno, defendiendo su veracidad–, fue abierto por Agosti que propugnaba la búsqueda de una "conducta prospectiva" y el papel protagónico del pueblo en la historia. Asimismo, cuestionaba ciertas ideas "revisionistas" que adjudicaban a Mayo el carácter de mero "pronunciamiento", reivindicaba tanto su carácter revolucionario como su origen popular, y anunciaba que se trataba de una "revolución interrumpida" en la medida que no había puesto fin al "latifundismo".[42] Con respecto a las tradiciones historiográficas, Benito Marianetti postulaba el marxismo-leninismo, no sin esgrimir una singular clasificación de las corrientes historiográficas en la historia argentina como "cosmopolitas" y "tradicionalistas" y el llamado a luchar contra el "revisionismo histórico".[43] Por su parte, José C. Chiaramonte hacía un uso instrumental de la historia conforme a la estrategia y a las necesidades del partido –en la medida que mostraba al comunismo local como el heredero de la "tradición progresista de Mayo" en torno al tema de la reforma agraria.[44]

Como ha indicado Nora Pagano,[45] las innovaciones al interior de la tradición historiográfica comunista deben buscarse en la fracción animada por Agosti en los *Cuadernos de Cultura* y no en la defensa de la "línea Mayo-Caseros" ensayada por Leonardo Paso. De hecho, en ocasión del sesquicentenario se publicó su *Rivadavia y la línea de Mayo*, obra en la que buscó ponderar la figura de Bernardino Rivadavia como continuadora de la línea progresista de Mayo y refutar a sus críticos. En sus páginas, Paso no sólo revisaba los

---

41. "Los festejos patrios", "Marcha de la liberación", "Calor popular en torno a la delegación de Cuba" y "Mentirosos", en *Nuestra Palabra*, n° 518, Buenos Aires, 31 de mayo de 1960, pp. 1-2.

42. Agosti, Héctor P., "Mayo es el pueblo", en *Cuadernos de Cultura*, n° 47, Buenos Aires, mayo-junio de 1960, pp. 1-8.

43. Marianetti, Benito, "Sobre las líneas históricas argentinas", en *Ibíd.*, pp. 9-20.

44. Chiaramonte, José C., "La cuestión agraria en Mayo", en *Ibíd.*, pp. 91-103.

45. Devoto, Fernando y Pagano, Nora, *Historia de la historiografía argentina*, Buenos Aires, Sudamericana, 2009, pp. 324-325.

proyectos y las reformas rivadavianas –considerando a la enfiteusis como una medida antilatifundista y justificando el empréstito Baring–, sino que defendía la supuesta dimensión democrática de su accionar y su promoción del desarrollo capitalista, explicando su derrota a causa de la debilidad de su propia clase, la burguesía liberal.[46] Por otra parte, en *Mayo: Ejército y política* emprendió la defensa del carácter popular y emancipador de la Revolución de Mayo, así como del origen popular y el sentido nacional del ejército a partir de las milicias organizadas durante las invasiones inglesas y su continuidad en los ejércitos "auxiliadores" durante las luchas por la independencia.[47] En suma, Paso no sólo hizo suya la idea de Mayo como una revolución "democrático-burguesa" frustrada porque no existía una clase burguesa nacional y la defensa de la política rivadaviana, sino también la argumentación en términos de la oposición progreso-reacción.[48] A su modo, Fernando Nadra también había intentado aleccionar a la juventud acerca del ideario de Mayo, tema que actualizó en ocasión del sesquicentenario ante la supuesta embestida del "revisionismo histórico y la escuela neoliberal", considerando al gobierno de Frondizi como representante del anti-Mayo. Su lectura mostraba una imagen negativa y sin matices de la colonia y el rosismo –absolutistas, feudales, sinónimos de miseria y atraso–, así como de la alianza entre la "oligarquía terrateniente" y el imperialismo, frente a quienes representarían la independencia, la libertad y el progreso: Manuel Belgrano, Moreno, San Martín y, en general, la generación de Mayo, 1813, 1816, Rivadavia, Echeverría y los jóvenes de la Asociación de Mayo, Caseros, Sarmiento, la Reforma Universitaria, el PC y la Federación Juvenil Comunista (FJC), resaltando siempre la participación de los jóvenes.[49]

En la brega de Alberto Rogelio Ferrari a favor de la constitución de un frente con "otras" fuerzas democráticas y progresistas, incluido el peronismo, pero bajo dirección obrera, se entremezclaron sus

---

46. Paso, Leonardo, *Rivadavia y la línea de Mayo*, Buenos Aires, Fundamentos, 1960, pp. 9-203.

47. Ídem, *Mayo: ejército y política*, Buenos Aires, Anteo, 1961, p. 26.

48. Véase, asimismo, Paso, Leonardo, "Qué fue la revolución de Mayo y quiénes son sus herederos", Buenos Aires, Anteo, s/f.

49. Nadra, Fernando, "La juventud argentina y el ideario de Mayo a lo largo de la historia patria", Buenos Aires, Comisión de Propaganda del Comité de la Capital de la FJC, mayo de 1956, p. 21; y "La juventud argentina y el ideario de Mayo a través de la historia patria", Buenos Aires, Comisión Nacional de Propaganda de la FJC, abril de 1960, pp. 5 y 18.

reflexiones con motivo del sesquicentenario tanto de la Revolución
de Mayo como de la declaración de independencia: la independencia
incompleta como corolario de la revolución burguesa inconclusa,
que al haber sido copada por elementos reaccionarios y no haber
modificado la estructura económico-social –como tampoco lo habría
hecho el primer peronismo– determinó nuestra caída en las "garras
del imperialismo capitalista", así como su insistencia en presentar
al comunismo local como el auténtico heredero y continuador de la
tradición de Mayo y de Julio, en busca de la revolución democrática,
agraria y antiimperialista.[50]

En ocasión del sesquicentenario del Congreso de Tucumán y
la declaración de independencia, las publicaciones reflejaron la
situación difícil que atravesaba el partido bajo el onganiato. En el
caso de *Cuadernos de Cultura*, a modo de editoriales, se compara-
ron el *Acta de Buenos Aires* y el *Acta de Tucumán*, reclamando una
actitud antiimperialista y latinoamericanista en la conmemoración
sesquicentenaria, así como se señaló tanto la continuidad entre
los sucesos de Mayo y de Julio y la vigencia de la declaración de
la independencia como la frustración de aquellos propósitos y la
dependencia del país, invitando, más que a la conmemoración, a un
examen de conciencia.[51] Asimismo, se publicaron sólo dos trabajos
relativos a la conmemoración, firmados con iniciales –correspondientes a Agosti y Marianetti–. Mientras que el primero destacaba
la precocidad de la incorporación de Latinoamérica al movimiento
formativo de las naciones, al mismo tiempo que cuestionaba las referencias a su balcanización, insistiendo en su diversidad, el segundo
reflexionaba en torno a las condiciones y actores del Congreso de
Tucumán.[52] A su vez, los editoriales de *Nueva Era* bregaban por
una verdadera independencia económica y política "realizando

<hr>

50. Ferrari, Alberto, "El Frente Democrático Nacional en la línea de Mayo" y "A
    150 años de su proclamación: ¿Cómo lograr la independencia argentina?",
    en *Selección de trabajos*, Buenos Aires, Anteo, 1967, p. 84.

51. Redacción, "La verdadera independencia", en *Cuadernos de Cultura*, n° 78,
    Buenos Aires, enero-febrero de 1966, pp. 1-3; y J.L.P., "Actualidad de la
    declaración de la independencia", en *Cuadernos de Cultura*, n° 80, Buenos
    Aires, mayo-junio de 1960, pp. 1-7. Las siglas corresponden a Julio Luis
    Peluffo.

52. Véanse H. P. A., "Filosofía del Sesquicentenario" y B. M., "Nuestra difícil
    independencia", en *Cuadernos de Cultura*, n° 81, Buenos Aires, julio-agosto
    de 1966, pp. 6-36. Las iniciales corresponden a Héctor Pablo Agosti y Benito
    Marianetti, en forma respectiva.

la revolución democrática, agraria y antiimperialista con vistas al socialismo" y la unidad sindical de los trabajadores, y se publicaron dos artículos de Paso donde destacaba la madurez de las fuerzas económicas y sociales, y el protagonismo popular en los sucesos de 1810-1816 –acuciados por la declaración de la independencia y la organización del país–, así como la influencia de San Martín y Belgrano en el Congreso de Tucumán.[53] Por su parte, en *Nuestra Palabra*, en una nueva etapa de clandestinidad, se denunció el paralelismo trazado por la dictadura "de tipo fascista" entre la gesta de 1810-1816, con su sentido democrático y progresista, y el golpe de 1966 y su política reaccionaria, antipopular y antinacional.[54]

También como adhesión al sesquicentenario de la independencia, la editorial Cartago –ligada al PC– compiló una serie de trabajos sobre el tema en el libro *Argentina: 1816*. Por caso, Paso se abocó a la situación internacional y a las gestiones emprendidas en busca del reconocimiento diplomático de la nueva nación, desaprobando las misiones de Carlos M. de Alvear, Manuel de Sarratea y Manuel J. García, defendiendo las de Rivadavia, Belgrano y Valentín Gómez, y ensalzando la política rivadaviana en general.[55] Por su parte, Nadra

---

53. Editorial, "El sesquicentenario de nuestra independencia y la revolución cubana", en *Nueva Era*, n° 1, Buenos Aires, febrero de 1966, pp. 1-10; Editorial, "La unidad sindical en el año sesquicentenario", en *Ibíd.*, n° 5, Buenos Aires, junio de 1966, pp. 1-9; y Paso, Leonardo, "1816 – La decisión de los pueblos", en *Ibíd.*, pp. 10-19; y "1816: la hora de la independencia", en *Ibíd.*, n° 6, Buenos Aires, julio de 1966, pp. 11-19. Como parte de los homenajes, el PC organizó un "intercambio de opiniones" sobre "Cómo asegurar la independencia económica", cuyas intervenciones fueron publicadas en la revista *Nueva Era* durante los meses de julio, agosto y septiembre de 1966.

54. Comité Central del PC, "Por un 9 de julio de lucha contra la política antinacional de la dictadura", en *Nuestra Palabra*, n° 836, Buenos Aires, 19 de julio de 1966, p. 4.

55. Paso, Leonardo, "La declaración de la independencia, la realidad mundial del momento y algunas gestiones diplomáticas", en Marianetti, Benito, Paso, Leonardo, Ferrer, Damián, Lombardi, Miguel C., *Argentina: 1816*, Buenos Aires, Cartago, 1966, pp. 49-93. Las otras colaboraciones estuvieron dedicadas a la diputación en 1816 de Tomás Godoy Cruz (Benito Marianetti), la actividad política del general San Martín en torno al Congreso de Tucumán (Damián Ferrer) y las implicancias de este último en el proceso de organización nacional (Miguel C. Lombardi). Paso fue asimismo el autor del folleto "La declaración de la independencia nacional en 1816 y la herencia que los comunistas recogemos" (Buenos Aires, Ediciones PC, 1966), también dedicado al mandato de Julio.

se centró en 1816, justificando tácticamente los planteos "monarquistas" y arguyendo contra los historiadores rosistas y liberales, mientras proponía a los comunistas y patriotas de su tiempo en general como los herederos y continuadores de la tradición revolucionaria de Mayo y de Julio, esbozando un paralelo entre las tareas históricas de 1810/1816 y las de 1966.[56]

Reflexiones finales

Sin negar la incidencia de las condiciones políticas de los presentes respectivos, es posible observar que durante las conmemoraciones sesquicentenarias de Mayo y de Julio se sostuvo la continuidad con el pasado en tanto fuente de legitimidad, así como cierta vocación futurista anclada en perspectivas revolucionarias y modernizadoras, es decir, cierta continuidad dinámica entre pasado, presente y futuro.

Del análisis precedente se desprende que tanto socialistas como comunistas han atribuido al pasado una funcionalidad política, han procurado integrar ese pasado con su presente y han demostrado necesitar un pasado para ponerse en una continuidad que legitime sus acciones e identidad. Se presentaron como herederos de las tradiciones de Mayo y de Julio, acontecimientos a los que –no sólo ellos– les adjudicaron un papel fundacional y progresista, considerándolos como sinónimos de democracia y de libertad.

---

56. Nadra, Fernando, *9 de julio: ayer y hoy*, Buenos Aires, Anteo, 1966, p. 25.

Conmemoraciones e identidad socialista en un período formativo.

Usos del pasado en *EL OBRERO. Defensor de los intereses de la clase proletaria. Órgano de la Federación Obrera* (1890-1893)[1]

Sofía Seras

(PIHA-UBA)

Las relaciones que las sociedades trazan con sus pasados no se circunscriben al campo de la historiografía profesional, sino que abarcan a un conjunto de mediaciones, realizadas por una heterogeneidad de actores, que comprenden la *cultura histórica*.[2] Entre esas mediaciones puede pensarse al conjunto de lo que se recuerda y cómo se lo recuerda, que no solamente implica a los sentidos del pasado sino también a cómo dichos sentidos operan en los presentes en los que se construyen.

A partir de allí nos proponemos indagar en el análisis de los usos del pasado que se ponen en juego en las conmemoraciones. Entendemos que ellas se constituyen en instancias privilegiadas para observar la importancia de la apelación al pasado para la creación de identidades, en tanto que suponen representaciones del pasado mediadas siempre por necesidades del presente, sobre el que operan a partir de la creación y recreación de memorias e identidades colectivas, con miras hacia el futuro.[3] En este sentido,

---

1. Una versión más breve de este artículo fue presentada y publicada en el III Congreso Internacional de Filosofía de la Historia, organizado por la Universidad de Buenos Aires, que tuvo lugar en diciembre de 2012.

2. Rüsen, Jörn, "¿Qué es la cultura histórica?: Reflexiones sobre una nueva manera de abordar la historia", en *Culturahistórica*, 2009 (versión castellana del texto original alemán en Füssmann, K., Grütter, H. T. y Rüsen, J. (eds.), *Historische Faszination. Geschichtskultur heute*, Keulen, Weimar y Wenen, Böhlau, 1994).

3. *"Las fechas y aniversarios son coyunturas en las que las memorias son producidas y activadas. Son ocasiones públicas, espacios abiertos, para expresar y actuar los diversos sentidos que se le otorga al pasado, reforzando*

serán analizadas las conmemoraciones a las que hace referencia el periódico *EL OBRERO. Defensor de los intereses de la clase proletaria. Órgano de la Federación Obrera*, para abordar cómo en sus páginas se debatían distintos sentidos del pasado para la construcción de la identidad socialista que se estaba delimitando en la Argentina de fines del siglo XIX.

Para tal fin nos centraremos en el análisis de tres conmemoraciones a las que se alude reiteradamente a lo largo del conjunto de los números que constituyen *EL OBRERO*, las cuales parten de la importancia que los socialistas le otorgaban a la toma de la Bastilla ocurrida el 14 de julio 1789, a la formación de la Comuna de París el 18 de marzo de 1871 y a la represión de las huelgas de Chicago el 1° de mayo 1886. Asimismo, analizaremos las referencias a las fiestas patrias para ver la tensión entre los elementos internacionalistas y los nacionalistas en la formación de la identidad socialista en la Argentina en un período previo a la constitución del Partido Socialista.

EL OBRERO. Defensor de los intereses de la clase proletaria. Órgano de la Federación Obrera

EL OBRERO fue un periódico editado semanalmente, en castellano, que salió casi ininterrumpidamente entre el 12 de diciembre de 1890 y el 24 de septiembre de 1892,[4] con una segunda etapa que va desde el 4 de febrero hasta el 30 de abril de 1893 impulsada por una fracción del grupo original pero no apoyada por la mayor parte del mismo. Ésta última había decidido dar fin a la Federación Obrera y a *EL OBRERO* para fundar la Agrupación Socialista de Buenos Aires,

---

algunos, ampliando y cambiando otros". Jelin, Elizabeth, "Los sentidos de la conmemoración", en Jelin, Elizabeth (comp.), *Las conmemoraciones: las disputas en las en las fechas "in-felices"*, Madrid, Siglo XXI editores, 2002, p. 245.

4. El sostenimiento del periódico dependía de las suscripciones voluntarias y la escasez de recursos era un problema corriente. Entre el 29/8 y el 26/9 de 1891 se produjo una interrupción temporaria de la publicación de *EL OBRERO* que sus miembros atribuyen a la "falta de fondos" provocada por la falta de pago de los suscriptores. Augusto Kühn, miembro de *EL OBRERO*, señala que el periódico pudo volver a salir gracias a la donación de 1.000 pesos de un estanciero suizo alemán. Kühn, Augusto, "Apuntes para la historia del movimiento obrero socialista en la República Argentina", en *Políticas de la Memoria. Anuario de investigación e información del CeDInCI*, Buenos Aires, verano 2004/2005, n° 4, p. 134.

la cual tuvo su propio periódico: *EL SOCIALISTA. Órgano del Partido Obrero*, que comprende seis números editados entre el 11 de marzo de 1893 y el 1º de mayo del mismo año, en cuyas páginas pueden observarse las disputas que existían con sus antiguos compañeros de *EL OBRERO*.[5] Con la desaparición en 1893 tanto de *EL OBRERO* como de *EL SOCIALISTA*, hubo que esperar hasta 1894, con la aparición de *La Vanguardia*, para que volviera a salir en la Argentina un periódico socialista que estuviera editado en castellano. En la fundación de *La Vanguardia* volverían a juntarse miembros tanto de *EL OBRERO* como de *EL SOCIALISTA* y surgirían nuevas figuras, entre las que se destacará la de Juan B. Justo.

EL OBRERO no es el primer periódico de orientación socialista publicado en el país; el periódico *Vorwärts (Adelante)*, editado por el club alemán del mismo nombre, es un ejemplo más que significativo de ello.[6] Sin embargo, nos proponemos analizar las conmemoraciones a las que se hace referencia en *EL OBRERO* en la medida en que éste se constituyó en el órgano de prensa de la Federación Obrera, intento de confederar a las sociedades de resistencia en una federación de trabajadores más allá de sus orígenes nacionales. Esto se ve reflejado en que a pesar de que la mayoría de los miembros eran de origen

---

5. La escisión de los miembros de la Federación que condujo a su disolución en diciembre de 1892 se relaciona con las discusiones sobre la necesidad y posibilidad de formar un partido socialista en el contexto de la Argentina de fines del siglo XIX. Mientras los continuadores de *EL OBRERO* consideraban que aún no estaban dadas las condiciones para llevar adelante la fundación de un partido socialista por el indiferentismo de gran parte del proletariado argentino en relación con las luchas obreras y sostenían que había que favorecer la formación de sociedades de resistencia que se unieran a la Federación, los miembros de *EL SOCIALISTA* optaban por la formación de un partido socialista. Ver Martínez Mazzola, Ricardo H., "Campeones del proletariado. El Obrero y los comienzos del socialismo en la Argentina", en *Políticas de la Memoria. Anuario de investigación e información del CeDInCI*, Buenos Aires, n° 4, verano 2003/2004, pp. 103-105.

6. El club socialista *Verein Vorwärts* contó con su periódico escrito en alemán: el *Vorwärts. Organ für die Interesen des arbeitenden Volkes* (*Adelante. Órgano para la defensa de los intereses del pueblo trabajador*), durante un período de quince años (entre 1886 y 1901). El mismo se convirtió en un importante centro de difusión de la literatura socialista internacional. Ver Zeller, Jessica, "Entre la tradición y la innovación. La experiencia del Vorwärts en Buenos Aires (1882-1901)", en *Políticas de la Memoria. Anuario de investigación e información del CeDInCI*, Buenos Aires, n° 4, verano 2004/2005; y Tarcus, Horacio, *Marx en la Argentina. Sus primeros lectores obreros, intelectuales y científicos*, Buenos Aires, Siglo XXI, 2007.

extranjero, el periódico estaba editado en castellano. Por otro lado, si bien la Federación había sido pensada como un organismo que debía integrar las distintas tendencias del incipiente movimiento obrero en la Argentina, parece necesario filiar tanto su origen como las ideas que allí se expresan con el ideario socialista. En cuanto a su origen, *EL OBRERO* surgió a partir de las reuniones impulsadas por los socialistas alemanes del *Verein Vorwärts (Club Adelante)* para conmemorar el 1° de mayo de 1890. Conmemoración que los miembros del *Vorwärts* vinculaban con tres objetivos fundamentales: la elevación de un petitorio al Congreso de la Nación para la aprobación de leyes obreras, la formación de una Federación para los trabajadores y la creación de un órgano de prensa que le fuera propio.[7] En relación con las ideas socialistas que allí se difundían, ya desde el primer número los redactores expresaban su filiación al marxismo científico.[8] En este sentido, parece necesario resaltar la figura de quien fue su primer director: Germán Avé-Lallemant,[9]

---

7. Si bien el origen de la Federación Obrera y de *EL OBRERO* se vinculan a la iniciativa de parte de los miembros de *Verein Vorwärts*, éste mantuvo su independencia y se separó de la Federación. Las polémicas entre los miembros de ambas asociaciones pueden verse en las páginas de sus respectivos periódicos. Martínez Mazzola sostiene que las tensiones fueron desatadas por "la adopción de una versión más ortodoxamente marxista" por parte de la Federación, que no era compartida por el *Verein Vorwärts*. Martínez, Mazzola, *op. cit.*, pp. 100-103.

8. "*Venimos a presentarnos en la arena de la lucha de los partidos políticos en esta República como campeones del Proletariado que acaba de desprenderse de la masa no poseedora, para formar el núcleo de una nueva clase que, inspirada por la sublime doctrina del socialismo científico moderno, cuyos teoremas fundamentales son la concepción materialista de la historia y la revelación del misterio de la producción capitalista por medio de la supervalía –los grandes descubrimientos de nuestro gran maestro Carlos Marx–, acaba de tomar posición frente al orden social vigente (...)*" (*EL OBRERO*, n° 1, 12/12/1890).

9. Germán Avé-Lallemant (Alemania 1835 o 1836 - San Luis, 1910) fue un naturalista, ingeniero y agrimensor alemán, difusor del pensamiento de Marx en la Argentina. Colaboró asiduamente con el semanario socialista alemán *Vorwärts*. Su apoyo a la Unión Cívica a comienzos de la década de 1890 no le impidió impulsar la formación de la Federación Obrera y hacerse cargo de la dirección de *EL OBRERO*, con el que siguió colaborando desde su traslado a San Luis en 1891. Luego fue colaborador de *La Vanguardia* y en 1896 fue elegido como candidato a diputado en la lista de candidatos socialistas. Cabe destacar su obra como receptor de las ideas de Marx en la Argentina, su análisis sobre la cuestión agraria en la Argentina, y sus trabajos sobre la geografía puntana. Ver Tarcus, Horacio (dir.), *Diccionario biográfico de la*

quien, tal como señala Horacio Tarcus, fue el primer gran receptor del pensamiento de Marx en la Argentina.[10]

Lallemant dirigió el periódico durante los primeros seis números, a pesar de lo cual nunca dejó de enviar colaboraciones.[11] Desde el séptimo número la Federación Obrera se hizo cargo de la tutela del periódico y entre los números 8 y 20 Guillermo Braun figura como gerente, pero luego, teniendo que disminuir gastos, el cargo fue suprimido. Se constituyó una comisión administrativa honoraria de la que Gustavo Nohke[12] era su secretario, Leoncio Bagés su presidente y Carlos Mauli[13] su tesorero. De este modo, la administración del periódico no fue estática, sino que más bien era una tarea compartida por el conjunto de los colaboradores, entre los cuales también

---

izquierda argentina. De los anarquistas a la "nueva izquierda" (1870-1976), Buenos Aires, Emecé, 2007; y Tarcus, Horacio, "¿Un marxismo sin sujeto? El naturalista Germán Avé-Lallemant y su recepción de Marx en la década de 1890", en *Políticas de la Memoria. Anuario de investigación e información del CeDInCI*, Buenos Aires, n° 4, verano 2003/2004.

10. Tarcus, 2007 y verano 2003/2004, *op. cit.*

11. *"Con este número El Obrero entra bajo la tutela directa de la Federación Obrera Argentina. El compañero Lallemant se ve obligado a irse a San Luis, a donde seguirá cooperando para éste periódico que él ha fundado (...)"* (*EL OBRERO*, n° 7, 07/02/1891).

12. Gustavo Nohke (Alemania–Buenos Aires, 1916). Obrero zapatero. Estuvo entre los fundadores del *Vorwärts* y fue parte del comité que impulsó la conmemoración del 1° de mayo de 1890. Fundó también la Federación Obrera y participó de *EL OBRERO*. Junto con Esteban Jiménez relanzó *EL OBRERO* en su segunda época. Ver Tarcus (dir.), *op. cit.*

13. Carlos Mauli (Austria, 1852-Buenos Aires, 1923). Obrero ebanista. Formó parte del Comité Internacional Obrero que convocó el meeting del 1° de mayo de 1890. Fue impulsor de la Federación Obrera y colaboró en *EL OBRERO*. También impulsó la Agrupación Socialista de Buenos Aires y administró *EL SOCIALISTA*. Participó de la fundación del Partido Socialista. Tras apoyar la Revolución Rusa y la Tercera Internacional se unió al Partido Comunista. Ver Tarcus (dir.), *op. cit.*

se encontraban: Augusto Kühn,[14] Domingo Risso,[15] Pedro Burgos, dos colaboradores que firman con seudónimos y no han podido ser identificados ("pAz-CeLo" y "A.D.Anacarasis") y Esteban Jiménez[16] (quien se incorporó a mediados de 1892).

A pesar de que es indudable la heterogeneidad de sus miembros, consideramos que es posible pensar al periódico como un todo para analizar las conmemoraciones a las que allí se hace referencia. El propio periódico intentaba dar una imagen de unidad que favoreciera el crecimiento de la Federación Obrera, lo que se ve reflejado en que la mayor parte de las participaciones carecen de firma personal. Asimismo, tendremos en cuenta la segunda época del periódico, en la medida en que con relación a los usos del pasado que hacían sus miembros en las conmemoraciones a las que se alude, no encontramos diferencias sustantivas entre las dos épocas del periódico.

EL OBRERO contaba con cuatro páginas, hasta el número 8 a cuatro columnas y luego a cinco. Generalmente en la portada se publicaban artículos de doctrina, las convocatorias de la Federación Obrera y los petitorios que se presentaban en el Congreso. En las páginas interiores había secciones de noticias del "Exterior", del "Interior" y/o del "Partido Obrero", en la que se daba cuenta de los

---

14. Augusto Kühn (Alemania, 1861-Buenos Aires, 1941). Obrero estereotipista. Fue una importante figura del primer socialismo en la Argentina. Fue miembro del *Verein Vorwärts* e impulsor de la primera conmemoración del 1° de mayo en la Argentina. Luego fue miembro de la Federación Obrera y del periódico *EL OBRERO*, siendo su domicilio particular el lugar en el que funcionó la administración a partir del número 47 del semanario. También fue impulsor de la Agrupación Socialista de Buenos Aires y editor de *EL SOCIALISTA*. Posteriormente participó de la fundación de *La Vanguardia* y del Partido Socialista. En 1918 formó parte de la corriente internacionalista que dio origen al Partido Socialista Internacional. Ver Tarcus (dir.), *op. cit.*, y Kühn, verano 2004/2005, *op. cit.*

15. Domingo Risso (Italia, 1863-Buenos Aires, 1923). Obrero carpintero. Fue un animador de la Federación Obrera y de *EL OBRERO* y luego un impulsor de la Agrupación Socialista de Buenos Aires y de *EL SOCIALISTA*. Prologó una edición del *Manifiesto Comunista* de 1893 y fue colaborador de *La Vanguardia*. Impulsó al socialismo en Mar del Plata y llegó a ser diputado provincial por el PS en 1915. Ver Tarcus (dir.), *op. cit.*

16. Esteban Jiménez (España, 1869-Buenos Aires, 1929). Obrero tipógrafo, periodista. Participó de *EL OBRERO* y fue impulsor, junto con Gustavo Nohke, de la segunda época del periódico. Estuvo a cargo de la composición de *La Vanguardia*, y luego fue uno de sus redactores permanentes. Participó de la fundación del Partido Socialista y redactó su programa. Fue concejal desde 1921 a 1922. Ver Tarcus (dir.), *op. cit.*

progresos del socialismo en la Argentina y en el mundo. Asimismo, se denunciaba a patrones que maltrataban a sus obreros y también se publicaban relatos de obreros que contaban las condiciones de explotación en las que vivían. En la última página se publicaban las convocatorias a las reuniones y asambleas de la Federación y de las asociaciones gremiales que formaban parte de la misma. También se daba cuenta de los gastos e ingresos del semanario y se publicaba una variedad de publicidades. Desde el número 9 se dedicaba un lugar para los objetivos de la Federación Obrera Argentina.[17]

En cuanto al alcance del semanario y, por lo tanto, de la Federación Obrera, Horacio Tarcus señala, a partir de las direcciones de las agencias de suscripción (ubicadas en Buenos Aires, Rosario, Quilmes, La Plata, Chascomús, Baradero, Mercedes, Olavarría, Paraná, Santa Fe, Esperanza y San Pablo), que su difusión se daba sobre todo en las ciudades del litoral, que *"era el espacio donde había comenzado a emerger la clase obrera moderna"*.[18]

Si bien *EL OBRERO* ha sido abordado como un órgano de prensa importante en los orígenes del movimiento obrero y del socialismo en la Argentina, no se ha indagado aún sobre el papel de las conmemoraciones en la construcción de la identidad socialista que a continuación nos proponemos realizar.

El 1° de mayo y el surgimiento de la Federación Obrera

El proceso de acelerada modernización que sufrió la Argentina en la segunda mitad del siglo XIX dio lugar no sólo a las transformaciones esperadas, que se vinculaban a la construcción del Estado y a la inserción del país en el mercado mundial, sino también a

---

17. *"Federación Obrera de la República Argentina.*
    El objetivo de esta federación es: la emancipación de la clase proletaria, agrupándose en sociedades gremiales de resistencia; el mejoramiento social actual, ayudándose solidariamente en los casos de huelgas o desgracias de los miembros, previo acuerdo de la comisión general; aumentar el saber de sus miembros por medio del reparto de diarios y órganos que esclarezcan la cuestión social, y por medio de discusiones públicas sobre temas de importancia para la clase obrera; la creación de sociedades gremiales y el apoyo de las existentes por la creación de un fondo destinado a servir para la defensa necesaria contra la explotación del capital. PROLETARIOS DE TODOS LOS PAÍSES: UNÍOS!" (*EL OBRERO*, n° 9, 21/02/1891).

18. Tarcus, 2007, *op. cit.*, p. 188.

una serie de conflictos de carácter social que los contemporáneos denominaban como la "cuestión social". Ese clima de conflicto se vincula estrechamente con el desarrollo del movimiento obrero. La acción de los trabajadores, sus organizaciones y sus órganos de prensa cumplieron un rol fundamental en la instalación de la "cuestión social" en la opinión pública.[19] El movimiento obrero dio lugar al desarrollo de diferentes tendencias, entre las que se destacaban el socialismo, el anarquismo y el sindicalismo revolucionario, las cuales divergían en las formas de lucha para la emancipación de los trabajadores.[20]

En ese contexto, el grupo de socialistas alemanes que desde 1882 habían formado el *Verein Vorwärts* impulsó la conmemoración del 1° de mayo en 1890, siguiendo las resoluciones del Congreso Internacional Obrero reunido en París en 1889.[21] El recuerdo de los sucesos de Chicago acontecidos en 1886 no solamente tenía por objetivo la reivindicación de las luchas de los obreros norteamericanos, sino también, y sobre todo, la acción concreta sobre la realidad argentina de comienzos de la década de 1890, a partir de la creación de una confederación para la defensa de la clase obrera y de un órgano de prensa que le fuera propio, así como también era una forma de demostración de fuerzas para acompañar el petitorio con las leyes obreras que los socialistas buscaban que fueran sancionadas por el Congreso de la Nación.

La "fiesta internacional del trabajo" se conmemoró por primera vez en la Argentina el 1° de mayo de 1890. Sus impulsores habían pegado carteles invitando al *meeting*, que se celebró en el Prado Español, en el que además de socialistas participaron anarquistas y republicanos mazzinistas. En palabras de Augusto Kühn, *"a pesar del tiempo nada favorable, el local estaba lleno de obreros, que habían acudido en número no menor de 1.500".*[22]

---

19. Suriano, Juan (comp.), *La cuestión social en Argentina, 1870-1943*, Buenos Aires, La Colmena, 2000.

20. Falcón, Ricardo, "Izquierdas, régimen político, cuestión étnica y cuestión social en Argentina (1880-1912)", en Anuario, n° 12, Rosario, Facultad de Humanidades y Artes, Universidad Nacional de Rosario, 1986/7.

21. Sobre las relaciones que estableció el *Verein Vorwärts* con el Congreso Internacional Obrero de París, ver Tarcus, 2007, *op. cit.*, pp. 144-167.

22. Kühn, *op. cit.*, p. 131. En cuanto a las cifras sobre la participación en el *meeting* del 1° de mayo de 1890, otras fuentes también señalan números no menores a 1.500. En el artículo de *La Prensa* del 2 de mayo de 1890 "El meeting obrero de ayer", se dice que estaban reunidas "de mil quinientas a

La conmemoración del 1° de mayo es reconocida por los miembros de la Federación Obrera como un momento fundacional de la misma y de su órgano de prensa *EL OBRERO. Defensor de los intereses de la clase proletaria. Órgano de la Federación Obrera*. Ello pone de manifiesto la relevancia de los usos del pasado que operan como catalizadores en la formación de identidades colectivas. Si bien el objetivo de formar una confederación en defensa de los trabajadores y un órgano de prensa no pudo ser realizado inmediatamente después de la conmemoración del 1° de mayo, demora atribuida luego a la crisis económica que sacudió a la Argentina en 1890 y al surgimiento de la Unión Cívica a partir de la "Revolución del parque", *EL OBRERO* comenzó a publicarse en diciembre de 1890 y la Federación pudo formarse a comienzos del año siguiente.[23]

En el tercer número de *EL OBRERO* el Comité Internacional Obrero se dirigía a los trabajadores de la República Argentina con las siguientes palabras:

"Salud compañeros!

Hace cerca de un año, que se formó en esta capital una Comisión de iniciativa de verificar uno de los acuerdos que tomó el Congreso Internacional de Obreros, que tuvo lugar en París desde el 14 hasta el 20 de julio en 1889; de nombrar día de fiesta el 1º de mayo y de mandar peticiones a los Congresos de los respectivos países, para solicitar la creación de leyes protectoras a la clase obrera. Por resultado de la actitud de esta comisión fue nombrado El Comité Internacional Obrero que convocó un meeting para festejar el 1º de Mayo y propuso:

1º Crear una federación de obreros en esta República.

2º Crear un periódico para la defensa de la clase obrera.

3º Mandar una petición al Congreso Nacional para solicitar la creación de leyes protectoras a la clase obrera.

---

mil ochocientas personas", mientras que el *Vorwärts* hablaba de un número entre 2.000 y 2.500 personas. Ver Poy, Lucas, "Socialismo y anarquismo en los orígenes del Primero de Mayo en Argentina (1890-1895)", en *Trabajadores, ideologías y experiencias en el movimiento obrero. Revista de historia*, Buenos Aires, año 1, n° 2, 2011, segundo semestre, pp. 32-34.

23. La Federación Obrera quedó formada por "*dos sociedades de cigarreros, la de carpinteros, la de los obreros del libro (de idioma alemán) y una sociedad de oficios varios, llamada 'Sección varia'*", la cual estaba formada mayoritariamente por socialistas y se constituyó en el núcleo más activo de la Federación. Ver Kühn, *op. cit.*, p. 132.

Este meeting que fue concurrido de 2.000 a 3.000 personas, aprobó con el mayor entusiasmo las proposiciones más arriba mencionadas y encargó el Comité Internacional Obrero de verificarlas" (*EL OBRERO*, nº 3, 09/01/1891).

La apelación al 1° de mayo como elemento fundamental de la identidad socialista en construcción se vincula estrechamente a la relación que los socialistas en la Argentina mantenían con la II Internacional, que en 1889 había resuelto en el Congreso reunido en París la necesidad de establecer una fecha fija para la manifestación internacional de los trabajadores para obtener reivindicaciones obreras, entre las que se destacaba la jornada laboral de ocho horas.

En consonancia con las decisiones de la II Internacional, los socialistas en la Argentina buscaban construir un socialismo de carácter internacionalista que privilegiara la obtención de las leyes obreras en el marco de las instituciones vigentes,[24] lo que se hizo presente ya en 1890, cuando decidieron acompañar los actos conmemorativos del 1° de mayo con la presentación de un petitorio al "Honorable Congreso Nacional".[25] En este sentido, Kühn señala que si bien *"se evitó deliberadamente hablar de acción política, para hacer viable la acción común entre socialistas, anarquistas colectivistas (...) y republicanos mazzinistas italianos (...) se la practicaba en realidad usando el derecho a petición"*.[26] La búsqueda de transformaciones a partir de la lucha por una legislación obrera continuó ocupando un importante espacio en la publicación del periódico. En una suerte de balance que desde allí realizaban sobre el tiempo transcurrido entre el 1º de mayo de 1890 y la conmemoración próxima de la

---

24. *"(...) Con todo, el Congreso socialista de París recomendó como táctica muy oportuna para todos aquellos países en que la civilización se hallara desarrollada a la faz de la Democracia burguesa, que el proletariado se empeñe con toda insistencia en que las legislaturas dicten Leyes protectoras del trabajo (...)"* (*EL OBRERO*, n° 19, 01/05/1891).

25. El texto de la petición al Congreso Nacional es reproducido en el número 7 de *EL OBRERO*, correspondiente al 7 de febrero de 1891; hacia el final de la misma hay una nota en la que se aclaraba *"Junto con esta remitimos al Honorable Congreso las firmas coleccionadas en cantidad de 8.000 para los fines que indican nuestra petición y el manifiesto"*. Cada punto de la petición es explicado en extenso a lo largo de los números de *El OBRERO* correspondientes a los primeros meses de 1891. La petición también aparece en los "Apuntes para la historia del movimiento obrero socialista en la República Argentina" de Augusto Kühn. Kühn, *op. cit.*, pp. 131-132.

26. Kühn, *op. cit.*, p. 131.

"fiesta obrera" de 1891, afirmaban que la petición no había sido atendida por lo que consideraban necesario *llevar adelante nuevamente ante el Congreso una presentación que tienda a conseguir la consideración de nuestra solicitud sobre leyes protectoras del trabajo (...)*" (*EL OBRERO*, n° 6, 31/01/1891).

En el número festivo correspondiente al 1° de mayo de 1892 volvieron a manifestar sus intenciones de obtener mejoras para los trabajadores a través de las instituciones del Estado al publicar un reclamo que presentaron al "A S. E. EL SR. MINISTRO DE RELACIONES EXTERIORES, DR. D. ESTANISLAO S. ZEBALLOS" en el que denunciaban la explotación de los obreros y exigían leyes obreras.

Los mecanismos que los socialistas de la Federación Obrera eligieron para conmemorar el 1° de mayo en los primeros años de la década del noventa del siglo XIX fueron los *meetings* en los que un conjunto de oradores se referían a la importancia de la conmemoración y daban propaganda a las acciones que se proponían realizar así como también a las ideas que buscaban difundir.[27] Asimismo, *EL OBRERO* se propuso la edición de números especiales[28] para la ocasión y luego de la fecha se realizaba una crónica de lo acontecido. A su vez, son numerosas las referencias a lo largo del periódico sobre la conmemoración del 1° de mayo tanto en otros lugares de la Argentina, entre los que se destaca Santa Fe,[29] como en otros países, en las que se incluyen denuncias a las represiones sufridas por los

---

27. Sin embargo, la manifestación también será tenida en cuenta por los socialistas de *EL OBRERO*, quienes en marzo de 1893 señalaban que "*(...) Un gran meeting en local amplio, seguido de imponente manifestación que será disuelta en la plaza Victoria, previa entrega al Congreso del escrito en que pidamos las leyes protectoras del trabajo, es en nuestra opinión, la mejor manera de festejar aquí el 1° de Mayo (...)*" (*EL OBRERO*, segunda época, n° 94, 26/03/1893).

28. El periódico irá haciendo pública la cantidad de números extraordinarios solicitados; en el número 67 contaban con un total de 845 ejemplares pedidos.

29. Por ejemplo, en el número 65 publican la convocatoria para la conmemoración del 1° de mayo de 1892 que envió por correspondencia la sección de Santa Fe: "*(...) El día 9 de Abril se reunió nuestra Sección de la Federación Obrera en Asamblea General. Se propuso festejar el día 1° de Mayo con un Gran Meeting Obrero, en el Jardín del Recreo, calle Catamarca esquina San José. Se nombró una Comisión festiva compuesta de compañeros cuya actividad ya nos es bastante conocida, y con plena satisfacción y contento podemos asegurar que los santafecinos van á celebrar aquel día de la fiesta universal obrera, de una manera enérgica, digna de la gran causa del proletariado*" (*EL OBRERO*, n° 65, 16/04/1892).

obreros. Dichas referencias se hacen más abundantes en los números cercanos al 1° de mayo pero no se presentan exclusivamente para la fecha. Por otro lado, al considerarse al 1° de mayo como un momento fundacional de la Federación y de su periódico, los artículos sobre la conmemoración son acompañados por balances sobre lo realizado por la Federación en el año que se cierra.

En 1893, tras algunos meses de separación entre los continuadores de la Federación Obrera y del *EL OBRERO*, que consideraban que aún no estaban dadas las condiciones para la formación de un partido socialista, y los fundadores de la Agrupación Socialista de Buenos Aires con su periódico *EL SOCIALISTA*, quienes sostenían la necesidad de la fundación de un partido, la ocasión de la conmemoración del 1° de mayo de 1893 se presentó como un momento de acercamiento de ambos grupos. En la convocatoria para la conmemoración se resaltaba el carácter público de la reunión, y en su organización participaban tanto la Federación Obrera como la Agrupación Socialista, así como también el *Vorwärts*.

> "LA FIESTA DEL 1º DE MAYO EN BUENOS AIRES
> El Domingo 30 de Abril, a las 2 p.m. tendrá lugar en el local del Club Vorwärts, Rincón 749 una REUNIÓN PÚBLICA organizada por las Sociedades Vorwärts, Sección Varia (F.O.) y Agrupación Socialista. Se pronunciarán discursos en idiomas español, alemán, francés e italiano. En el mismo local, a las 8 y 1/2 p.m. la Sociedad Vorwärts celebrará una fiesta íntima con cantos y declamaciones" (*EL OBRERO*, segunda época, nº 97, 23/03/1893).[30]

Los periódicos *EL OBRERO* y *EL SOCIALISTA* dejaron de salir tras la conmemoración del 1° de mayo, y la Federación Obrera terminó por disolverse. De este modo, la conmemoración del 1° de mayo se convierte en un elemento identitario de gran relevancia para abordar los esfuerzos de la entidad que buscaba confederar a los trabajadores en los primeros años de la década de 1890.

Disputas por el pasado, ¿fiesta socialista o protesta anarquista?

Sin embargo, la conmemoración del 1° de mayo no se convirtió en un símbolo excluyente de la identidad socialista. Los anarquistas,

---

30. La misma convocatoria puede leerse en *EL SOCIALISTA*, n° 6, del 01/05/1893, y en el *Vorwärts*. Ver Tarcus, *op. cit.*, p. 170.

que participaron de la primera conmemoración convocada por el *Vorwärts* junto con los socialistas, rápidamente se apartaron de esta iniciativa y se produjo una disputa entre ambas tendencias del movimiento obrero por los usos de los sucesos del pasado reciente ocurridos en Chicago. Ya en la organización de la primera conmemoración del 1° de mayo hubo diferencias entre los socialistas y los anarquistas, basadas fundamentalmente en la oposición de los anarquistas a realizar peticiones al Estado tal como proponían los socialistas. Tras la conmemoración, el balance de unos y otros tuvo características distintas: mientras para el *Vorwärts* la conmemoración fue un éxito, para los anarquistas, que fundaron el periódico *El Perseguido*, fue negativa.

Desde 1891, año en que anarquistas y socialistas conmemoraron el 1° de mayo separadamente,[31] tuvo lugar la activación de distintos sentidos del 1° de mayo, que se vio reflejada en las distintas formas que adoptaron las conmemoraciones de unos y otros. Mientras para los socialistas era un día de "fiesta", para los anarquistas era un día de "protesta"[32] y éstos en vez de los *meetings* elegían las manifestaciones en lugares abiertos que eran acompañadas por discursos fuertemente combativos.

Las polémicas con el anarquismo en torno a la conmemoración del 1° de mayo son recurrentes a lo largo de las páginas de *EL OBRERO*. En ellas puede observarse la fuerte condena que los socialistas realizaban de las prácticas anarquistas por considerar que ellas provocaban violencia y de este modo generaban la represión poli-

---

31. Lucas Poy reconstruye las reuniones que derivaron en la ruptura, y señala que dicha separación se vincula con que la correlación de fuerzas al interior del movimiento obrero se hizo favorable al anarquismo. Ver Poy, *op. cit.*, pp. 36-37.

32. Aníbal Viguera llama la atención sobre la temprana existencia de ambos significados del 1° de mayo, oponiéndose a aquellas lecturas que sostienen que el peronismo habría dado lugar al paso pasaje de una jornada de protesta a una jornada de fiesta. Viguera, Aníbal, "El Primero de Mayo en Buenos Aires, 1890-1950: revolución y usos de una tradición", en *Boletín del Instituto de Historia Argentina y Americana "Dr. Emilio Ravignani"*, n° 3, 3ª serie, 1991. Por su parte, Juan Suriano señala que las diferencias que adoptó el 1° de mayo entre los socialistas y los anarquistas se vinculaban a sus diferentes formas de estrategias políticas: mientras los primeros tenían una concepción gradualista del cambio social, los segundos apuntaban a la huelga general. Suriano, Juan, "El 1° de Mayo: la Pascua de los trabajadores", en Suriano, Juan, *Anarquistas. Cultura y política libertaria en Buenos Aires 1890-1910*, Buenos Aires, Manantial, 2008.

cial del conjunto de las acciones conmemorativas. El 24 de mayo de 1891 los socialistas de *EL OBRERO* describían con tono de denuncia el fracaso de la conmemoración del 1° de mayo en Buenos Aires, el cual era adjudicado al accionar de los anarquistas:

"Los trabajadores de Buenos Aires deben a los anarquistas que el festejo del 1º de Mayo haya fracasado (...). Naturalmente como era de esperarse la huelga general pregonada por los apóstoles de la frase, se limitó a la gritería de unos veinte a treinta desgraciados sin ocupación, a los cuales se juntaron algunos curiosos en la Plaza Victoria. La policía disolvió los grupos sin tener motivo alguno para ello, y solamente trece de los allí presentes resistieron y fueron presos (...). El Dr. Dónovan, gefe de policía aprovechó naturalmente este acontecimiento aislado y sin importancia, para declarar que no solamente haría dispersar por la fuerza armada toda manifestación que se presentara sobre la vía pública, pero que también estendería esta medida a toda reunión pública ó privada en que los obreros, fuesen estos socialistas ó no, tratasen de sus intereses comunes (...). Gracias á este Ucas policial fue naturalmente imposible de festejar el día en la forma que nos habíamos propuesto. Así que en Buenos Aires fracasó completamente la fiesta (...)" (*EL OBRERO*, nº 22, 24/05/1891).

Las referencias a dicho fracaso continúan en números posteriores y siguen siendo utilizadas para dar cuenta de las diferencias que tenían con los anarquistas.[33] Las disputas por el sentido del 1° de mayo que los socialistas de *EL OBRERO* entablan con los anarquistas denota la importancia de los usos de esa conmemoración en la definición de la identidad socialista que estaba en construcción. A su vez, tal como señala Juan Suriano, dan cuenta de las dificultades que encontraba el socialismo para sumar adhesiones en un contexto de avance del ideario anarquista.[34]

---

33. Por ejemplo en el n° 30, del 25 de julio de 1891, sostienen que *"Una manifestación pública que habíamos proyectado para el 1° de Mayo de este año, fracasó por la tonta habladuría de los anarquistas, que proclamaron una huelga general, el saqueo de los almacenes y la revolución social. No hemos querido exponer a los compañeros á la brutalidad de la policía exitada por la charlatanería de los anarquistas y no hemos tomado parte por eso en dicha manifestación, que efectivamente remató en un ataque por parte de la policía sobre los manifestantes y de que resultaron heridos y arrestados (...)"* (*EL OBRERO*, n° 30, 25/07/1891).

34. Véase Falcón, *op. cit.*; Suriano, *op. cit.*; y Poy, *op. cit.*

La Revolución Francesa como "gloriosa" y "burguesa"

Los socialistas reunidos en *EL OBRERO* no hacen ninguna referencia a la Revolución Francesa en los números correspondientes al mes de julio de su primer año de existencia. Pero en el número 31 correspondiente al 1° de agosto de 1891, frente al pedido de un lector "socialista francés" de hacer mención al 14 de julio, sostienen:

> "Pues Compañeros! Si bien el día 14 de Julio es un día de fiesta, el día de la toma de la Bastilla, día que el proletariado puede festejar con la burguesía, el 14 de julio de este año como el centenario de un día negro y nefasto en la historia del proletariado, tiene un significado muy diferente para nosotros. El día 14 de julio de 1791 la burguesía hizo fuego por primera vez sobre el proletariado. (...) la guerra entre burguesía y proletariado data de aquel día" (*EL OBRERO*, n° 31, 01/08/1891).

De este modo, los miembros de *EL OBRERO* argumentaban que no hicieron mención a la conmemoración del 14 de julio porque no la consideraban un día de fiesta, en la medida en que la burguesía después del estallido revolucionario traicionó al proletariado, dando lugar a la lucha de clases.

Sin embargo, la cuestión no quedó zanjada. En el número siguiente salía en las páginas de *EL OBRERO* una carta de los socialistas de Santa Fe en la que éstos dicen enviar una hoja suelta que repartieron el día 14 de Julio en conmemoración de la Revolución Francesa. En la carta sostienen que:

> "El día de la toma de la Bastilla es un día de fiesta del proletariado. (...) El *proletariado* festeja en el 14 de Julio la memoria de una lucha en que gloriosamente derramó su sangre en pro de la libertad, y festeja esta memoria para que los contemporáneos de ahora se entusiasmen por el glorioso hecho de armas de los antepasados. La *burguesía* festeja en el 14 de Julio la memoria de un triunfo que no fue obra de ella, pero de cuyos frutos ella se supo apoderar. (...) Nosotros festejamos este día precisamente con el objeto de hacer revivir en el pueblo el recuerdo del brillante hecho revolucionario llevado adelante por el pueblo en armas, el pueblo sublevado de París.
> Honor, compañeros, a la grande revolución francesa!" (*EL OBRERO*, n° 32, 08/08/1891).

La carta de los socialistas de Santa Fe no es replicada por *EL OBRERO*, lo que indica una política abierta del periódico. Sin embargo, en el número siguiente vuelve a emerger la polémica por los usos del pasado francés a partir de una carta enviada por un lector "socialista francés", que probablemente sea el mismo que mandó la primera carta referida al tema, quien aclara que el asesinato del pueblo trabajador no fue el 14 sino el 17 de julio de 1791. *EL OBRERO* dice no publicar la carta por falta de espacio, pero la misma es publicada en el número siguiente acompañada por una contestación de la redacción del periódico.

> "Agradecemos al compañero esta rectificación de fecha. La matanza que la Asamblea nacional ordenó se hiciera en 1791 tuvo lugar pues el 17 de Julio, no el 14, pero se efectuó a los pies del altar de la patria elevado para festejar el día 14. Eso nada quita de fuerza a nuestra opinión que el proletariado no festejara el 14 de Julio por ser una fiesta esencialmente burguesa. Nuestros amigos de Santa Fe han dado los motivos porque ellos han festejado este día en su última correspondencia, y del punto de vista en que ellos se colocan aplaudimos su proceder (...). Los Socialistas en Francia piensan como nosotros, pues no iban á tomar parte en la fiesta del 14 de Julio. Para nosotros el día de fiesta del Proletariado es el 1º de Mayo.—Salud" (*EL OBRERO*, nº 34, 22/8/1891).

De esta manera, los socialistas de *EL OBRERO* ratifican su posición de no festejar el 14 de julio por considerar que se trata de una fecha burguesa. Para ello se filian a los propios socialistas franceses y acentúan la importancia del 1° de mayo como la fiesta verdaderamente obrera, dando cuenta de los vínculos que establecían con la II Internacional y las decisiones del Congreso de París de 1889.

La disputa denota la importancia de la apelación a ciertos procesos del pasado y no a otros en la construcción de la identidad socialista que se estaba delimitando en algunos núcleos urbanos de la Argentina. En este sentido, resulta significativo no solo aquello que se decide conmemorar sino también aquello que decide omitirse. La disputa entre los socialistas de *EL OBRERO* y sus lectores de Santa Fe en torno a la omisión de la conmemoración de la Revolución Francesa, nos permite ver los argumentos de ambas partes así como también ver lo dinámico que era el campo de la definición de la identidad socialista en el contexto de la Argentina finisecular. Asimismo el debate les da la posibilidad a los socialistas de *El OBRERO* de contraponer una fecha "burguesa" y otra "verdaderamente obrera", lo que les permite reforzar la centralidad del 1° de mayo como símbolo de la lucha de los trabajadores.

A pesar de considerar que el 14 de julio no debe ser conmemorado porque se trata de una fecha burguesa, las referencias positivas a la Revolución Francesa pueden observarse a lo largo de la publicación. Dichas referencias se relacionan con la idea de que la Revolución Francesa es un proceso histórico de gran relevancia para la historia de la humanidad porque a partir de él la burguesía puso fin al orden feudal. Los obreros son llamados a terminar con el sistema burgués posibilitado por la Revolución Francesa para dar lugar al socialismo. Se trata de una mirada teleológica de la historia en la que las expectativas hacia el futuro están determinando los usos del pasado que hacían los socialistas en su presente. Ello puede observarse por ejemplo en el artículo "La utopía" del número 78, en el que los miembros de *EL OBRERO* señalan que

> "...del estudio de la historia venimos a deducir, que nada permanece quieto o inmutable, sino que por el contrario, todo cambia y se mueve, obedeciendo a una ley eterna de evolución y progreso (...). Fue necesario un sacudimiento profundo como el de la gran revolución del 89, para que ella (la burguesía) llegara a las posiciones que hoy ocupa, desalojando a la nobleza del poder y expropiándola de sus bienes. (...) Así como desaparecieron otros poderes, tanto o más fuertes que la burguesía, ésta tendrá también que dejar su sitio á instituciones más avanzadas, porque todo lo que significa una rémora al adelanto de la humanidad, está fatalmente destinado a perecer. Es inútil, por tanto, cambiar a las cosas su nombre y llamar utopía a lo que está en vías de realizarse como una consecuencia forzosa creada por los hechos y las ideas..." (*EL OBRERO*, n.º 78, 16/7/1892).

En el fragmento el futuro es visto como la eliminación de las rémoras del pasado que aún pesan en el presente, y es considerado como una "consecuencia forzosa", es decir inevitable, y por lo tanto no como utópico. Se desprende una mirada teleológica de la historia, en la que la humanidad así como ha dado fin al orden feudal dará fin al orden burgués que se instauró con la Revolución Francesa.

La disputa pone de manifiesto la mayor eficacia de la conmemoración de los sucesos recientemente ocurridos en Chicago por sobre los acontecimientos de la Revolución Francesa para la construcción de una identidad socialista en la Argentina de fines del siglo XIX. Los recientes sucesos de Chicago, en los que la clase obrera había luchado contra el sistema burgués, permitían dar cuenta de los avances en la organización del movimiento obrero. Por el contrario, era más compleja la apropiación de la Revolución Francesa. Existía una separación temporal mucho más amplia y, si bien el proceso revolucionario francés brindaba un imaginario republicano al que los socialistas de fines del siglo XIX podían sentirse atraídos, también emanaba su carácter burgués, factor que los socialistas rechazaban por su filiación al proletariado internacional. De allí las contradicciones al interior del socialismo a la hora de decidir su conmemoración.

Los "héroes" de la Comuna de París

En cuanto a la conmemoración de la Comuna de París, los socialistas de *EL OBRERO* no muestran dudas a la hora de considerar que se trata de una experiencia obrera digna de ser recordada como un importante paso en la acumulación de experiencias para la lucha del proletariado y el esperado establecimiento de la sociedad socialista. En el número 13 hay un artículo, cuyo título es "La Comuna de París", destinado a conmemorar los sucesos de marzo de 1871. Allí puede leerse:

> "(...) Sea como sea, hemos aprendido una cosa de la historia de la Comuna, y es que importa un error de creer que pueda el proletariado apoderarse simplemente en un día cualquiera de los poderes del Estado para manejarlos enseguida en provecho de la clase de los explotados. Los anarquistas se dejan alucinar por tal sueño. No, compañeros! Aquella lección la aprovecharemos, y ella ha sido, es y será siempre recordada por nosotros al disponer nuestro sistema de táctica en la guerra social que sostenemos en contra de la clase de los explotadores (...). Por hoy concluimos este breve recuerdo dedicado a la memoria de los héroes de la Comuna de París de 1871. Honor á ellos!" (*EL OBRERO*, nº 13, 21/03/1891).

En el fragmento puede observarse cómo, al conmemorar la Comuna, los socialistas de *EL OBRERO* toman distancia de las estrategias que el proletariado francés adoptó en esa coyuntura, que culminó en un fracaso. En este sentido, si bien conciben a los comuneros como héroes del proletariado, también señalan la imperiosa necesidad de la organización del movimiento obrero, que es lo que consideraban que había fallado durante el proceso revolucionario francés. Ello les sirve para marcar una fuerte distancia con el anarquismo, que es visto como la antítesis de la organización. De este modo, la conmemoración de la Comuna es utilizada por los redactores de *EL OBRERO* para extraer enseñanzas para su presente, pero no en el sentido de reinstaurar el pasado, sino en el de su necesaria abolición para la construcción del futuro deseado. Si bien de las experiencias de las luchas obreras pueden extraerse enseñanzas, lo que rige la acción de los socialistas es el imperativo de la futura sociedad sin clases.

Un año después, en el número 62, publican el artículo "El 18 de marzo" en el que señalan:

> "Si el 1º de Mayo es el día del grande Partido internacionalista obrero, el 18 de Marzo es el día dedicado a la memoria de sus muertos, y de sus mártires. Fue en este día que se sublevó el proletariado de París contra el Gobierno y se instaló la Comuna (...) La guerra de clase desde Marzo del 71 es guerra sin cuartel. La burguesía ha hecho ostentación en Fourmies en el año pasado en el 1º de Mayo de su crueldad (...). El día está cerca en que la sangre de los mártires socialistas será vengada" (*EL OBRERO*, nº 62, 26/3/1892).

Allí puede verse la filiación entre la represión de la Comuna de París en 1871, la de los trabajadores de Chicago en 1886, y la de los franceses que conmemoraban el 1° de mayo en 1891. Se establece de este modo una línea de continuidad entre las luchas obreras de los distintos procesos históricos, que son concebidos como parte de una misma lucha, que es la del proletariado internacional.

En el artículo "18 de Marzo de 1871", correspondiente a la segunda etapa de la publicación de *EL OBRERO*, la Comuna de París es nuevamente conmemorada con entusiasmo y puede volver a observarse cómo era considerada por los socialistas de *EL OBRERO* como una fuente de enseñanzas para la lucha obrera en su presente.[35]

---

35. *"(...) ¡Gloria a los mártires de la Comuna! (...) Compañeros! El 18 de Marzo nos prueba que no hay poder superior al poder de los pueblos, cuando éstos se deciden a luchar por sus derechos. La semana sangrienta que empezó el 21 de Marzo, nos enseña el camino que debemos seguir cuando seamos dueños del poder del Estado: aniquilar las fuerzas de la burguesía, combatirla con sus últimas trincheras, sin descansar hasta que haya desaparecido todo vestigio de ella. Solo así podremos evitar que el asqueroso reptil del capitalismo, aun vencido y postrado en tierra, nos arroje traidoramente su mortal veneno, y*

En cuanto a las formas que adoptó la conmemoración de la Comuna de París, se destacan los artículos alusivos en las fechas cercanas al 18 de marzo. Asimismo, para la conmemoración de 1892 hay una convocatoria para celebrar una fiesta en su honor.[36] Sin embargo, no alcanza la magnitud de las referencias que se hacen en torno a la conmemoración del 1° de mayo. En el caso de la Comuna no se movilizan tantos recursos para su conmemoración, ni se hacen seguimientos exhaustivos de lo ocurrido en otros países, como sí se hacían para el 1° de mayo.

La patria como herramienta de dominación burguesa

En el marco del proceso de inmigración masiva, que comenzó hacia mediados del siglo XIX y sufrió una fuerte aceleración en las últimas dos décadas del siglo, la definición del ser nacional se convirtió en una problemática fundamental para la época.

Tal como señala Lilia Ana Bertoni,[37] si bien la construcción de la nacionalidad es un proceso de larga duración, éste se aceleró hacia fines del siglo XIX, en el marco de la llegada de cada vez más inmigrantes, del proceso de construcción de naciones y nacionalidades que estaba desarrollándose en Europa, y de los problemas limítrofes con Chile. Esta coyuntura, que caracterizó a las últimas dos décadas del siglo XIX, generó un sentimiento de amenaza en las élites

---

llegue a enseñorearse de nuestros despojos" (*EL OBRERO*, segunda época, n° 93, 18/3/1893).

36. Ya en la sección "Revista del interior" del número 60 de *EL OBRERO* se anunciaba una fiesta para conmemorar a la Comuna de París y la Revolución de 1848: *"Fiesta. En la sesión del Comité Federal del lunes ppdo. se hizo moción para celebrar una pequeña fiesta en conmemoración de los sucesos de Marzo de 1848 y 1871 (...) La fiesta tendrá lugar el día domingo 20, á la tarde, probablemente en la "Cruz Bianca", calle Cuyo 1664. La invitación la insertamos debidamente en nuestro número próximo"* (*EL OBRERO*, n° 60, 12/3/1892). Y en el número siguiente, tal como se había anunciado, se publicó la invitación bajo el título "La fiesta": *"En conmemoración de los sucesos de Marzo tendrá lugar el Domingo 20 del corriente en la calle Cuyo 1664 y que empezará a las 3 de la tarde. Así nos comunican los invitantes, miembros de la Federación local de Buenos Aires. Rogamos a los miembros de dicha Federación, que concurran numerosos a este llamamiento"* (*EL OBRERO*, n° 61, 19/3/1892).

37. Bertoni, Lilia Ana, *Patriotas, cosmopolitas y nacionalistas. La construcción de la nacionalidad argentina a fines del siglo XIX*, Buenos Aires, FCE, 2007.

dirigentes que consideraron necesaria la afirmación de la identidad nacional.[38] Ello dio lugar al desarrollo de un creciente nacionalismo que se expandió en la opinión pública, que se caracterizaba por su carácter esencialista y ya no por el cosmopolitismo integrador que emanaba del texto de la Constitución Nacional de 1853.[39]

La preocupación de las élites dirigentes por la definición del ser nacional pone de manifiesto la heterogeneidad de tradiciones que se acrecentaban con la llegada de un número cada vez mayor de inmigrantes, los cuales reafirmaban y generaban nuevos lazos en el marco de organizaciones creadas en la Argentina a partir de sus comunidades de origen. No solamente la fortaleza de las identidades étnicas era un problema para las élites para la construcción de la nacionalidad argentina. También lo era el internacionalismo obrero, a partir del cual amplios sectores del incipiente movimiento obrero organizado le disputaban a las élites la construcción de una identidad hegemónica. En este sentido podemos pensar los esfuerzos de los socialistas en la Argentina finisecular, quienes desde sus publicaciones periódicas intentaban generar lazos identitarios fundados en tradiciones que en muchos casos impugnaban aquellas emanadas desde el Estado y, a su vez, anteponían el internacionalismo clasista por sobre las identidades étnicas de las que los propios socialistas eran parte.[40]

---

38. "*Estas preocupaciones se manifestaron en diversas actividades culturales y políticas de asociaciones e instituciones que ocupaban el centro de la escena pública, en movimientos de opinión en la acción de grupos informales y también en las campañas de un amplio movimiento patriótico, que abarcaron actos patrios y manifestaciones públicas, además de una vasta producción historiográfica, la edición de libros y revistas especializadas y la realización de monumentos y homenajes a próceres*". Bertoni, *op. cit.*, p. 9.

39. "*En la medida en que la nueva idea de nacionalidad –la misma que cobraba auge en Europa– fue definiéndose en términos de singularidad cultural, arrastró tras de sí otra definición de la sociedad nacional, caracterizada por la diferencia y la exclusión de lo distinto*". Bertoni, *op. cit.*, p. 77.

40. Resulta de gran interés para ahondar en las tensiones entre las identidades étnicas y de clase, el trabajo de Gandolfo, Romolo, "Las sociedades italianas de socorros mutuos de Buenos Aires: cuestiones de clase y etnia dentro de una comunidad de inmigrantes (1880-1920)", en *Asociaciones, trabajo e identidad étnica: los italianos en América Latina en una perspectiva comparada*, Buenos Aires, CEMLA Roma, CSER Tandil: IEHS, 1992. Allí el autor da cuenta de los conflictos intraétnicos entre industriales y obreros y entre inquilinos y propietarios, todos ellos de origen italiano y muchas veces miembros de las mismas sociedades de socorros mutuos. Estas tensiones entre las identidades de clase y etnia pueden observarse en las páginas de *EL*

Entre las estrategias y mecanismos desplegados por las élites dirigentes desde las últimas dos décadas del siglo XIX para la formación de la identidad nacional y la eliminación de las identidades en disputa, pueden mencionarse la importancia que desde el Estado se les comenzó a dar a las escuelas para la enseñanza del pasado nacional y la incorporación de la liturgia patriótica, el esfuerzo que se realizó para revitalizar las celebraciones de las fiestas patrias –por ejemplo, a partir de la participación de los escolares en dichas fiestas[41]– así como también el impulso a los monumentos a los héroes de la patria y la reglamentación del uso de los símbolos patrios. Ello iría afirmando una identidad nacional, que se estaba construyendo no sin ser cuestionada por ciertos actores colectivos, como los socialistas.

En este sentido, y tal como ya se ha señalado, en *EL OBRERO* resaltan las frecuentes apelaciones al internacionalismo clasista, que se convierte en un elemento central de la construcción de la identidad socialista que buscaban construir los miembros de la Federación Obrera. Por el contrario, las alusiones a las conmemoraciones patrias son escasas y fuertemente críticas, en tanto que los socialistas nucleados en el periódico consideraban que la patria era una forma de representación burguesa que iba en contra de la organización obrera.

Ya en el primer número, frente a la consigna "Proletarios de todos los países, Unios!" que acompañará a todos los ejemplares del periódico, la patria es vista como *"sinónima del interés económico de la burguesía"* (*EL OBRERO*, n° 1, 12/12/1890).

En cuanto a las conmemoraciones patrias, en junio de 1891 bajo el título "Las fiestas mayas", los redactores de *EL OBRERO* sostienen:

> "Esfuerzos espasmódicos hicieron los high-lifers y las autoridades para dar brillo a las fiestas patrias. Pero el patriotismo es una farsa por demás gastada ya. El pueblo hambriento sabe a qué

OBRERO en las críticas que uno de sus colaboradores –Domingo Risso, que era de origen italiano– le realizaba al periódico *L'Amico del Popolo*, editado por sus connacionales, al que acusaba por su carácter burgués.

41. A partir de la reorganización del Consejo Nacional de Educación en 1887, *"se destacaron los contenidos nacionales en los nuevos planes y programas y se estableció la selección y autorización periódica de los libros de texto; se otorgó mayor importancia a la enseñanza de la historia patria y a la realización de actos escolares, y se procuró que las actividades escolares trascendieran hacia la sociedad en ocasión de las fiestas patrias"*. Bertoni, *op. cit.*, p. 45.

atenerse respecto de la brillante epopeya de la independencia, y ya no se le engaña con el fantoche patrio. El high-life tomó mucho champagne, bailó y se divirtió, luciendo toilettes y riquezas. El pueblo sufrió hambre y miseria que van diariamente en aumento" (*EL OBRERO* nº 25, 20/06/1891).

Allí puede observarse cómo las conmemoraciones patrias son pensadas en oposición al pueblo: mientras ellas se llevaban a cabo, el pueblo sufría. Un año después puede leerse la misma oposición en un artículo titulado "Las fiestas patrias":

"(...) Los high-lifers parásitos holgazanes que del trabajo de otros viven y enriquecen, que se apoderan de todos los productos del pueblo trabajador, pueblo que se muere de hambre, de miseria y de necesidades, estos chupa sangre, brindan con la copa llena de espumoso champagne, las glorias del pueblo de Mayo! Maldita sociedad!" (*EL OBRERO* nº 72, 04/06/1892).

Todas las consideraciones sobre la patria que aparecen a lo largo del periódico, incluso aquellas que no se basan en las fiestas patrias, la sitúan en oposición a los intereses del pueblo trabajador, y siempre se busca resaltar la importancia de la identidad internacionalista. En el número 79 los miembros de *EL OBRERO* señalan que

"El proletariado, nazca en donde quiera que nazca, no tiene patria (...). En todas las naciones del mundo civilizado nuestros enemigos son los burgueses, los miembros de la clase dominante; nuestros hermanos son los proletarios de todos los países (...) El odio contra los explotadores y opresores es un sentimiento internacional (...). Afiliados al grande partido internacional socialista obrero, hemos de llegar al triunfo!" (*EL OBRERO* nº 79, 23/07/1892).

De este modo, puede afirmarse que la identidad socialista que se expresa en las páginas de *EL OBRERO* niega cualquier vinculación con elementos patrios y ensalza aquellos que la vinculan con la identidad obrera internacional. Sin embargo, a la hora de peticionar a las autoridades, los socialistas de la Federación Obrera se amparaban en la autoridad que les confería el artículo 14 de la Constitución de la República.[42] La táctica parlamentarista que adoptarán los socialistas pocos años después los conducirá a apropiarse de ciertos elementos

---

42. "*(...) Buenos Aires, Julio de 1890*
   A la H. Cámara de Diputados de la República Argentina

identitarios nacionales, lo que ya se puede ver prefigurado en los primeros intentos de peticionar a las autoridades.

Por otro lado, parece significativo que los ataques que desde la publicación se realizan hacia las fiestas patrias no toman como objeto los sucesos del pasado que se celebran, sino que más bien apuntan a la forma en que los mismos son festejados. Es posible que esto haya facilitado una posterior apropiación de la Revolución de Mayo de 1810 y de la Declaración de la Independencia en 1816 dentro de la tradición que los socialistas irán construyendo, en la medida en que ambos procesos irán siendo despojados de su carácter burgués para resaltar sus rasgos de lucha popular.

Consideraciones finales

Del análisis de lo que este colectivo conmemoraba se desprende un conjunto de elementos identitarios de una de las primeras organizaciones socialistas que se desarrolló en la Argentina de fines del siglo XIX. Ello no significa que en las conmemoraciones se observe una identidad ya constituida y consolidada, sino que ellas mismas funcionan como aglutinantes dinámicos, como generadoras de tradiciones compartidas. De este modo, a través de las disputas por lo que se debía recordar y por las maneras en que debía hacérselo, tanto hacia el interior del colectivo socialista como también con otros colectivos, como el anarquista, y con el Estado nacional, podemos observar el proceso fuertemente dinámico de la formación de identidades colectivas en la Argentina finisecular.

La Federación Obrera apelaba a la identidad proletaria por sobre cualquier otro elemento distintivo. En este sentido, sus miembros buscaban trascender sus orígenes nacionales, editando un periódico escrito en castellano, regido por el lema del *Manifiesto Comunista* "Proletarios de todos los países, Unios!". Lo dicho se evidencia en el peso que tienen en las páginas de *EL OBRERO* las conmemoraciones vinculadas a las luchas obreras de otras latitudes. Los socialistas de la Federación Obrera operaban sobre su presente a partir de los

---

Haciendo uso del derecho de petición concedido por la Constitución Nacional de esta República, el Comité Internacional Obrero en esta Capital, en representación propia de las sociedades adheridas y de millares de firmas que nos han sido remitidas de las diferentes localidades del país, acude a ese Honorable Congreso, en solicitud de leyes protectoras a la clase obrera (...)" (*EL OBRERO*, n° 7, 07/02/1891).

usos del pasado de procesos históricos vinculados con las luchas del movimiento obrero internacional, como la Comuna de París de 1871 y las jornadas de Chicago de 1886. Éstas últimas dieron lugar a la conmemoración obrera del 1° de mayo, la cual a partir de las resoluciones de la II Internacional se convirtió en una referencia de gran relevancia para la construcción de la identidad socialista internacional, con la que los miembros de la Federación Obrera establecían importantes filiaciones. El objetivo de construir un socialismo de carácter internacionalista no se contradecía con el privilegio otorgado a la obtención de las leyes obreras en el marco de las instituciones vigentes, que también eran valoradas por la II Internacional como la mejor táctica de acción a seguir por el proletariado.

Por otro lado, no hay en los socialistas nucleados en la Federación Obrera una filiación con la identidad argentina. En *EL OBRERO* no hay referencias positivas a las conmemoraciones patrias, la patria es vista como una herramienta de la burguesía para engañar a los trabajadores y desviarlos de sus verdaderos intereses de clase. Los socialistas irán adoptando paulatinamente las conmemoraciones patrias debido tanto a transformaciones del contexto en el que se fue desenvolviendo así como también debido a sus propias necesidades. En cuanto al contexto, las políticas estatales para favorecer la integración de los inmigrantes en una identidad común se harán cada vez más incisivas y lograrán subalternizar a otras identidades en disputa. En cuanto a las necesidades del socialismo, el proceso de constitución del Partido Socialista y su inserción en la vida política parlamentaria harán necesaria la vinculación entre la identidad socialista y la identidad nacional, las cuales se desplegarán en una permanente tensión.

La necesidad de fundar un Partido Socialista fue sostenida tempranamente por uno de los grupos que formaban la Federación Obrera. El conflicto entre dicho grupo y quienes sostenían que aún no era el momento de fundar un partido, llevó a la crisis de la Federación, la cual terminó por disolverse. Este conflicto también da cuenta del dinamismo de la identidad socialista de la época. En 1894, con la fundación de *La Vanguardia*, el socialismo argentino entraría en una nueva etapa, la de la constitución del partido.

"Lo más grande que en el pasado hicimos". Conmemoraciones y nacionalismo español en tiempos de regeneración (1898-1918)

Javier Moreno Luzón

(Universidad Complutense de Madrid)

> *"Si tenemos derecho a acariciar para el porvenir un sueño de grandeza ha de ser, sobre todo, en relación con lo más grande que en el pasado hicimos".*
> Luis de Zulueta[1]

Conmemoraciones e historia cultural de la política

En los últimos años, las conmemoraciones –sobre todo, las conmemoraciones nacionalistas– se han convertido en objeto habitual de estudio para los historiadores de la política contemporánea. Sus celebraciones y rituales, que antes pasaban casi desapercibidos en los trabajos acerca de los siglos XIX y XX, salpican hoy con cierta frecuencia artículos y libros de historia. Tanto las conmemoraciones periódicas, en especial los aniversarios erigidos en fiestas nacionales, como las excepcionales o únicas, con un lugar preferente para los centenarios de hechos y personajes encumbrados por los respectivos nacionalismos. Lo cual revela la importancia que ha alcanzado en poco tiempo un área académica ya plenamente consolidada, la historia cultural de la política, fruto del acercamiento entre historia política e historia cultural.

Este acercamiento no ha resultado fácil, pues el grueso de la historia política vivió durante décadas al margen del giro cultural que ha transformado otras ramas de la historia. Caídos los viejos paradigmas estructurales, muchos especialistas se refugiaron en los principios y métodos de la historiografía clásica, centrada

---

1. De Zulueta, Luis, "Crónica", en *La Lectura. Revista de Ciencias y de Artes*, año X, tomo 1°, enero de 1910, p. 197.

en la elaboración de relatos pormenorizados a partir de la consulta de fondos documentales. El mundo político siguió siendo el de los gobernantes, sus ideas y sus conflictos, aunque el contacto con ciencias sociales como la politología abriera también la puerta al análisis de élites, partidos, elecciones e instituciones estatales. Mientras la historia social se fundía con la historia cultural, la política mantenía su apego por la narración *événementielle* y su defensa del individualismo metodológico, con un énfasis mayor cuando se trataba de explorar los grandes acontecimientos de la contemporaneidad, como las guerras y revoluciones del Novecientos. Frente a los enfoques culturales subsistieron actitudes de desconfianza que los emparentaban con aquellos postulados postmodernistas dedicados a negar la mera posibilidad de conocer, siquiera de un modo aproximado, lo ocurrido en el pasado a través de las fuentes. Y hasta la actualidad ha reinado la sospecha, no siempre injustificada, de que los llamados *cultural studies* esconden una nueva forma de determinismo, en la que la cultura toma el relevo de las antiguas y denostadas estructuras socioeconómicas para aplastar la libertad de los actores históricos.

Sin embargo, algunas tendencias historiográficas recientes han salvado estas distancias mediante el desbroce de nuevos campos que no se contraponen con el ámbito tradicional de la historia política sino que lo amplían y completan. Por ejemplo, los marcados por la historia conceptual, por la de las culturas políticas o por la de las denominadas religiones políticas. En general, los historiadores de estos y otros fenómenos han aprendido a calibrar el peso de las percepciones, los símbolos y las construcciones culturales, de los discursos y las prácticas políticas, y a considerarlos una parte substancial de las realidades que les ocupan. Se ha caminado así hacia un concepto mucho más rico y complejo de la vida política, que abarca no sólo aspectos legales o institucionales sino también todo lo que se relaciona, de una u otra forma, con el poder del Estado. De hecho, podría hablarse del paso de la política a lo político.

En ese camino, un tema ha sobresalido por encima de los otros: el de los nacionalismos, como ideologías pero también como movimientos capaces de modelar y difundir identidades políticas. Un contexto en el que las conmemoraciones han adquirido toda su visibilidad. Por un lado, porque los gobiernos y regímenes políticos buscan imponer en ellas determinadas interpretaciones del pasado con el fin de reforzar su legitimidad, casi siempre vinculada –en el mundo moderno– a la nación. Por otro, porque diversos individuos y grupos las utilizaban para levantar, extender y renovar identidades nacionales. Para ello recurrían a relatos míticos acerca del pasado, que debían parecer verosímiles –no valía cualquier cosa– y componer una genealogía de la comunidad que diera sentido al presente y anticipase su futuro. Mitos que, por lo general, se referían a momentos fundacionales de la nación, a batallas decisivas, a héroes y mártires que se habían sacrificado por la patria o a personalidades –un escritor, un artista, un santo– que encarnaban sus virtudes. Las conmemoraciones sirven así de ventanas para contemplar los imaginarios nacionalistas y a sus promotores.

Del mismo modo, el análisis de los festejos conmemorativos permite desentrañar algunos aspectos de los nacionalismos y de los procesos de nacionalización en las sociedades contemporáneas. Por ejemplo, ayuda a fijar sus rasgos definitorios, como su relativo vigor, y a discernir su carácter consensual o conflictivo, pues las conmemoraciones suelen dar lugar a debates entre posiciones políticas encontradas, son ambiguas y originan múltiples enfrentamientos. Y a percibir su naturaleza compleja, con la intervención de un extenso abanico de agentes políticos, desde los gobiernos nacionales hasta las asociaciones privadas, pasando por las élites locales y los medios de comunicación. A través de ellas puede verse cómo la nacionalización no siempre se produce en sentido vertical, de arriba hacia abajo, sino que en muchas ocasiones el impulso procede de abajo y se expande asimismo en horizontal. Las conmemoraciones albergan experiencias de nación en las que los individuos asumen y actualizan determinadas versiones de la identidad nacional.

El caso español

El interés historiográfico por las conmemoraciones se halla inevitablemente unido en España a la controversia central sobre las identidades nacionales durante el siglo XIX y buena parte del XX. Hasta comienzos de la década de 2000, la tesis dominante en este terreno afirmaba la debilidad del nacionalismo español y de sus procesos de nacionalización en el Ochocientos, a causa de la escasez de los recursos estatales y de la falta de una voluntad suficiente por parte de las élites gobernantes, encerradas en el disfrute oligárquico del poder. También influían la existencia de varios proyectos españolistas contrapuestos y la envergadura de la Iglesia como obstáculo al avance del nacionalismo moderno. Esa debilidad, que parecía algo excepcional en el entorno europeo, había dejado un vacío que los movimientos nacionalistas alternativos al español –sobre todo el catalán y el vasco– aprovecharon para crecer. Una tesis que formaba parte de aquella narrativa de la historia contemporánea en España que podría calificarse de melancólica, se presentaba pendiente de los fracasos y las carencias que habían mantenido al país ajeno a las grandes transformaciones asociadas a la modernidad, desde la industrialización hasta el tránsito del liberalismo a la democracia. Por distintos medios, la historiografía actual, que ya había puesto en duda la excepcionalidad de España en otros ámbitos, ha matizado esas afirmaciones acerca de la nacionalización con obras que profundizan en sus complejidades, avanzan en el tiempo hasta la época en que el problema adquirió verdadera relevancia y aplican una perspectiva comparada. Los estudios sobre conmemoraciones no hacen sino enriquecer este cambio de rumbo historiográfico.

Y es que durante las décadas finales del siglo XIX y las primeras del XX, en España se manifestó una fiebre conmemorativa sin precedentes. Los centenarios se acumularon y pocas cosas quedaron por celebrar. En realidad, el caso español no era sino una variante nacional, iniciada con algo de retraso, de la era de la conmemoración que caracterizó a la Europa y a la América coetáneas. Como en otras latitudes, aquí se impusieron teorías nacionalistas culturales que veían en las naciones organismos dotados de rasgos inconfundibles, como la lengua, la religión o la historia. Y, poco a poco, el sistema político liberal se vio sacudido por la participación creciente de la población urbana en la esfera pública, por los comienzos de lo que ha dado en llamarse la era de las masas. Los cambios socioeconómicos enconaron los conflictos y multiplicaron las incertidumbres. En medio de la movilización política y las transformaciones sociales, las diferentes instancias del Estado y los medios nacionalistas asumieron la tarea de nacionalizar a los ciudadanos, de integrarlos en la comunidad a través de la penetración de las ideas y valores nacionales. Es decir, en España, como en otros países, aumentaron rápidamente los incentivos para conmemorar el pasado.

Además, a partir del cambio de siglo España se vio afectada por estímulos específicos que propiciaban esta oleada conmemorativa. De una parte, el golpe a la conciencia españolista que supuso el llamado *desastre* de 1898, la humillante derrota en la guerra con Estados Unidos y la inmediata pérdida de las últimas colonias españolas en un mundo donde la grandeza nacional se medía por el tamaño de los imperios. De otra, la emergencia del catalanismo y, en menor medida, del nacionalismo vasco como movimientos políticos capaces de desafiar el modelo de estado nacional centralizado que se había construido en el Ochocientos. Los defensores de la nación española se pusieron en marcha para atajar el malestar social, responder a sus adversarios y sacar al país de su postración. Como se decía en la época, para regenerarlo. Lo cual exigía, según la mayoría de las opiniones, nacionalizar de una vez a los españoles, fuera a través de una mejora de la enseñanza que redujera los escandalosos niveles de analfabetismo, de un ejército mejor formado o de otras herramientas, como las conmemoraciones públicas de glorias patrias que valieran como ejemplos aprovechables para aunar energías y reconstituir la nación.

Los festejos conmemorativos actualizaban los relatos míticos disponibles y resaltaban unos episodios u otros en función de las conveniencias políticas del momento. Como en otras naciones, a lo largo del siglo XIX habían cuajado mitos que estructuraban la historia patria y mostraban rasgos permanentes en el carácter nacional. Sobre todo, la bravura de los españoles, su capacidad de sacrificio y la incansable defensa de su independencia contra las invasiones y el dominio extranjero, algo que podía rastrearse desde la antigüedad. En realidad, ya se habían decantado varias versiones acerca de la trayectoria histórica de España: si los liberales ponían el acento en los logros y heroicidades del pueblo, siempre celoso de su libertad frente a toda clase de tiranos; las opiniones confesionales atendían a la identificación de lo español con la fe católica y la monarquía. Pero, más allá de la divulgación de las interpretaciones establecidas con anterioridad, las conmemoraciones de la época regeneracionista sublimaron algunos héroes y epopeyas centrales, que se instalaron desde entonces en el núcleo más perdurable del imaginario españolista. Aquí se expondrán algunos rasgos de tres de ellas: el primer centenario de la Guerra de la Independencia, la contienda librada con los ejércitos de Napoleón entre 1808 y 1814; el tercer centenario de la publicación de la primera parte de *Don Quijote de la Mancha* en 1605 y de la muerte de su autor, Miguel de Cervantes, en 1616; y la oleada hispanoamericanista que tuvo su eje en el centenario de las independencias americanas de 1810-1811.

La Guerra de la Independencia

La guerra napoleónica de 1808-1914 se entendía a comienzos del Novecientos, de acuerdo con los parámetros establecidos por la historiografía decimonónica, como una genuina y triunfal guerra de independencia, librada por toda España contra el imperio francés. Siguiendo la estela de sus ancestros, probada en la resistencia ante cartagineses y romanos o durante la Reconquista medieval contra los musulmanes, los españoles se habían rebelado de manera casi unánime frente a la invasión para preservar la integridad nacional. Su enérgica respuesta había salvado a la patria y sus virtudes inspiraban a quienes, un siglo más tarde, querían demostrar que España seguía siendo una gran nación y podía regenerarse. Según las palabras del escritor Benito Pérez Galdós, "en los méritos del pasado debemos asentar todo lo hermoso y útil que deseamos legar al porvenir".[2]

Sin embargo, el gobierno al que tocó presidir la conmemoración del inicio de la guerra, el conservador de Antonio Maura, manifestó algunas reticencias a la hora de organizar las fiestas. No quería enemistarse con Francia, un aliado imprescindible para salir del aislamiento internacional al que se achacaba el *desastre* de 1898, y aspiraba también a entenderse con los catalanistas, enemigos del centenario, para integrarlos en la escena política española. Así que el grueso de las celebraciones se debió a iniciativas locales, de ayuntamientos y sociedades económicas, recreativas o culturales. Estas iniciativas se atuvieron a pautas comunes: funerales por los fallecidos, procesiones cívicas, desfiles militares, ayudas a los pobres y premios escolares, veladas musicales y teatrales, exposiciones de objetos históricos y, por encima de todo, homenajes a los héroes y recuerdos de las batallas alrededor de lápidas y estatuas. El gusto por los monumentos conmemorativos, ya en auge desde décadas atrás, alcanzó niveles insólitos, pues, con un afán competitivo, cada localidad quería dar testimonio de su contribución al esfuerzo nacional para liberarse del yugo napoleónico. De este modo, la exaltación de las glorias locales no colisionaba con el nacionalismo español, sino que tendía a apuntalarlo, el marco local facilitaba la difusión de mensajes nacionalistas. Además, el anclaje municipal de los eventos estimuló la participación popular en bailes, conciertos, competiciones deportivas y proyecciones cinematográficas.

Los diversos actores presentes en la escena pública quisieron apropiarse de los mitos de la independencia en beneficio propio. Uno de los más comprometidos fue el ejército, que tras la derrota del 98 había asumido el papel de baluarte de la unidad nacional frente

---

2.   Pérez Galdós, Benito, "Centenario de la Independencia", en *Abc*, 15 de marzo de 1908, p. 4.

a la amenaza catalanista. No sólo hubo militares en la dirección de las ceremonias cívicas, sino que las distintas armas celebraron rituales en honor de sus propios héroes, tratando de colocarlos en el centro de la epopeya nacional. Otro protagonista relevante fue el rey Alfonso XIII, que, pese al pobre papel que habían representado sus antepasados en el conflicto y a la oposición de su gobierno, se puso a la cabeza de las conmemoraciones de 1908. El monarca, un joven nacionalista decidido a identificar su reinado con la regeneración de España, demostró la enorme potencia nacionalizadora de la corona: su mera presencia, como jefe del Estado y símbolo nacional, transformaba un suceso local en un acontecimiento de alcance español. De hecho, fue él quien salvó del abandono oficial el centenario del Dos de Mayo, el levantamiento popular contra Napoleón en el Madrid de 1808, uno de los mitos más arraigados; y quien presidió las procesiones cívicas más significativas, que, como en otros países, querían representar la unanimidad social que respaldaba el recuerdo de las glorias patrias.

En cuanto a la interpretación de la Guerra de la Independencia había, eso sí, diferencias substanciales entre los principales sectores políticos e intelectuales. Para los liberales, más enfáticos cuanto más a la izquierda se situaran, la nación se confundía con el pueblo, encarnado por los héroes salidos de sus entrañas y por algunos militares. Un pueblo, pleno de dignidad y de altivez, que conservaba el empuje de otras edades y había empujado al país hacia la modernidad, en contraste con las élites –incluida la familia real– entregadas a la tiranía de Napoleón. Ese carácter populista del relato liberal había adquirido rango canónico en los *Episodios Nacionales* de Galdós, pensados y utilizados como una herramienta para la socialización nacionalista de los ciudadanos. A juicio de los liberales, monárquicos o republicanos, aquella guerra había revestido una doble dimensión, ya que no sólo había revelado las virtudes populares sino también engendrado la revolución que había acabado con el absolutismo y establecido el principio de soberanía nacional en la Constitución de 1812. Las Cortes de Cádiz, autoras del texto constitucional, culminaban la epopeya patriótica y su trabajo se resumía en la reconstitución de España, de una España en trance de muerte por culpa de la monarquía absoluta. En Cádiz habían confluido los deseos del pueblo y se habían recuperado las mejores tradiciones españolas, la de las Cortes medievales que limitaban el poder de los reyes. Si los monárquicos veían en ellas la combinación perfecta de orden y libertad, antecedente del régimen vigente; los republicanos, alejados del mando, exaltaban los aspectos democráticos de la herencia gaditana y oponían la pureza moral de aquellos mártires de la libertad a la corrupción reinante a comienzos del siglo XX.

En el campo contrario, el de la derecha católica, lo que contaba de la contienda napoleónica era la religiosidad de los españoles, que habían peleado contra las novedades revolucionarias provenientes de Francia y en favor de la monarquía tradicional hispánica, estrechamente ligada a la causa de la fe. Según esta versión del pasado, las Cortes de Cádiz no habían coronado el esfuerzo patriótico sino que lo habían desviado: sirviendo a las ideas del enemigo francés, se habían dedicado a atacar los verdaderos motivos de los combatientes con el fin de destruir a la Iglesia. La Constitución de 1812 había declarado oficial la religión católica, pero eso no era sino un ardid de quienes habían abolido la Inquisición y aprobado la libertad de prensa, abriendo paso así a cien años de guerras civiles, luchas de clases y odios separatistas. De manera que los círculos confesionales querían distinguir entre el recuerdo de la gesta española, susceptible de ser interpretada como una pugna por las esencias cristianas de España, y la memoria de las Cortes gaditanas, tenidas por nefastas y hasta diabólicas.

Estas polémicas influyeron sobre las conmemoraciones, pues los intentos de apropiación por parte de ambos bandos provocaron conflictos, aunque la competencia entre ellos creó a la vez una dinámica acumulativa y multiplicó los actos, basados en el vínculo entre lo local y lo nacional. Algo que pudo comprobarse claramente en la ciudad que hizo de epicentro de la efeméride en 1908, Zaragoza, capital de Aragón, volcada en la memoria de los dos sitios a que la habían sometido las tropas de Napoleón. Su resistencia al invasor y su sacrificio por la patria se hallaban a la altura de los mejores momentos de la historia de España. Un gobierno del partido liberal, mucho más comprometido con las celebraciones que el conservador, decidió en 1906 subvencionar con generosidad los fastos de Zaragoza, que fueron los más aparatosos del centenario. En ellos pugnaron nacionalismo católico y nacionalismo liberal. El primero enarbolaba el culto a la virgen del Pilar, que según la leyenda había ayudado a los sitiados. La Iglesia orquestó rituales y recibió en su santuario peregrinaciones diversas, entre ellas una hispanoamericana que unía el fervor mariano con la dimensión transatlántica de la identidad española, pues el 12 de octubre coincidían la fiesta de la virgen y el aniversario del descubrimiento de América. El segundo contaba con el respaldo oficial y subrayó, a través de un amplio programa monumental, el papel del pueblo, representado por el heroísmo de sus hijos, en los hechos conmemorados. El gran monumento a los Sitios, en el que el torbellino popular ascendía hasta la figura de la patria doliente, consagraba esta interpretación. Para los españolistas, el ejemplo de los héroes y heroínas zaragozanos infundía esperanza a una nación ansiosa por regenerarse; y podía valer como arma política contra los catalanistas, representantes de un regionalismo *malo* al que cabía contraponer el *bueno* de los patriotas aragoneses.

Es más, este nacionalismo retrospectivo estuvo acompañado en Zaragoza por un nacionalismo prospectivo, deseoso de impulsar la modernización del país en tiempos en que ésta se asociaba con el desarrollo económico sustentado por la aplicación de los avances científicos a la economía. En consonancia con los modelos europeos y americanos, los progresistas zaragozanos, monárquicos y republicanos, impulsaron una exposición de artes e industrias. Y trataron de vencer la francofobia conservadora, que atacaba a Francia no sólo como antiguo enemigo militar sino también como encarnación del laicismo revolucionario, y de sustituirla por una francofilia europeísta. El resultado fue la Exposición Hispano-Francesa de 1908, que permitió la apertura del ensanche urbano y desplegó, a través de muestras especializadas y numerosos congresos, los tesoros artísticos españoles y los progresos técnicos en la industria y en la agricultura. Algo así como un inventario nacional de las fuerzas disponibles para hacer nuevamente de España una potencia europea. El centenario zaragozano se vio respaldado por un gran éxito entre el público, que disfrutó masivamente de funciones teatrales, ceremonias, desfiles, exhibiciones de fuegos artificiales y todos los atractivos de la exposición, en una urbe llena de banderas nacionales y música patriótica. La misma experiencia nacionalizadora que se repitió a menor escala en otros lugares, donde el españolismo se fortalecía por medio de la promoción del orgullo local.

Las diferencias entre católicos y liberales sí afectaron a otro episodio sobresaliente del centenario, el de las Cortes de Cádiz, sobre el que no había un mínimo consenso. Esta vez hubo pleno apoyo del gobierno, el del liberal José Canalejas, y, aunque el impulso provino también de las fuerzas locales, la dirección recayó en las instituciones estatales, como el parlamento, que patrocinó y declaró día de fiesta nacional el aniversario de la primera reunión de las Cortes en septiembre de 1910, en la localidad gaditana de San Fernando, donde se asoció la lucha por la independencia con los orígenes del parlamentarismo moderno. Las fiestas principales tuvieron lugar en la ciudad de Cádiz en octubre de 1912, con un calendario que reunía eventos militares, procesiones y veladas cívicas, manifestaciones escolares y todo tipo de diversiones, con deportes, bailes y corridas de toros. Se fundaron museos y se puso la primera piedra de un gran monumento a las Cortes, Constitución y Sitio de Cádiz. Sin embargo, no sólo la oposición de la Iglesia complicó las cosas: las ausencias del rey, por la muerte de su hermana, y de buena parte del gobierno, a causa de una huelga general ferroviaria, deslucieron el acontecimiento. Su dimensión más exitosa fue la hispanoamericanista, que subrayaba la participación de diputados americanos en los debates de las Cortes que dieron a luz la Constitución de 1812, cuyo artículo 1 decía que "La Nación española es la reunión de todos los españoles de ambos hemisferios". Se movilizaron con especial intensidad las asociaciones de los emigrantes españoles en toda América, empeñados en tareas nacionalistas, y acudieron delegaciones extranjeras que buscaban el estrechamiento de lazos entre España y sus *hijas* del otro lado del océano. En conjunto, las conmemoraciones de la Guerra de la Independencia reflejaron bien la situación del nacionalismo español en la etapa regeneracionista: muy activo, dividido en varias tendencias, arraigado en lo local y proyectado hacia América.

Cervantes

El segundo gran mito ensalzado por las conmemoraciones españolistas de comienzos del siglo XX fue el de Miguel de Cervantes, coronado en esta época como escritor nacional, un caso paralelo al de otros escritores como Schiller en Alemania, Shakespeare en Inglaterra, Molière o Michelet en Francia, Camoens en Portugal y Dante en Italia. El momento más señalado, que redondeó la nacionalización de Cervantes emprendida ya en el XVIII, llegó con el tercer centenario de la publicación de la primera parte del *Quijote*, en mayo de 1905, cuando el país entero homenajeó al genio y a su obra. Hubo pocas disidencias de relieve, aunque los medios catalanistas rechazaron los festejos, bien porque consideraran a don Quijote un símbolo castellano, y por tanto ajeno a Cataluña, o bien porque les molestase el modo en que lo utilizaba el nacionalismo español. Casi todas las capitales de provincia y muchos pueblos se asociaron a la celebración, procurando vincular sus respectivas localidades con la vida de Cervantes, con cualquiera de sus escritos o con las peripecias quijotescas. El localismo enraizaba siempre en España el sentimiento nacional.

Las formas conmemorativas se repitieron en numerosos lugares bajo el patrocinio no sólo de los gobernantes sino también de instituciones educativas y de toda clase de sociedades y círculos culturales, como asociaciones de maestros, casinos recreativos y ateneos. En el terreno político, participaron desde los tradicionalistas de extrema derecha hasta la izquierda republicana. Abundaron los certámenes académicos y literarios, con lecturas o representaciones teatrales de fragmentos del *Quijote*, concursos para premiar trabajos de escolares y aficionados y un sinfín de conferencias a cargo de eruditos, profesores, clérigos y hasta militares. Se cantaron himnos a Cervantes, se bautizaron calles con su nombre y se esculpieron varios monumentos o lápidas para fijar su memoria en la geografía urbana. Se organizaron asimismo exequias fúnebres, exposiciones cervantinas, cabalgatas históricas con escenas de la novela, fiestas aristocráticas y diversiones populares. Pero el acto principal solía consistir en una procesión cívica con presencia de todo aquel que significaba algo en la vida local, de las autoridades a las corporaciones profesionales y los estudiantes. Tras recorrer el centro de las ciudades, estos desfiles desembocaban en algún sitio señalado donde se depositaban coronas de flores ante la efigie de Cervantes. En Madrid la presidió el rey. La comunidad nacional, unánime, se ponía a los pies del *príncipe de los ingenios*.

El centenario asistió a la proliferación de ediciones del *Quijote*, fueran lujosas o baratas. Hubo también oportunidad para expresar las más variadas interpretaciones acerca del libro y del personaje, desde el Quijote conservador y católico, adalid de la tradición, hasta el nietzscheano, el superhombre voluntarioso de los escritores jóvenes. Quedó pues de manifiesto el carácter polivalente del mito, imprescindible a la hora de asegurar su pervivencia. Por encima de todo, hubo ciertos mensajes nacionalistas que afloraron en el grueso de las intervenciones. Y es que el *Quijote* era un libro sagrado, algo así como la Biblia o el poema nacional, donde mejor se representaba el alma de España, el *Volksgeist* español. Porque reflejaba de manera insuperable la sociedad de su época, la de su mayor esplendor político y cultural, y señalaba tanto los vicios y las virtudes esenciales de los españoles como su hidalguía o nobleza, que buscaba incansablemente el ideal ascético y amaba la justicia.

En una época donde era corriente creer en la existencia de caracteres nacionales, la mayor parte de los opinantes compartía estos juicios.

Más aun, la novela de Cervantes resultaba admirable porque constituía la principal aportación española a la humanidad, la que en todas partes se identificaba con España y se reconocía como un gran logro. Era la mejor expresión escrita de la lengua castellana, que los nacionalistas españoles, en sintonía con otros nacionalismos culturales de finales del siglo XIX e inicios del XX, consideraban la encarnación del espíritu nacional. Se trataba de la lengua oficial del Estado y su exaltación coincidía con las visiones que convertían a Castilla en núcleo fundacional y eje de la nación, muy presentes en las generaciones intelectuales de 1898 y 1914. El valor de la lengua, hablada por setenta millones de personas, servía también para compensar la reciente pérdida del imperio colonial, pues si en tiempos del *Quijote* no se ponía el sol en los dominios de la monarquía española, aún se escuchaba su idioma en dos continentes. *"Perdió España sus Indias, mejor dicho, sus Españas Occidentales. Pero le queda el QUIJOTE"*, decía Mariano de Cavia, un periodista liberal que impulsó la conmemoración.[3] Cervantes, que no había puesto un pie en América, se erigió así en nexo de unión entre los países hispanohablantes. En definitiva, su persona y su obra se tenían por fuentes de inspiración en la ardua tarea de regenerar España: por el ejemplo moral del escritor, patriota y soldado en las guerras contra los turcos; y por el idealismo de su personaje, que había que recuperar a toda costa para insuflar ánimos a la patria deprimida. El cómico don Quijote, un loco del que sus paisanos se burlaban, se transformó en un héroe nacional porque los regeneracionistas estaban dispuestos a extraer del quijotismo valores positivos para su época. En su opinión, el pueblo que había producido esta joya de la literatura no podía perecer.

La conmemoración de 1905, que pareció escasa a los más entusiastas, dejó pendientes tareas para las cuales se encontró otra ocasión destinada a superarla: el tercer centenario de la muerte de Cervantes en 1916. La más ambiciosa de esas tareas consistía en levantar un gran monumento, por suscripción voluntaria entre españoles e hispanoamericanos, que acabaría ubicándose en una enorme plaza de Madrid denominada, para que no hubiera dudas, plaza de España. En vísperas del centenario de 1916 se escogió el

---

3. De Cavia, Mariano, "El centenario del 'Quijote'", en *El Imparcial*, 2 de diciembre de 1903.

proyecto que debía plasmar la asociación entre el escritor, la lengua y el alma de la raza: un retrato de Cervantes, idealizado como un caballero pintado por El Greco y rodeado por sus creaciones literarias y la fuente del idioma. Los festejos previstos, de mayor envergadura que los de 1905, se suspendieron porque no resultaban adecuados en mitad de la guerra europea y el monumento tardó décadas en terminarse. Pero el segundo centenario cervantino dio otros frutos, como la fundación del Instituto Cervantes para escritores y artistas desvalidos, o la apertura en Valladolid de la Casa de Cervantes, que recreaba la época en que el novelista había vivido allí y aspiraba a convertirse en un centro de estudios cervantistas. El museo, financiado por el propio rey Alfonso XIII, formaba parte de un amplio programa de fomento del turismo basado en la creación de instituciones que mostraran, con fines educativos y nacionalizadores, los ambientes que habían acogido a las glorias patrias.

Por último, desde el cambio de siglo se multiplicaron los planes para hacer de *Don Quijote de la Mancha* una herramienta de nacionalización de los españoles a través de su empleo en la enseñanza. Los niños debían aprender en él los mejores valores nacionales –hidalguía, honor– y sentirse partícipes de su grandeza. Ya los números del centenario de 1905 estuvieron marcados por el protagonismo de los estudiantes, mientras las escuelas inauguradas recibieron el nombre de Cervantes. En el de 1916, el único acto que se salvó fue un desfile de escolares. El objetivo más claro de las fuerzas nacionalizadoras, entre las cuales sobresalieron varios políticos del partido liberal, exigía la obligatoriedad del *Quijote* como lectura escolar. Así pues, los ministros liberales promulgaron diversas disposiciones legales para conseguirlo, hasta que en 1920 se estableció que el maestro dedicara a leerlo el primer cuarto de hora de cada jornada. No escasearon los debates sobre el particular, pues muchos pedagogos consideraban inadecuada esta fórmula y algunos católicos temían por la educación moral de la infancia. Pero las ediciones infantiles del *Quijote*, emblema indiscutible de España y lo español, terminaron por imponerse en las aulas.

El hispanoamericanismo

Tanto el centenario de las Cortes de Cádiz como los de Cervantes mostraron la fuerte propensión del nacionalismo regeneracionista a enfatizar la vertiente hispanoamericana de la identidad española.

Las heridas abiertas por el *desastre* del 98 exigían una reparación que los españolistas encontraron en América: esa era –opinaba el historiador Rafael Altamira– *"la última carta que nos queda por jugar en la dudosa partida de nuestro porvenir como grupo humano"*.[4] Si España había sido reducida a un papel insignificante en la arena internacional, si ya no contaba en absoluto entre las potencias, podía recuperar un lugar en el mundo, siquiera secundario, al ponerse a la cabeza no ya de un verdadero imperio, sino de una comunidad cultural. Esa comunidad, llamada *la raza*, estaba compuesta por las repúblicas hispanoamericanas y por su madre patria, y se caracterizaba por su civilización, por una manera común de ver el mundo y comportarse que contrastaba con la de sus contrarios anglosajones, personalizados en los Estados Unidos que habían vencido a España y querían dominar a sus hijas. El hidalgo del sur, espiritual y desprendido, frente al vulgar materialista del norte. También en este caso había varias versiones del discurso: una liberal, que subrayaba el peso de la lengua común y se concentraba en fines prácticos para mirar al futuro; y otra conservadora, retrospectiva y retórica, ensimismada en el recuerdo de la epopeya colonizadora y de la evangelización de las Indias. Pero las divergencias entre ellas aún no eran muy grandes y todos sus partidarios compartían la fe en la existencia de la raza, que veían como una especie de super-España, una patria ensanchada de doce millones de kilómetros cuadrados.

El hispanoamericanismo progresó de abajo hacia arriba. Su motor principal fue un movimiento asociativo que abarcaba distintos intereses y regiones españolas: desde la Unión Ibero-Americana, con sede en Madrid y estrechos lazos con los partidos gubernamentales; hasta los medios catalanes que desembocaron en la creación de la Casa de América de Barcelona, núcleo de una extensa red comercial; pasando por instituciones asentadas en ciudades mercantiles con conexiones americanas, como Huelva, Cádiz o Bilbao. Animaban su expansión la actitud favorable de muchos gobiernos americanos y de los intelectuales de ambas orillas del Océano Atlántico, que viajaron de un continente a otro para inspirarse y explorar las inmensas posibilidades de la comunión hispánica. Y también otro actor inesperado: las nutridas colonias de emigrantes españoles en América, que se preocupaban por alcanzar dos metas complementarias: garantizar su cohesión interna, amenazada por fracturas

---

4.   Altamira, Rafael, *España en América*, Valencia, F. Sempere y Cía s.a., 1909, p. 39.

políticas y regionales; y ganar visibilidad e influencia política tanto en las sociedades de acogida como en la misma España. Las fuerzas del hispanoamericanismo no dejaron de crecer.

Así pues, las conmemoraciones americanistas adquirieron dimensiones notables. Ya se había celebrado el cuarto centenario del descubrimiento de América en 1892, con fiestas oficiales bastante lucidas. Pero fue tras la derrota ultramarina de 1898 cuando los contactos y proyectos se multiplicaron, ahora con el imperativo de la regeneración nacional. La oportunidad para consolidarlos surgió con el primer centenario de las independencias de Argentina, México y Chile en 1910. No dejaba de ser paradójico que la antigua metrópoli celebrase la revuelta de sus colonias, pero los españolistas no se arredraron ante esa dificultad sino que adoptaron una estrategia sorprendente: españolizar la emancipación. Las guerras entre realistas y criollos se narraban como guerras civiles, e incluso se hacía de los libertadores los auténticos españoles, herederos de los conquistadores del siglo XVI por su valor, su audacia y su entrega a una causa justa. No en vano, algunos de ellos habían luchado también en la Península Ibérica frente a Napoleón. Además, desde el punto de vista liberal se añadía otro argumento: los rebeldes americanos se habían rebelado no contra España sino contra la monarquía absoluta, igual que sus correligionarios europeos. De modo que lo ocurrido cien años antes se echaba al olvido, se perdonaba en pro de una reconciliación total entre los retoños emancipados y la madre, orgullosa del progreso que habían alcanzado por sí solos.

Cuando llegaron los centenarios, las asociaciones hispanoamericanistas organizaron múltiples actos en España, como homenajes a escritores de ultramar o banquetes presididos por los cónsules, y la prensa se empapó de españolismo. La invitación de los gobiernos americanos condujo al envío de misiones oficiales españolas del máximo nivel, algo útil con vistas a promover relaciones y negocios internacionales. Los diplomáticos soñaban incluso con una nueva hegemonía española sobre aquel continente. La más importante de esas delegaciones, que acudió a Buenos Aires en mayo de 1910, estaba encabezada por la infanta Isabel de Borbón, tía del rey, y obtuvo un rotundo triunfo que hinchó el orgullo nacional. No sólo fue una de las protagonistas de los festejos, sino que además se convirtió en la imagen perfecta de la vieja madre patria, dispuesta a asistir a la mayoría de edad de su hija predilecta, Argentina. Las que viajaron a México y a Chile siguieron su estela en un tono menor. Y todas debieron una parte de sus éxitos al trabajo de los emigrantes

españoles, deseosos de marcar distancias con las colectividades
rivales. Así, reivindicaron su papel privilegiado como descendientes
de quienes habían proporcionado su identidad a los hispanoamericanos y como emprendedores, miembros ejemplares de la raza.
Orquestaron bailes, banquetes, funciones teatrales, suscripciones
para monumentos y demostraciones de fuerza como el desfile ma-
sivo de sus sociedades ante la infanta. Y junto a la representación
de la España histórica promovieron la de la España nueva y en vías
de regeneración, anunciada por la intelectualidad y plasmada en
exposiciones donde se desplegaron tanto instalaciones industriales como muestras de artes decorativas y de pinturas y esculturas
contemporáneas de primera calidad.

La fiebre del americanismo no tuvo muchos efectos prácticos en
el campo económico o en el de la política internacional. Pero sirvió
para construir, actualizar y difundir un imaginario español en el que
América representaba funciones esenciales, como la de dar a España
una categoría simbólica insuperable. Hasta el punto de proporcionar
al Estado español su fiesta nacional permanente, el 12 de octubre,
que primero fue celebrada por los círculos hispanoamericanistas y
por algunos municipios, luego institucionalizada por varios países
americanos y por último establecida como Fiesta de la Raza por el
gobierno multipartidista que presidió el conservador Antonio Maura
en 1918. Una festividad nacionalista en mitad de un calendario que
hasta entonces pautaban las efemérides religiosas y dinásticas. El
12 de octubre conmemoraba el descubrimiento de América por
Cristóbal Colón, y con él la misión histórica más impresionante de
las llevadas a cabo por los españoles, aunque sus connotaciones
remitían asimismo a la unidad nacional, conseguida también en
1492, y a la popularidad de la virgen del Pilar, protectora de la lucha
por la independencia en 1808. Cambiando de nombre cada cierto
tiempo (Fiesta de la Raza, Día de la Hispanidad, Fiesta Nacional de
España), esta efeméride ha persistido a través de todos los vaivenes
políticos del siglo XX, lo cual da idea de la enorme importancia de
América en la identidad española.

Conclusiones

El estudio de estas conmemoraciones permite avanzar en la
caracterización del nacionalismo español y de los procesos de
nacionalización en la España de comienzos del siglo XX, e intro-

ducir algunas matizaciones significativas en las interpretaciones habituales acerca de los mismos. Esta época, marcada por los afanes regeneracionistas, se distinguió por la sobreabundancia de eventos conmemorativos. En ellos puede comprobarse el carácter relativamente secundario de las políticas impulsadas por los gobiernos nacionales, que casi siempre fueron por detrás de las iniciativas de otros, aunque acabaran por asumirlas y ponerlas en práctica. Una actitud tras la que se detecta la preferencia de los gobernantes conservadores y liberales por secundar los proyectos de los particulares, así como sus recelos a la hora de imponer las acciones del Estado, en claro contraste con la actitud de las dictaduras posteriores. Por otro lado, en aquellos festejos se manifiesta con claridad la implicación en las tareas nacionalistas de un gran número de actores políticos, intelectuales, asociaciones –culturales, recreativas, comerciales– y, de un modo sobresaliente, de instituciones y fuerzas vivas locales. Rasgos que alejan al nacionalismo español de un paradigma centralizado a la francesa pero en cambio lo aproxima a otros modelos como el británico. De hecho, podría afirmarse que las conmemoraciones que cosecharon mayores éxitos fueron aquéllas que tenían fuertes raíces municipales, lo que denota no la falta de vigor del nacionalismo español sino todo lo contrario. A ese nivel se aglutinaban energías y se obtenían unanimidades, la identidad local se constituía en núcleo de la nacional y en el cauce que permitía acceder y adherirse a ella. Algo en absoluto excepcional en Europa, puesto que se repetía, por ejemplo, en la Alemania de la *Heimat* y hasta en la Francia de *les petites patries*.

Cabe decir asimismo que, hasta donde puede saberse, estas celebraciones disfrutaron de una amplia difusión y de una gran participación popular, sobre todo las de la Guerra de la Independencia y el centenario del *Quijote*. El entusiasmo del público desbordaba a menudo las previsiones de los organizadores, lo cual habla de la penetración de los mitos nacionales en la población, aunque determinar su alcance exigiría investigaciones más profundas. En relación con este éxito adquirió también un relieve destacado la participación de la corona, pues Alfonso XIII y otros miembros de la familia real, como la infanta Isabel, se implicaron de un modo decisivo en los programas conmemorativos. Como en otros países, de Gran Bretaña a Holanda y de Alemania a Italia, la monarquía se convirtió en esta época en uno de los ejes de las manifestaciones nacionalistas e, imbuida en España del singular espíritu del regeneracionismo, en un agente activo de nacionalización.

Una de las peculiaridades del caso español se hallaba, desde luego, en la contestación que despertaron las fiestas españolistas en las filas de los otros nacionalismos peninsulares, sobre todo en las catalanistas, que compitieron con sus propias conmemoraciones. Por ejemplo, frente al primer centenario del levantamiento contra Napoleón propusieron el séptimo del nacimiento del rey aragonés Jaime I el Conquistador, calificado de padre de la patria catalana. Lo curioso es que esa postura crítica no existió en las movilizaciones hispanoamericanistas, en las que el catalanismo colaboró con bastante asiduidad porque detectaba en el horizonte transatlántico la ocasión de crear una comunidad internacional en la que cupieran sus aspiraciones autonómicas. En cualquier caso, los conflictos conmemorativos, en las fiestas cervantinas o en las antinapoleónicas, pueden confirmar que una porción significativa de la sociedad catalana no compartía ya a comienzos del siglo XX los mitos españolistas y, en buena medida, se había desprendido de la identidad común española.

En las conmemoraciones promovidas entonces se volcaron y pugnaron dos variantes fundamentales del nacionalismo español, la liberal –monárquica o republicana– y la católico-conservadora. Hasta los años de la Gran Guerra predominó la primera, que favorecieron los gobiernos del partido liberal e impregnó la exaltación de los héroes populares de la Guerra de la Independencia, un hispanoamericanismo proyectivo y la búsqueda del alma nacional en la *lengua de Cervantes*. Más tarde acabaría venciendo en esta lucha el españolismo católico, ideología oficial de los regímenes autoritarios a lo largo del Novecientos. De todos modos, y como certificaron los fastos conmemorativos, ambos discursos compartían bases comunes, las suficientes para no romper en la mayoría de los eventos la unidad de un regeneracionismo proteico, potente en su afirmación ante el órdago catalanista y capaz de aglutinar esfuerzos promovidos por las instancias más variadas, desde el ejército y la Iglesia hasta la prensa y las élites provincianas. Los mitos nacionales constituidos o renovados en aquellos tiempos de regeneración han sobrevivido con buena salud hasta la actualidad, como demuestran no sólo la fiesta nacional del 12 de octubre sino también el quinto centenario del descubrimiento de América en 1992 o los recientes centenarios del *Quijote* y la Guerra de la Independencia. El nacionalismo español podía ser conflictivo y problemático, pero no débil.

Color, materia y memoria en el patrimonio cultural andino[1]

Gabriela Siracusano
(IIPC-UNSAM/CONICET)

> *"Y viniendo así, dicen que [Manco Capac] llegó al dicho cerro más alto de todo aquel lugar, y en donde, junto del dicho Apomanco Capac, se levantó un arco del cielo muy hermoso, de todos colores, y sobre el arco apareció otro arco, de modo que el dicho Apomanco Capac se vió en medio del arco, y lo había dicho: '¡buena señal, buena señal tenemos!' (...)"*
> *Juan de Santa Cruz Pachacuti Yamqui Salcamaygua*[2]

Cuando reflexionamos acerca del color en las culturas y en la historia, no podemos evitar introducirnos en un universo inmenso de prácticas, conocimientos y creencias que, definitivamente, exceden los límites del término. Explicaciones científicas sobre su condición física y química, testimonios acerca de los métodos de extracción de sustancias, intervenciones económicas y políticas en su producción y distribución, demandas sociales que vinculan a los materiales artísticos con la organización de tareas manuales en los talleres y obradores, experimentación y creatividad en antiguas recetas, el peso de convenciones religiosas para la coloración de ciertas iconografías, pigmentos y tintes onerosos que funcionaron como elementos metonímicos para la expresión de poder, sentidos herméticos y alquímicos, o la facultad de muchos de ellos para la curación del cuerpo. Todos estos elementos han intervenido en la tradición occidental europea. De la misma manera, en el horizonte cultural hispanoamericano de los siglos XVI a XVIII,

---

1. Una versión ampliada de este artículo fue presentada y publicada en las VI Jornadas de Historia del Arte organizadas por la Universidad Adolfo Ibañez, Valparaíso, agosto de 2008.
2. De Santa Cruz Pachacuti Yamqui Salcamaygua, Juan, *Relación de las antigüedades deste Reyno del Piru*. México, FCE, 1995 [c. 1630], p. 214.

estas prácticas se hallan articuladas con los objetos que exigieron color en sus superficies, objetos que hoy forman parte de nuestro patrimonio artístico tangible.

Ahora bien, ¿es posible definir estas antiguas presencias del universo del color en términos de una persistencia mnémica? Si el poder evocador de las imágenes entendidas como simulacros nos conduce hacia un universo extenso pero finito de imágenes mentales preservadas en la memoria, ¿es posible rastrear esas huellas indelebles de ideas, creencias y sentimientos en las entrañas de la materia cromática?

En esta oportunidad, quisiera discurrir en torno a las maneras en que una iconografía particular sirve como ejemplo para sintetizar los modos en que diversas acciones de transferencia, apropiación y resignificación referidas al color pudieron activarse en este territorio. Me refiero al arco iris y su presencia en los Andes. El arco iris habría presentado –para el horizonte cultural andino– cualidades contradictorias que lo asociaban tanto a su origen solar como a las fuerzas misteriosas y peligrosas de las profundidades de la tierra, esto último ligado a la permanencia de cultos ancestrales y anteriores al régimen incaico. La presencia de luz y sombra a partir de sus escalas cromáticas, en las que el pasaje sin quiebres de un tono puro y brillante a otro permitía asimismo conservar la identidad de cada color, nos enfrenta a lo que puede haber sido el modelo más perfecto –y, tal vez, el más temido– de belleza en este horizonte cultural. Considerado según las fuentes como huaca, ligado a los metales y piedras preciosas de las minas, a los colores confusos e imprecisos del crepúsculo y del amanecer, a las serpientes y ojos de los felinos, a los pozos de aguas de colores y a las telas tornasoladas, el arco iris se presenta como un elemento cuyas alusiones merecen ser tomadas en cuenta para posibles proyecciones respecto de su importancia en el universo colorístico andino.[3] Frente a un pasado mítico en el cual los fenómenos de una naturaleza destructiva,

---

3.   La permanencia de esta imagen en los unkus y keros durante la colonia ha sido estudiada de manera exhaustiva por Tom Cummins, aportando una mirada inserta en los sistemas de negociación entre indígenas y españoles. Cfr. Cummins, Thomas, "Let me see! Reading is for them: Colonial Andean images and objects 'como es costumbre tener los caciques Señores'", en Hill Boone, Elizabeth y Cummins, Thomas (ed.), *Native traditions in the Postconquest World*, Washington D.C, Dumbarton Oaks Research Library and Collection, 1998, pp. 130-140. Asimismo, para un estudio de la dinámica de las creaciones mestizas en Nueva España y la representación del arco iris, ver Gruzinsky, Serge, *La pensée metiss*, Paris, Fayard, 1999, pp. 206-224.

poderosa y temida –el rayo, los relámpagos, los amaneceres o crepúsculos– eran identificados con los colores indeterminados y borrosos o los misteriosos resplandores, la irrupción del culto solar incaico aportó la hegemonía de un cromatismo en el que el brillo y los colores definidos ayudaron a sostener y definir un nuevo orden social.[4] Así, la utilización de colores tales como el rojo, el verde o el azul, aparecen en textos, imágenes u objetos como propiedad identificatoria de la nobleza incaica o de ciertas deidades frente a los colores terrosos que señalaban la condición de los sectores dominados.[5] Colores teñidos frente a colores naturales establecieron los límites del orden y de las jerarquías. El mundo de lo pintado era patrimonio exclusivo del Inca. Fuentes como Guamán Poma, Garcilaso de la Vega, Santa Cruz Pachacuti o Blas Valera presentan indicios acerca de cómo esta "dominación" cromática involucró las vestimentas, los ritos y hasta las prácticas comerciales. En ellas se destaca siempre el carácter multicolor del *cumbi*, el tejido fino reservado a la indumentaria de la nobleza incaica, en oposición a los colores naturales de la ropa corriente, *auasca*, que vestían los indios conquistados. Estas diferencias se hallaban expresamente definidas en las ordenanzas de los incas.[6]

La crónica de Guamán Poma exhibe este cromatismo en las palabras con las que definió el tiempo de los Incas, con sus *llautos*, *unkus* y *maskaipachas* llenas de brillo y color, mientras se contrasta con otra crónica, la de Martín de Murúa, en la cual la galería de Incas aparece representada a color. La versión iconográfica que nos da Santa Cruz Pachacuti Yamqui de la imagen del universo mitológico andino en el templo de Coricancha –sin olvidar su aculturado cristianismo– muestra este vínculo entre el Creador, la primera

---

4. En este sentido coincidimos con la postura que presenta Sabine McCormack, al establecer una diferencia entre el culto oficial de los incas y las religiones andinas.

5. De todas formas, no debemos olvidar que espacios ceremoniales como las antiguas chullpas, junto con los keros, exhibían el uso de colores como el rojo, generalmente hecho a base de hematite, y el blanco. Ver Gisbert, Teresa, *El paraíso de los pájaros parlantes. La imagen del otro en la pintura andina*, La Paz, Plural editores, 1999, pp. 16-38.

6. De Santillán, Fernando, Valera, Blas y De Santa Cruz Pachacuti, Juan, *Tres relaciones de Antigüedades Peruanas*. Asunción, Guarania, 1950, pp. 182-183. "*Que cada uno se vista y adorne conforme a la cualidad que tiene, el plebeyo como plebeyo, y el noble como noble; y que ninguno se vista del género de ropa y traje y labor que visten los reyes, si no fuese hijo o hija o pariente del rey, o si no hubiere particular privilegio para ello*".

pareja, el sol, la luna, la pachamama y, por supuesto, el arco del cielo entre el sol y la tierra.[7] Garcilaso no dejó de exhibir su impronta en el escudo de armas de su estirpe. Asimismo, también reveló la persistencia de una sacralidad asentada en cultos andinos ancestrales, que lo asociaban con un pasado tenebroso al que se temía y se reverenciaba.[8]

De todas formas, la interpretación del arco iris como elemento de adoración y veneración ligado a lo temido parece haber captado un aspecto sin lugar a dudas unido a una ritualidad andina que lo apartaba del culto solar y lo aproximaba al resplandor de deidades como *Illapa*. Color, miedo, malos agüeros y enfermedades aparecen como constantes en esta presencia iridiscente del arco. Ahora bien, no debemos entender este rasgo temible y terrorífico, que tanto el culto oficial incaico como la posterior doctrina religiosa pretendieron usar para sus fines de dominación cultural, como la única identificación posible. Lo temido muchas veces esconde lo deseado y lo admirado, y ambas cualidades se imbrican en los terrenos de lo poderoso. El arco cromático del cielo, identificado sensible y materialmente en la tierra con piedras, tierras, plantas y animales cuyas esencias eran utilizadas para la curación, también parece haber guardado la facultad de provocar sanación o contrarrestar los malos agüeros. Las prácticas de curación por colores, también llamadas "curación por el arco iris", formaron parte de rituales en

---

7. De Santa Cruz Pachacuti Yamqui, Juan, "Relación de Antigüedades deste Reyno del Pirú", Biblioteca Nacional, Ms. 3169, fol. 145, en De Santillán, Valera y De Santa Cruz Pachacuti, *op. cit.*

8. "*(...) dedicaron al arco de cielo, porque alcanzaron que procedía del Sol, y por ende lo tomaron los reyes Incas por divisa y blasón, porque se jactaban de descender del Sol. Este aposento estaba todo guarnecido de oro. En un lienzo de él, sobre las planchas de oro, tenían pintado muy al natural el arco del cielo, tan grande, que tomaba de una pared a otra con todos sus colores al vivo. Llaman al arco cuichu, y, con tenerle en esta veneración, cuando le veían en el aire cerraban la boca y ponían la mano adelante porque decían que si le descubrían los dientes los gastaba y empobrecía. Esta simplicidad tenían, entre otras, sin dar razón para ello*". Ibidem, L.III, cap. XXI, p. 192. Todavía en 1723, fuentes francesas recuperaban esta visión de Garcilaso, cuando describían las formas idolátricas de los pueblos sojuzgados por los Incas. Cfr. Picard, Bernard, *Ceremonies et coutumes religieuses des Peuples idolatres. Representees par des Figures dessinees de la main de Bernard Picard: avec une Explication Historique, & quelques dissertations curieusses. Tome premier, premiere partie. Qui contient les Ceremonies Religieuses des Peuples des Indes Occidentales*, Amsterdam, Chez J.F. Bernard, MDCCXXIII (1723), cap. Religion des Peuples du Perou.

los que el paso de la enfermedad a la salud se realizaba con el uso de lanas de diferentes colores teñidos, conocidas como *p´ana* en lengua aymara.[9, 10]

Otras formas de curación parecen haber estado vinculadas con objetos rituales en los que los colores también jugaban un papel: las plumas de los guacamayos, tostadas y hechas polvo, granos de maíz, con sus variantes cromáticas (rojo, amarillo, blanco, negro), o las diversas piedras de color utilizadas como amuletos o uacanquis para la curación del cuerpo y el alma. El color –en su condición material en forma de polvos para ingerir o soplar, o en su carácter de presencia cromática mediadora para mirar, como los colores de los fenómenos naturales, o portar, como las piedras o los granos– parece haber constituido un elemento estructurante en la trama de las relaciones entre los cuerpos de los hombres y sus creencias en las sociedades andinas.[11]

Todo lo expuesto hasta aquí no nos habla de una presencia del arco iris en términos estrictamente figurativos sino de algo tal vez mucho más eficaz en clave visual que las sociedades andinas anteriores a la conquista supieron manejar: su lugar como signo desdoblado en múltiples índices cromáticos que aseguraban metonímicamente su presencia en todas las prácticas sociales a partir de un funcionamiento vital y mental eminentemente abstracto.

Llegados a este punto, podríamos preguntarnos cómo esta dimensión reflexiva y poderosa del color en los Andes pudo ser transferida e incorporada, si es que ello fue posible, en los nuevos relatos visuales demandados por la conquista y la evangelización.

---

9. Cfr. Cereceda, Verónica, "Aproximaciones a una estética andina. De la belleza al tinku", en Bouysse-Cassagne, Therese, Harris, Olivia, Platt, Tristan y Cereceda, Verónica, *Tres reflexiones sobre el pensamiento andino*, La Paz, Hisbol, 1987, pp. 187-211.

10. Asimismo, prácticas propiciatorias que se realizaban para la fertilidad de las tierras parecen también haber guardado relación con el poder de este "cordón cromático", tal como lo relata Cristóbal de Molina refiriéndose al *taqui* o baile *Yabaira* de la fiesta del *Muro Orco*. Las sensaciones visuales, síntomas de mal agüero, que evocaban los celajes del amanecer o el atardecer en los cuales miraban no sólo la cualidad del tiempo, sino también agüeros y adivinaciones, parecen haber tenido como consejo "*ver el arco iris, que había de haber calenturas*", en De Santillán, Valera y De Santa Cruz Pachacuti, *op. cit.*, p. 181.

11. Ver Siracusano, Gabriela, *El poder de los colores. De lo material a lo simbólico en las prácticas culturales andinas (s. XVI-XVIII)*, Buenos Aires, FCE, 2005.

¿Pudo el arco iris permanecer presente en estos relatos como un signo autónomo de poder, tan estrechamente ligado a la vida y la naturaleza andinas pero también tan enraizado en una manera abstracta de comprenderlas? ¿O acaso perdería esta cualidad en pos de comenzar a ser parte de una nueva experiencia de lo sagrado, profundamente hundida en una doctrina cristiana que utilizó los más variados recursos para separar el carácter "presentativo" que exhibía el sistema idolátrico, del "representativo" que pretendían esgrimir las imágenes del culto católico?

Algunas palabras e imágenes nos pueden acercar respuestas a estos interrogantes. Por un lado, el género de sermones representó un campo óptimo para ensayar nuevos significados para este elemento sagrado. Ellos pudieron, por ejemplo, apelar a un conocimiento cercano al discurso científico de manera de desacralizar el componente perturbador de creencias nativas, para introducirlo en el imaginario del sistema científico moderno, tal como el testimonio de Fernando de Avendaño a mitad del siglo XVII nos enseña:

> "El arco del cielo no es Dios, y para que sepas de la manera que se haze os lo quiero enseñar. Sabed hijos, que quando los Rayos del Sol, se entran en las nubes, que unas estan muy hinchadas, y otras mas sutiles, y delgadas, entonces estos rayos del Sol con su luz, que se embeve en las nubes, causan la variedad de los colores en el arco del cielo, y lo hazen tan hermoso como vemos".[12]

El arco iris y los colores asociados a él serían por lo tanto introducidos en un sistema narrativo figurativo que los ubicaba en un paisaje natural pero controlado, un paisaje que debía su belleza y armonía a la mano de Dios. Este sistema también invadió el espacio representacional de los objetos nativos como los keros, introduciendo el arco del cielo en ellos. La incorporación que sufrió el arco iris al relato visual figurativo no invalidó la posibilidad de convertirlo en un nuevo signo, un recurso sumamente eficaz para propósitos religiosos y políticos, como podemos advertir en otro sermón, predicado en Lima en 1644 por el Padre López de Aguilar:

> "Porque dize Ezechiel, que sobre la cabeza del triunfador vio el Arco Iris, como quando en la tempestad hermosea una nube.

---

12. De Avendaño, Fernando, *Sermones de los Misterios de Nuestra Santa Fe Catolica, en lengua castellana y la General del Inca. Impugnanse los errores particulares que los indios han tenido, Parte primera*, Lima, Jorge Lopez de Herrera, s.d. (manuscr. 1648), sermón V, <u>Quién es Dios</u>, p. 54.

(...). Que vio sobre el carro tendido como toldo el firmamento. (...). Que vio todas las ruedas del carro alrededor embutidas, y taraceadas de ojos. (...) Que significa el arco iris? Bonanza, serenidad y paz despues de la tormenta. Que significa el firmamento? Ya se entiende de su etimologia, firmeza y estabilidad. (...). Que significan tantos ojos? Esso sabido es, dize Geronymo, la divina providencia que hecha un Argos mira todas las cosas humanas. Pues, valgame Dios, si essas ruedas son la misma revolucion y estan embueltas en la tempestad, (...), como sobre la misma tempestuosa revolucion el arco Iris, que solo aparece en la serenidad y bonanca? Si estas ruedas son la misma volubilidad e inconstancia, como sobre ellas fixa la misma firmeza, y estabilidad el firmamento? Si estas ruedas van rodando, y dando tumbos hacia abajo, y dando de ojos por essos suelos, o cielos, (...) como en essas ruedas entonces hecha un Argos de ojos, y mas ojos la soberana providencia? Como? Pues es otro lo mysterioso todo de esse carro, dizen los doctissimos Prado, y Villalpando. Es que entre sus mismos enojos se acuerda Dios de sus misericordias. Porque? Porque en esse carro del Austro, y Austria triunfa, y ha de triunfar ultimamente la gloria de Dios (...)".[13]

La eficacia de esta acción, por medio de la cual el miedo ancestral era transferido a la experiencia del signo divino y regio, debía ser sostenida por imágenes de ira y castigo. Avendaño decía:

"Este Arco hijos, aunque es señal de la misericordia de Dios, tambien es señal de su justicia, porque nos acuerda del castigo conque castigó a los hombres, que fue el Dilubio, para que temamos, y temblemos de no enojarle, y de cometer pecados, y para que a él solo adoremos, y guardemos sus Santos Mandamientos".[14]

A lo largo del sur andino, esta empresa fue llevada a cabo gracias al surgimiento de una iconografía inserta en el corazón mismo de la narración cristiana: la de las Postrimerías o *Novissimi*. Desde muy temprano en el siglo XVII, las imágenes del Juicio Final se distribuyeron en las iglesias de los principales centros urbanos así como en las pequeñas capillas de los llamados "pueblos de indios" andinos. Estas pinturas sobre telas, tablas o muros –en su gran

---

13. Lopez de Aguilar, Gregorio, *Favores divinos en tiempo de guerra entre Christianos a la monarquia espaniola, y austriaca*, Lima, Joseph Contreras, 1644, p. 10.

14. De Avendaño, *op. cit.*, p. 54.

mayoría llevadas a cabo por pintores indígenas o mestizos bajo la comitencia de religiosos y curacas– desplegaban el arco del cielo dentro de un paisaje distinto. Situado como trono de Cristo, aparecía como parte de las narrativas religiosas del castigo y la salvación. Algunos ejemplos en el actual territorio boliviano, como Curahuara de Carangas en Oruro, Caquiaviri en La Paz, o aquel pintado por Melchor Pérez Holguín en Potosí, nos permiten apreciar la dimensión simbólica de esta revolución visual en términos cromáticos. Los colores brillantes, definidos y vibrantes ya no serían más propiedad indiscutida de las jerarquías incaicas. Ahora serían propiedad de un nuevo firmamento, pleno de ángeles, santos y el arco iris, el cual pasaría a ser un protagonista más pero no *el* protagonista. Tal vez esto alentó a José López de los Ríos, aquel que pintó esos lienzos inmensos en la iglesia de Carabuco a orillas del lago Titicaca, a llegar a eliminar el arco del cielo en su Juicio Final para establecer una clara división cromática entre Cielo e Infierno, con el uso de los más variados pigmentos. Polvos de colores que, como el arco iris, habían sido invitados especiales en las antiguas prácticas rituales y que ahora, llegados desde Castilla, debían "negociar" su lugar y función para lograr ser preservados en la memoria.[15]

A manera de cierre. Desde los años 1970, la bandera de los siete colores ha comenzado a flamear en las calles del Cuzco. Las discusiones y discrepancias respecto de su legitimidad como emblema del Tawantinsuyu han sido extensas. Sus defensores insistían en que ella es el símbolo de la andinidad y legado de los incas desde tiempos remotos. Sus detractores, entre los que se encontraba la historiadora María Rostorowski, advertían que jamás existió una bandera como tal con el arco iris en tiempos de los incas. Como consecuencia de este debate, la bandera con franjas multicolores sufrió modificaciones y hoy sus colores se muestran en mosaicos escalonados. Probablemente ninguna de ellas sea rastreable en los testimonios conservados en museos y colecciones. Sin embargo, esta última recupera algo de esa manera de presencia cromática mediadora y abstracta del color del arco iris en los Andes a la que he intentado acercarme en estos párrafos.

---

15. Siracusano, *op. cit.*, capítulo V.

Patrimonio y conmemoraciones durante el primer peronismo

Nora C. Pagano

(UBA-PIHA)

> *"Al entregar cada uno de ellos la vida por la comunidad, se hicieron merecedores de un elogio imperecedero y de la sepultura más ilustre. Esta, más que el lugar en que yacen sus cuerpos, es donde su fama reposa, para ser una y otra vez recordada, de palabra y de obra, en cada ocasión que se presente....Imitad a éstos ahora vosotros".*
> *Discurso Fúnebre* de Pericles (siglo V a.C).

> *"No habrá ni vencedores ni vencidos".*
> J de Urquiza (1852) - E. Lonardi (1955)

Este artículo tiene por objeto proporcionar elementos que permitan reflexionar sobre algunos aspectos de la administración de la memoria social durante el primer peronismo; particularmente nos referiremos a la línea patrimonial adoptada y a las conmemoraciones históricas. Respecto del primer punto, la indagación estará centrada en las declaratorias de la Comisión Nacional de Museos y de Monumentos y Lugares Históricos (CNMMyLH) referidas a los Sepulcros Históricos (SH); respecto del segundo, importa fundamentalmente dar cuenta de la celebración de los centenarios que tuvieron lugar por entonces.

Hipotizamos que ambos fenómenos ilustran al menos dos perspectivas diferenciadas: por un lado, la imposición procedente del Estado nacional –o de sus burocracias– visible en las declaratorias entre 1946 y 1955; por otro, las actitudes asumidas por parte de la sociedad a través de la celebración de los centenarios. En este último sentido, nos referimos a las conmemoraciones de Esteban Echeverría, del pronunciamiento de Justo José de Uruqiza (1951), de la batalla de Caseros (1952) y del combate de la Vuelta de Obigado (1953).

Proponemos entonces un ejercicio de correlaciones posibilitado en gran medida por la expansión que el territorio historiográfico ha observado en los últimos años. En un caso –el de las declaratorias– se trata de una mirada que se pretende más exhaustiva; en otro –el de las conmemoraciones–, se aspira a que éstas funcionen comparativamente respecto del primero.

Innovaciones y continuidades del primer peronismo. Algunos aspectos de la política cultural

Las transformaciones en la organización del gobierno y en la estructura estatal que se observan durante los años del primer peronismo se inscriben en el marco de un proceso más vasto. La voluntad política de ampliar la burocracia cultural y centralizar el sistema de enseñanza, se debía a una concepción generalizada imperante, cuya lógica reposaba en la intervención del Estado sobre el cuerpo social. En relación con ello, la iniciativa del Estado peronista de regular y legislar sobre la cultura se produjo a través de la creación de nuevas dependencias estatales. Tal avance del Estado en la gestión cultural comenzó en los tempranos años treinta; el Estado peronista continuó un proyecto que lo antecedía aunque la concepción oficial acerca del colectivo social sobre el cual debía operar resultara ostensiblemente distinta.

Así, el Estado incorporó una serie de dependencias para coordinar la administración de la cultura creando en febrero de 1948 la Subsecretaría de Cultura –luego Dirección de Cultura– e incrementó el gasto público en esa área. La fundación de tal subsecretaría se insertaba en una reforma burocrática en la que el peronismo apartó de la órbita del Ministerio de Justicia la política educativa y cultural al crear la Secretaría de Educación de la Nación y el Ministerio de Educación un año después.[1] El sistema resultante entrecruzó el nacionalismo católico, el higienismo, el "mejoramiento de la raza" y la educación moral basada en las "vidas ejemplares" o "arquetipos

---

1. Fiorucci, Flavia, "La administración cultural del peronismo. Políticas, intelectuales y estado", en *Working paper*, n° 20, Latin American Studies Center University of Maryland, College Park, 2007. La autora refiere la ley 13.529 del 7/7/1949; al aludir a las competencias de los ministerios recientemente creados, el artículo 16 en su inciso 9 de dicha ley, fijaba como atribución del ministro secretario de Educación el proceder al *"registro, conservación y defensa de la riqueza y valores históricos y artísticos. Institutos de carácter folklórico e histórico"*. Al frente de dicho ministerio fue nombrado Oscar Ivanissevich; a cargo de la Subsecretaría, Antonio Castro.

humanos". Asimismo convergieron en tal sistema las demandas de otros sectores como el ejército, la Iglesia católica, los trabajadores, socialistas, nacionalistas, conservadores, que apuntaron a la creación de un "Estado fuerte", es decir, un Estado interventor. Se trataba de organizar el idioma y la historia nacional a fin de que la cultura fuese un factor útil para la participación en la vida social y el mundo del trabajo.[2]

En este marco, la función de la Subsecretaría de Cultura consistía en la coordinación y gerencia de todas las dependencias culturales de la administración nacional: la Comisión de Bibliotecas Populares; el Teatro Cervantes; la Biblioteca Nacional; los Museos Nacionales; la Comisión de Cultura y la Comisión de Monumentos y Lugares Históricos.

CNMMyLH y los SH. Aspecto normativo

El 30 de septiembre de 1940 el Congreso Nacional sancionó la ley nacional 12.665 que consagró el surgimiento de la CNMMyLH; en ella no estaban incluidos los SH como categoría específica, presumiblemente subsumidos en la de monumento histórico (MH).

La índole del SH –ser "tumbas de próceres"– demandaba un tratamiento particular que recién será incorporado en el artículo 24 del decreto reglamentario 84005 de la ley 12.665. Tal decreto –que lleva fecha del 7 de febrero de 1941– se refería a los SH en los siguientes términos: "*La Comisión Nacional asesorará a los organismos de la Administración Pública, a la Iglesia católica y a los particulares que correspondiere, con respecto a los <u>sepulcros declarados históricos en virtud de los restos que guarden</u> y propondrá planes para su puesta en valor, conservación y custodia*" (subrayado nuestro).

El primer listado de SH emanado de la Comisión data del 28/9/1945, y fue firmado por R. Levene, R. Cárcano, G. Furlong y A. Imbert, agregándose al mismo un listado adicional. Las listas elevadas por la Comisión al Poder Ejecutivo fueron aprobadas y constituyeron la primera declaratoria del 31/1/1946 –o sea, antes de la asunción del peronismo–, mediante el decreto 3039 suscripto por Farrell. Allí no se usa la expresión SH sino MH, seguramente

---

2. Cammarota, Adrián, "El Ministerio de Educación durante el peronismo: ideología, centralización, burocratización y racionalización administrativa (1949-1955)", en *Revista de Educación Latinoamericana*, n° 15, Colombia, 2010.

por la existencia de cenotafios.[3] La mayoría estaban localizados en el Cementerio de la Recoleta; fuera del mismo se hallaban los sepulcros de Manuel Belgrano, José de San Martín y Bernardino Rivadavia. Genéricamente se trataba de personajes de las primeras décadas revolucionarias, ex presidentes, y dos mujeres (Remedios de Escalada y Mariquita Sánchez de Mendeville), quienes –como se ha dicho– remitían a la historia de la "Argentina fundacional".

Con la asunción del gobierno por parte de Perón el 4 de junio de 1946, la nueva conducción política resolvió la no publicación de la guía sobre SH –tal como se había resuelto y ya impreso la correspondiente a los monumentos– y fundamentalmente se aceptaron las renuncias presentadas por los miembros de la comisión con excepción del vocal Villegas Basavilbaso –quien fue designado a cargo de dicha comisión–, así como la sanción de una nueva declaratoria seguida por otra de octubre de 1946; allí se incluían centralmente las tumbas de sacerdotes católicos, militares y personalidades locales, con lo cual se concedía un amplio espacio a los panteones provinciales.[4]

En marzo de 1947 el nuevo Director de la CNMMyLH –Coronel Imbert– escribía al Ministro de Justicia e Instrucción Pública: *"La desintegración de la Comisión Nacional a mediados de 1946, ha paralizado la acción que venía cumpliendo. La revisión de los decretos declarando históricos a determinados sepulcros, la reglamentación de la ley para ajustarla a ésta y aun mismo la preparación de una nueva ley que suprima los defectos inconstitucionales o inoperantes de la ley 12.665 hacen imprescindible que se organice nuevamente la comisión con los miembros en número que determina la ley"*. Precisamente ese es el origen del decreto N° 34040 suscripto por Perón y Gaché Pirán del 3 de noviembre de 1947, que constituye un cambio normativo

---

3. El listado fue girado a la subcomisión interna de Monumentos y Lugares Históricos, con una acotación del vocal Villegas Basavilbaso en cuanto a tener *certeza de que existen las cenizas de esas personas*. La aclaración del jurista resulta pertinente por cuanto no habiendo restos sepultos, no puede hablarse de *"sepulcro"*, sino de *"cenotafio"*. Esta observación tomará, más tarde, condición jurídica en el Decreto N° 34040/47, al exigirse, para la declaratoria, la acreditación de la existencia *in situ* de los restos. De Masi, Oscar, *Sepulcros históricos nacionales*, Buenos Aires, Estylos, 2012.

4. Decretos funerarios 2236 del 4/7/1946 y del 2/10/1946, ambos firmados por el presidente Juan D. Perón.

importante;[5] el mismo fue producto de un pedido de la Comisión y reglamentaba el régimen de declaratoria de los SH.

Entre los aspectos más relevantes del mismo cabe mencionar la consideración y consiguiente denominación específica de SH (no de monumentos). En sus considerandos dice:

> "Que este requisito -decretar honores- se cumple por la Ley 12.665 sobre un amplio sector de personalidades y cosas del pasado argentino, cuya valoración requiere el cedazo del tiempo, para establecer con serenidad un juicio sobre el hecho histórico que da trascendencia social a la cosa inerte o reconocimiento venerable a la memoria de quienes pusieron su energía al servicio del país; Que para cumplir esos propósitos el Poder Ejecutivo debe limitar su acción dentro de un criterio legal restrictivo".

Por ello el Presidente decreta que la CNMMyLH *"sólo propondrá al Poder Ejecutivo para la declaración de sepulcros históricos, aquellos donde yacen personajes cuya muerte sea anterior a los cincuenta años de la declaración por la cual se honra su memoria"*.[6] (Subrayado nuestro).

El decreto enfatizaba las dimensiones memoriales de la muerte, pero eludía la disputa facciosa sobre hombres y hechos, al tiempo que establecía una distancia temporal considerada garante de mayor objetividad.

A mediados del año 1948 el ministro Oscar Ivanissevich y el secretario de Cultura A. P. Castro dieron inicio a una nueva etapa de la CNMMyLH.[7] Sus miembros –presididos por Eduardo Acevedo Díaz–, se desempeñaban como Directores del Museo Histórico

---

5. Se trata del mismo día en que se dio el decreto 34033 por el que se designaba sepulcro histórico la tumba de Cnel. de Marina F. Seguí en el Cementerio de la Recoleta. Con tal decreto se cierra el ciclo de declaratorias de los SH en calidad de monumentos históricos. Cfr. De Masi, *op. cit.*

6. Asimismo reza el decreto que *"en lo que se refiere a la buena conservación y cuidado de los sepulcros históricos, queda limitada a los sepulcros individuales dedicados exclusivamente a los restos del personaje, que ha querido honrarse con la declaración del Poder Ejecutivo, y, en ningún caso, a los sepulcros que hacen parte de panteones o bóvedas familiares"*. http://www.monumentosysitios.gov.ar/

7. Por decreto N° 17097 del 10 de junio de 1948, se designaba a Acevedo Díaz como presidente; y a Antonio Apraiz, Guillermo Aímo, Juan Angel Farini, Teniente Coronel Jose I. Iturralde, General de División Rodolfo Cita, Héctor Quezada, Enrique Udaondo, Capitán de Fragata J. Yaben y Juan Zocchi en calidad de vocales.

Nacional, del Museo Histórico Sarmiento, del Museo Mitre, del Archivo General de la Nación, del Museo de Bellas Artes, de la Biblioteca Nacional, del Museo Provincial de Luján y de la Dirección Nacional de Arquitectura. También se aseguraba la representación corporativa de las Fuerzas Armadas con la vocalía del Coronel José Ignacio Iturralde y el Capitán de Fragata (R) Jacinto Yaben. Como fuera señalado, la normalización del organismo practicada por el gobierno de Perón creaba un directorio con representaciones institucionales más que personales.[8]

Una de las iniciativas más notables de esta etapa fue la construcción de un Panteón Nacional. Acaso es posible encontrar en la concepción nietzscheana de "historia monumental" –la búsqueda en el pasado de modelos y maestros, el ejemplo y la grandeza de las glorias pasadas; para la cual "todo lo grande debe ser eterno"–, una de las motivaciones en que se basó la idea.[9]

Su relevancia explicaría el interés por erigirlo que la CNMMyLH exhibió mucho antes de esta iniciativa, cuando la Argentina del 30 –como dijo Svampa– "recordó el pasado antes que mirar el presente".[10] Durante el primer peronismo, la Comisión Nacional retomó el proyecto de construir un panteón probablemente porque la imagen del pasado/presente en él contenida poseía un fuerte poder de convencimiento acerca de su veracidad en momentos en los que era necesario generar consensos amplios.

En uno de los primeros planteamientos del proyecto –en 1949–, se partía de una precisión conceptual importante e indicadora de los nuevos tiempos: el panteón no ha de ser un *"monumento sepulcral sino un santuario de recordación"* a fin de sugerir *"el sentimiento de la gloria que al enaltecer a unos, <u>enaltece a todos</u>"*, lejos

---

8. De Masi, *op. cit.*

9. El proyecto de construir un panteón y su marcado interés por el mismo, viene de la primera época de la CNMMyLH cuando era presidida por Levene. Desde 1918 existía en Salta el *Panteón de las Glorias del Norte* que se encuentra dentro de la Catedral de Salta, en donde yacen los restos de personas destacadas localmente. Inaugurado el 20/10/1918 por el entonces Interventor Federal de Salta Manuel Carlés, para tal inauguración se contaba con los restos de Martín M. de Güemes y Rudecindo Alvarado. A ellos se sumó en 1934 Facundo de Zuviría.

10. Svampa, Maristella, *El dilema argentino: civilización o barbarie. De Sarmiento al revisionismo peronista*, Buenos Aires, El cielo por asalto, 1994.

de la impresión de la muerte que causa a la vista los sepulcros.[11] (Subrayado nuestro).

Dos años más tarde se vuelve sobre el tema a pesar de que a nivel legislativo el proyecto no había fructificado; la CNMMyLH se proponía ahora proporcionar un encuadre jurídico al futuro panteón. Así se declaraba que los deudos no son propietarios de los restos, el Estado asume en nombre de la comunidad y por encima de la familia, la tutela de la gloria del fallecido. Se disponía asimismo que el Poder Ejecutivo gestionara ante los gobiernos provinciales y los particulares, la entrega de restos con intervención de la Comisión Nacional; este organismo era el encargado de elaborar por primera y única vez la nómina de muertos ilustres que conformarían el Panteón. Se prohibía el traslado de restos yacentes en monumentos históricos de jurisdicción nacional pertenecientes a personalidades ilustres.

El listado elaborado por la comisión incluía a los hombres de la Revolución de Mayo, conductores militares, navales, civiles, religiosos, guerreros de la emancipación, de la guerra contra Brasil y del Paraguay, de la Conquista del Desierto, personalidades que influyeron en la Organización Nacional y en el desarrollo cultural (letras, ciencias, artes); la nómina resultante debía ser aprobada por ley nacional, los nombres debían estar visibles y suscitar el *"sentimiento de veneración"*.

Por lo demás, la autorización de la existencia de cenotafios permitía la alusión al personaje y aseguraba su representación, ya que la sepultura está también allí donde se hace memoria del difunto porque pone el ahí el *locus* como la cita para la presencia de la memoria.

Quedaba a cargo de la comisión la custodia y superintendencia del panteón, no pudiéndose integrar al mismo a aquellas personalidades que hayan fallecido hace menos de quince años. Finalmente se reiteraba que el panteón no debe tener carácter de tumba, para lo cual se disponía una localización y una arquitectura funcional a que fuera transitado.

Consecuentemente, el espacio delimitado del panteón tenía no sólo un sentido funcional sino que revestía dimensiones político/ jurídicas, cultural/simbólicas. Fundamentalmente alentaba la actividad de memorialización en un marco que eludiera los aspectos más tétricos de la muerte.

---

11. Boletín de la CNMMyLH, año XII, n° 12, 1949, cit. por De Masi, *op. cit.*

Cabe aclarar que el Panteón Nacional nunca pudo realizarse; más allá de la penurias financieras estatales, acaso no se llegó a consensos necesarios, acaso no hubo suficiente voluntad política para quebrarlos.

CNMMyLH y los SH. Interpretación

La política instrumentada por la CNMMyLH durante el primer peronismo sobre patrimonio histórico se basó centralmente sobre la declaración de SH; la mayor parte de las declaratorias de esos años se refieren a ellos.[12]

Decía Virgilio en la *Eneida*: "*...tu recuerdo vive en el sitio donde tus huesos duermen y, marcando, aquel sitio –si eso es gloria– un nombre tienen*". Es que la sepultura intenta mantener juntos el cuerpo y el recuerdo del muerto; por eso se los sepulta, para tener un lugar donde se pueda seguir juntando esos restos corpóreos y su identidad mediante el cuidado de ese sitio y de esos recuerdos. Por este procedimiento que combina ausencias y presencias –ciertamente paradójico–, los muertos quedan socialmente reintegrados y de ese modo se posibilita su retorno. El SH no es sólo la marca de lo que sucedió sino también de quienes lo recuerdan y conmemoran, por eso suelen ser lugares públicos, una resistencia al olvido, el hábito del recuerdo erigido y consolidado como lugar. De allí, asegura el filósofo, ya los griegos temían a la muerte insepulta.[13]

---

12. Las otras declaratorias de la CNMMyLH fueron: en 1948, MH la casa donde vivió Sarmiento en Buenos Aires; el Convento de los Recoletos Franciscanos; Convento e iglesia de San Francisco en Santiago del Estero. LH, el solar donde vivió y murió el Alte. Guillermo Brown; Vuelta de Rocha; Loreto Viejo, Reducción jesuítica y fortín en Santiago del Estero. En 1949, MH la columna que encierra los restos del Cnel. de Marina Juan B. Azopardo en San Nicolás. En 1950, SH el de Domingo de Oro en Baradero. En 1951, LH a la Primera Conscripción Argentina en Cura Malal; y Batán de Tejeda (Buenos Aires); Campo de San Lorenzo en Salta; Fuerte San Carlos en Mendoza; SH de P. Somellera en Buenos Aires. En 1952, LH Combate de los Potrerillos, Paso de la Cumbre y puente sobre el río Picheuta en Mendoza. En 1953, MH capilla jesuítica en Córdoba; Casa de Gobierno de Formosa; Catedral de Santiago del Estero. También hay algunas pocas declaratorias sobre árboles históricos.

13. Marín Pedreño, Higinio, "Muerte, memoria y olvido", en *Thémata. Revista de Filosofía*, n° 37, Sevilla, 2006.

Todo ello está presente en la declaratoria de los SH, ya que, como fuera dicho, la tumba es el monumento más primario, el monumento por excelencia, porque reúne el acontecimiento y la huella que lo ha fijado, los restos materiales y su evocación. En ese sentido ella fue concebida como la sede material de la memoria colectiva, su "soporte"; su objetivación permite las representaciones que crean una imagen del pasado y al mismo tiempo es el texto –uno de los textos privilegiados– de esa misma historia colectiva. Continuidad, identidad, valores; lazos que conectan a una comunidad con los antepasados, se trata de decidir lo que debe recordarse y, por tanto, patrimonializarse.

Acaso por eso la categoría de SH aparece ahora como diferenciada de aquella de "monumentos"; éstos pueden o no ser destruidos o reconstruidos, pero las tumbas poseen una particular capacidad evocativa porque apelan a la sensibilidad. Su connotación de verdad inapelable permite evocar un pasado en tanto artefacto privilegiado de las visiones canónicas y estáticas de la nación. Los SH poseen –al contrario de lo apuntado por J. Yong para los "antimonumentos"–, un carácter rotundo, categórico, casi autoritario; amonestan en voz alta, transmiten certezas, proclaman unilateralmente la memoria.[14]

La muerte y su uso con fines políticos, no fue –como puede apreciarse en uno de los epígrafes–, una innovación del siglo XX. En Argentina, la memoria histórica fue desplegada desde la historiografía; la estatuaria, la acuñación de monedas y de medallas, las nominaciones en el espacio público, la fijación de placas, la organización de la currícula escolar, entre otras; que fueron iniciativas tendientes a producir imágenes y palabras con contenido histórico y nacional. En tal proceso el rol del Estado fue fundamental; las declaraciones sobre SH y la construcción del futuro panteón nacional obedecen a esa perspectiva.

Los SH fueron protegidos en su materialidad y en su no materialidad porque tienen que ver con la memoria y con el relato; presuponen el relato previo y evocan la idea de tradición que reconoce a la nación como marco explicativo. Consecuentemente a través de las declaratorias de SH se busca reforzar la memoria

---

14. Young, James, *The texture of memory. Holocaust memorials and meaning*, New Haven, Londres, Yale University Press, 1993. Young se refiere a obras realizadas en el contexto de la memoria del Holocausto por artistas alemanes como Horst Hoheisel y Jochen Gertz, *Rituales tradicionales vinculados al culto a los muertos*. Cit. por Schindel, Estela, "Inscribir el pasado en el presente: memoria y espacio urbano", en *Política y Cultura*, México, n° 31, 2009.

social; de allí la intervención del Estado como garante de valores que aseguren la gobernabilidad más allá de su color político; desde ese punto de vista, se trata de un fenómeno ecuménico. Si por un lado el Estado nacional exhibió el posicionamiento oficial respecto de la trayectoria de esos "muertos ilustres", por otro demostró su capacidad de intervención y de penetración en la sociedad civil, marcando de tal modo su importancia política, ideológica y pública en la construcción simbólica que, liderada por el mismo Estado, apuntó a transmitir unidad e identificación nacional a través de los restos del "gran hombre".[15]

Se conservan y custodian aquellos bienes que inciden en la memoria social; su identificación e inscripción así como el señalamiento o marcación territorial de sitios y lugares históricos constituyen no sólo el modo de concebir tal memoria sino de narrar la historia oficial y plasmarla en el espacio público.

Los SH y el proyecto de Panteón Nacional fueron "lugares de memoria" en su doble sentido, físico y simbólico, en tanto sitios que condensan significaciones en torno a una política nacional –y oficial– de la memoria.

Si la idea consistió en homogeneizar el recuerdo, sus símbolos y sus momentos son presentados según un lenguaje normativo. Las disposiciones dictadas al respecto muestran que, desde esta perspectiva, resulta destacable el concepto de performatividad. La misma hace referencia a la capacidad de algunas expresiones de convertirse en acciones y transformar la realidad o el entorno; son un tipo de expresiones que más que describir o enunciar una situación, constituyen en sí mismas una acción. Austin llamó a dichas expresiones "performativas" ("realizativas") y señaló que verbos como "declarar" producían oraciones que, de por sí, eran ya una acción. Entonces, propone que las palabras son capaces de crear poder en el momento mismo de la enunciación. La performatividad remite de tal modo a procesos mediante los cuales se constituyen las

---

15. Gayol, Sandra, "La celebración de los grandes hombres: funerales gloriosos y carreras post mortem en Argentina", en *Quinto Sol*, vol. 16, n° 2. jul-dic. 2012. La autora sostiene que la capacidad política y la eficacia simbólica de los cuerpos muertos convertían a los "funerales de Estado" en un evento político, pero a la vez interpelaban el presente y especulaban sobre el futuro. Tal concepción es asimismo válida para los SH.

identidades y las realidades sociales; mediante el habla, se politiza la acción que no es política *per se*.[16]

Desde otro punto de vista, la declaración de SH implicaría una anulación de la distancia entre presente y pasado, lo que conlleva una concepción de una continuidad histórica, como antes se apuntara. Así, el concepto de Historia en tanto "*magistra vitae*" tiene varias derivas.

La "memoria" de los hechos pasados nos ayudaría a no repetir errores ya cometidos y también, eventualmente, a hallar ejemplos históricos a seguir en el presente. En este sentido este concepto retoma –aunque normalmente de un modo inconsciente–, el modelo ciceroniano de la *historia magistra vitae*. Este concepto trae implícito el supuesto de que la naturaleza humana es uniforme y constante a través del tiempo, y consiguientemente que las circunstancias en que los hombres despliegan su accionar –si bien no son estables históricamente–, resultan hasta cierto punto, asimilables. Implica por tanto la iterabilidad (repetición) de la conciencia histórica. El carácter ejemplar de los acontecimientos señala, en definitiva, el criterio último de su relevancia histórica, la condición del actuar históricamente".[17]

Conmemoraciones

Las fechas y los aniversarios constituyen coyunturas en que las memorias son producidas y activadas; son ocasiones públicas, espacios abiertos para expresar y actuar los diversos sentidos que se le otorga al pasado, reforzando algunos, ampliando y cambiando otros.[18]

Durante los años treinta y cuarenta tuvieron lugar por ejemplo el cincuentenario de ley 1.420 (1934), de la muerte de Sarmiento

---

16. Austin, John, *Cómo hacer cosas con palabras. (Palabras y acciones)*, Barcelona, Paidós, 1982. Se refiere a verbos tales como "*jurar*", "*declarar*", "*apostar*", "*legar*", "*bautizar*". Véase además: Butler, Judith, "Actos performativos y constitución de género: un ensayo sobre fenomenología y teoría feminista", en *Debate Feminista*, 1998.

17. Koselleck, Reinhart, *Futuro Pasado: para una semántica de los tiempos históricos*, Barcelona, Paidós, 1993. Palti, Elías, "Qué significa 'enseñar a pensar históricamente'", en *Clío & Asociados. La Historia Enseñada*, n° 5, 2000.

18. Jelin, Elizabeth (comp.), *Las conmemoraciones: las disputas en fechas infelices*, Madrid, Siglo XXI, 2002.

en Paraguay (1938), el centenario de la escritura del *Facundo* pero
también del fallecimiento de Bernardino Rivadavia (1945), y hasta
los cien años de la entrega a Rosas de la Suma del Poder Público
(1935). Si parte de la conmemoración rivadaviana contó con el
discurso del Rector de la Universidad de Buenos Aires –Dr. Horacio
Rivarola–, y con la disertación del Profesor Dr. Ricardo Levene, la
del centenario de la concesión de poderes extraordinarios a Rosas
motivará un ensayo histórico por parte de J. Irazusta.

Respecto de las conmemoraciones durante el primer peronismo,
las mismas fueron vistas por parte de la historiografía en el marco
de las vinculaciones entre éste y el revisionismo histórico;[19] sin
embargo creemos que ellas permiten iluminar aspectos diferen-
ciales de la memoria social en la medida en que contribuyen a la
adquisición de identidades, las celebraciones públicas comportan
una función política tanto interior como exterior de una sociedad.

Conmemorar es "hacer memoria" generalmente compartiendo
referencias comunes sea de acontecimientos, fechas o actores;
ellos sirven a los miembros de una comunidad para identificarse
–y al tiempo para distinguirse– de otros; instauran una forma de
encadenamiento entre el pasado que se quiere celebrar, el presente
que se vive y el futuro que se pretende.

En ese aspecto la conmemoración es parte del proceso de construcción de la memoria pero funciona sobre bases distintas con
relación al relato histórico.[20]

Las relaciones entre historiografía y peronismo pueden plan-
tearse en dos niveles: los vínculos entre éste y los historiadores,
y aquellos trazados con los relatos históricos procedentes de las
mitologías fundantes.[21] Es sabido que el primer peronismo no
alteró sustantivamente el relato histórico, ni sus grandes hombres
ni sus gestas; la política seguida en materia de declaración de SH
confirma en lo sustantivo tal verificación. Con los historiadores esas

---

19. Quattrocchi de Woisson, Diana, *Los males de la memoria*, Buenos Aires,
    Emecé, 1995; Stortini, Julio, "Historia y política. Producción y propaganda
    revisionista durante el primer peronismo", en *Prohistoria*, año VIII, n° 8,
    Rosario, 2004.

20. Bertrand, Maryse, "En torno a los usos de la historia: conmemorar, celebrar,
    instrumentalizar la independencia", en *Investigaciones Socio Históricas
    Regionales*, año 1, n° 1, 2011.

21. Devoto, Fernando, "Estudio preliminar", en Pagano, Nora y Rodriguez,
    Martha, *La historiografía rioplatense en la posguerra*, Buenos Aires, La
    Colmena, 2001.

relaciones operaron distintamente ya que involucran cuestiones vinculadas con la política partidaria.

En todo caso, no existían en las instituciones ni fuera de ellas una opinión monolítica ni unánime sea a nivel político, sea a nivel historiográfico; no había necesariamente entre estas áreas una correlación positiva. En buena parte ella dependía de los recortes, de aquello que la "imaginación histórica" quisiese recuperar de cada personaje o de los procesos históricos, o bien de las conveniencias políticas. No hay singulares sino plurales.[22]

Si bien carecieron de éxito las campañas diseñadas entonces para repatriar los restos de Rosas –sea la iniciada en 1948 por el diario peronista *La Época*, o bien aquella planeada por la organización popular creada en junio de 1954 y presidida por José María Rosa y Ernesto Palacio–, el año sanmartiniano (1950) revistió una gran centralidad y ha sido objeto de múltiples estudios. Ellos demuestran la recuperación de la figura sanmartiniana, recortándose en este caso su condición de constituirse en conductor de hombres y pueblos; se trataba básicamente de presentar un San Martín en su cualidad de militar.

Consecuentemente y por todo lo dicho, las conmemoraciones tuvieron una suerte dispar durante la primera administración de Perón. Por entonces se celebraron oficialmente el ya apuntado año sanmartiniano y el combate de la Vuelta de Obligado, pero se suspendieron el centenario del fallecimiento de Esteban Echeverría y de la batalla de Caseros. Los cien años del pronunciamiento de Urquiza se disiparon debido a los festejos del 1° de mayo y fundamentalmente hubieron celebraciones locales.

Sirvan unos escuetos datos para ilustrar nuestra presunción.

Con motivo del centenario de la muerte de Esteban Echeverría (19/2/1951), el Instituto de Investigaciones Históricas "Juan Manuel de Rosas" emprendió una campaña de divulgación; Cooke –su vice presidente– impartió una conferencia en la sede de ese instituto e incorporó en su boletín un artículo de José M. Rosa sobre la figura de

---

22. Cattaruzza, Aleandro, "El revisionismo: itinerario de cuatro décadas", en Cattaruzza, Alejandro y Eujanian, Alejandro, *Políticas de la Historia*, Buenos Aires, Alianza, 2003; Figallo, Beatriz, "Sarmiento y el primer peronismo. Entre las imágenes y las conmemoraciones: los proyectos de nación" [en línea], *Temas de historia argentina y americana*, 18, 2011; y Ciria, Alberto, *Política y cultura popular: la Argentina peronista. 1946-1955*, Buenos Aires, Ediciones de la Flor, 1983.

Echeverría; repartió asimismo un folleto en el que duda de los afanes democráticos echeverrianos, acusándolo de falta de originalidad.

La manifestación opositora que debía tener lugar precisamente el 19 de febrero fue prohibida por el gobierno.[23]

En proximidades del centenario del pronunciamiento de Urquiza y de la batalla de Caseros, desde las páginas de boletín del Instituto "Juan Manuel de Rosas" se aludía a la *"inmensa campaña de homenajes y recordaciones"* lanzada por la *"pretendida historia oficial".* Frente a ella, el revisionismo se propuso una campaña de esclarecimiento a fin de establecer quiénes fueron los *"verdaderos próceres"* que bregaron por la independencia, la consolidación y defensa de la integridad y el honor nacionales. Tal el origen de la Comisión de Divulgación Revisionista.

Por lo demás, los cien años del pronunciamiento urquicista coincidieron con la celebración del 1° de mayo; el Día del Trabajo contaba con una extensa tradición claramente resignificada con la coyuntura del peronismo.[24] En ese marco el centenario urquicista pasó a segundo plano; las razones políticas resultan evidentes.

En 1952, al cumplirse el centenario de la batalla de Caseros, el diario *La Nación* publicó una serie de artículos escritos años antes por Arturo Capdevila y remitidos al diario *La Prensa.*[25]

---

23. Quattrocchi de Woisson, *op. cit.*, p. 311.

24. Viguera, Aníbal, "El 1° de mayo en Buenos Aires, 1890-1950; evolución y usos de una tradición", en *Boletín del Instituto de Historia Argentina y Americana "Dr. E. Ravignani"*, n° 3, Buenos Aires, 1991.
   En los consabidos discursos del presidente y de su esposa se destacaban otros aspectos: *"El cuento de la libertad es demasiado conocido para que nosotros podamos caer en él... hoy, 1° de mayo, quiero anunciarles que el diario La Prensa, expropiado por disposición del Congreso Nacional, será entregado a los trabajadores en la forma que ellos indiquen"* (discurso de Juan D. Perón en el Día del Trabajador, Plaza de Mayo, 1° de Mayo de 1951). *"En este 1° de mayo maravilloso, en que los trabajadores festejan el triunfo del pueblo y de Perón sobre los eternos enemigos y traidores de la Patria, yo quiero hablar con la sola, con la absoluta, con la exclusiva representación de los descamisados"* (discurso de Evita en el Día del Trabajador, Plaza de Mayo, 1° de Mayo de 1951). En septiembre de 1951 el General Menéndez se "pronunciaba" en Córdoba contra "la tiranía" de Perón. El mismo día 1° de mayo de 1953, se hubiese celebrado el centenario de la Constitución Nacional, pero para entonces tenía vigencia la Constitución de 1949, a su vez derogada en 1956.

25. Con esos textos Arturo Capdevila publicó su libro *La víspera de Caseros* en 1922.

Aunque los revisionistas planeaban una contracelebración, el acontecimiento no fue conmemorado públicamente debido a que el gobierno prohibió las manifestaciones; ello obedeció al descubrimiento de una conspiración militar y al proyectado asesinato de Perón y su esposa el mismo 3 de febrero.[26]

El combate de la Vuelta de Obligado tuvo lugar el 20 de noviembre de 1845, sin embargo el suceso y la fecha fueron recordados en diciembre de 1953 por el gobernador de la provincia de Buenos Aires, Carlos Aloé, quien en su discurso –publicado un año después por el Ministerio de Educación de la Provincia de Buenos Aires– decía: *"Soy intérprete en este emotivo momento, del homenaje profundo de patriota y de argentino que el General Perón rinde a los héroes que aquí murieron defendiendo la soberanía nacional…".*

El acto fue reproducido por el boletín del Instituto de Investigaciones Históricas "Juan Manuel de Rosas" y por diversos medios periodísticos –vgr. por *La Fronda* y por el diario *La Época* que también rememoraba este acontecimiento–. En la misma fecha, el diario *La Época* también rememoraba este acontecimiento en el artículo "La Vuelta de Obligado, primera gloriosa jornada en defensa de la soberanía argentina contra una coalición franco-británica".[27]

Algunas reflexiones

A lo largo de estas páginas hemos tratado de analizar dos dispositivos llamados a incidir sobre la memoria social.

Las declaratorias de SH procedían de iniciativas cursadas por los organismos burocráticos al Poder Ejecutivo que su vez las materializaba mediante decretos; se trataba de agentes del mismo Estado nacional o más específicamente de sus burocracias culturales. Por

---

26. El 3 de febrero de 1952, el coronel retirado José Francisco Suárez formó parte de un operativo comando: la logia "Sol de Mayo", con 450 militares y políticos opositores, con intención de tomar la Casa Rosada, el Correo Central y el Departamento Central de la Policía Federal. Su principal objetivo era asesinar a Perón y a Eva.

27. Casi veinte años más tarde –en 1974–, por iniciativa de José M. Rosa, se declaró por ley 20.770 la jornada del 20 de noviembre como Día de la Soberanía Nacional; los avatares posteriores ilustran en gran medida la politización del evento. Ese mismo año el Congreso Nacional promulgó la ley a través de la cual se autorizaba erigir el "Altar de la Patria", panteón destinado a superar la histórica dicotomía entre "las dos Argentinas".

consiguiente puede concluirse que fueron impuestas políticamente; tal el límite de una visión plural, relativista, más democrática sobre el pasado, ya que se volvía imperativa la lucha por fijar sentidos colectivos.[28]

En relación con las declaratorias, las conmemoraciones suscitaron debates y conflictos sociopolíticos en la medida en que se muestran más sensibles a la coyuntura política del presente que conlleva un proceso de memorialización –o memoración–. Ésta se distingue del simple ejercicio de la memoria porque implica un impulso activo y una voluntad de incidencia política y, a diferencia de la memoria –acto que puede ser privado–, integra iniciativas que se producen en la esfera pública y cuyos efectos crean las condiciones para la historia futura.[29]

Memoria, identidad, relato o preservación del pasado han estado ligados desde siempre en la construcción de monumentos, especialmente en los funerarios. Más aun, muerte y monumento, memoria y comunidad, pasado y relato del pasado han sido materia permanente de las más diversas sociedades a lo largo de la historia. Pero, como dice Achugar, *"... ¿qué son estas historias, estas identidades, estos monumentos, estas lápidas, tumbas, cenotafios, inscripciones y 'documentos de piedra'?:... ¿formas del poder ... o modos de teatralizar el poder...de universalizar una memoria, una historia, una identidad o el necesario olvido, el absoluto silenciamiento de los vencidos...? ¿Memoria pública, memoria oficial, memoria colectiva o memoria popular? ¿Memoria en singular o memorias en plural? ¿Consenso de la memoria... o fragmentación de la memoria? ¿Raíces o rizomas?".*[30]

Acaso en las líneas anteriores se esboce alguna repuesta a tantos interrogantes.

---

28. Gorelik, Adrián, "La memoria material: ciudad e historia", en *Boletín del Instituto de Historia Argentina y Americana Dr. E. Ravignani"*, n° 33, Buenos Aires, 2011.

29 Schindel, Estela, "Inscribir el pasado en el presente: memoria y espacio urbano", en *Política y cultura*, n° 31, México, 2009. En otra clave, es posible pensar las conmemoraciones desde la perspectiva de Ricoeur, quien dirá que se trata de un caso de rememoración, de una réplica, de una respuesta, incluso de una revocación de las herencias. Toda la fuerza creadora de la repetición se funda en este poder de reabrir el pasado al futuro. Ricoeur, Paul, *La memoria, la historia y el olvido*, Madrid, Trotta, 2003.

30. Achugar, Hugo, "El lugar de la memoria, a propósito de monumentos (motivos y paréntesis)", en Langland, Victoria y Jelin, Elizabeth (comps.) *Monumentos y marcas territoriales*, Madrid, Siglo XXI, 2003.

Variaciones sobre los orígenes de los etruscos[1]

Sabina Loriga

(EHESS, París)

> *"En Roma, todo es aluvión, y todo es alusión. Los depósitos materiales de sucesivos siglos no sólo se solapan, sino que se superponen, se atraviesan, se reestructuran y se contaminan unos con otros: pareciera que no hay toba volcánica original, ni tampoco capa realmente primitiva en la geología de nuestro subsuelo. Y todo es alusión: el suelo cultural que recubre la ciudad es más grueso e incluso más impenetrable: El Foro, el Capitolio, y todo lo que continúa, está sepultado debajo de las palabras, incluso aun más bajo que las tierras referidas".*[2]

— I —

¿De dónde vienen los etruscos? ¿Son pelasgos, lidios, itálicos, sumerios, troyanos, hebreos, toscanos, sardos, tiroleses, húngaros? La cuestión de su origen se remonta a la Antigüedad y constituye la base del famoso "misterio etrusco". A lo largo de la época moderna y contemporánea, ella ha habitado no solamente en la imaginación de los arqueólogos, lingüistas, historiadores, sino también de los artistas, de los amantes de las antigüedades: como escribió Alain Hus, *"el mundo académico dilapida toneladas de papel y tinta en una controversia que duró [siglos] sin convencer a nadie, cada cual queda comprometido con la promoción de su propio mito. La investigación útil fue esterilizada porque todas las energías estaban apasionadamente dirigidas hacia el tema principal de la controversia:*

---

1. Traducido del francés por Miguel Ángel Ochoa y Graciela Urbano.
2. Gracq, Julien, *Autour des sept collines*, París, Editions José Corti, 1988, pp. 8-9.

¿de dónde vienen los etruscos?".[3] Entre las diversas conjeturas, a menudo fantasiosas, hay tres particularmente persistentes.

La primera evoca el origen oriental. Los etruscos serían recién llegados, arribados a principios del siglo VIII de las costas de Asia Menor a las playas toscanas, donde habrían iniciado una nueva civilización. Esta hipótesis ha sido formulada ya en la antigüedad. Durante la segunda mitad del siglo V, Heródoto escribe que los primeros etruscos, o tirrenos como los llamaron los griegos, emigraron de Lidia, para escapar de la hambruna (más o menos contemporánea con la guerra de Troya):

> "Durante el reinado de Atis, hijo de Manes, toda Lidia estaba aquejada por una hambruna, que los lidios soportaron algún tiempo con paciencia. Pero al ver que el mal no cesaba, buscaron allí una solución, mientras todo el mundo se dedicaba a otra cosa. Fue en esa ocasión que inventaron los dados, la taba, la pelota y todos los otros tipos de juegos, excepto las damas, de las cuales no atribuyen el descubrimiento. Ahora bien, por eso el uso que hicieron de esa invención para engañar el hambre que presionaba, jugaron alternativamente durante un día entero con el fin de distraer la atención de la necesidad de comer, y al día siguiente, comían en vez de jugar. Llevaron esta vida durante dieciocho años; pero al final, el mal, en lugar de disminuir, se agravó con mayor fuerza, el rey dividió a todos los lidios en dos grupos, y lo hizo por sorteo, uno para quedarse y otro para salir del país. El rey tuvo por destino permanecer y dirigir al grupo al que tocó quedarse, y su hijo Tirreno encabezó a los emigrantes. Los lidios que tuvieron por destino el destierro de su patria fueron primero a Esmirna, donde construyeron barcos, cargaron todos sus muebles e instrumentos útiles, y navegaron en busca de alimentos y tierras. Después de costear los diferentes países, desembarcaron en Umbría, donde se construyeron ciudades que pueblan hasta ahora; cambiaron el nombre de lidios, y tomaron el de tirrenos por Tirreno hijo de su rey, que era el líder de la colonia".[4]

El origen oriental fue confirmado más tarde por Tito Livio, Virgilio, Horacio, Ovidio, Suetonio. En su historia de los etruscos, se dice que el emperador Claudio recordó el origen extranjero del

---

3. Hus, Alain, *Les Etrusques et leur destin*, París, Plon, 1980, p. 321.

4. Heródoto, *Histoires*, Paris, Gallimard, Bibliothèque de la Pléiade, 1964, libro I, 94.

Estela de Lemnos.
http://chaerephon.e-monsite.com/
medias/images/stele.gif

etrusco Servio Tulio, penúltimo rey de Roma, para ilustrar su compromiso con la apertura a la mirada de los notables de Galia.[5] En 1884, el descubrimiento de la estela funeraria de Lemnos (con sus inscripciones con características morfológicas y lexicográficas muy similares a las etruscas) satisfizo a muchos arqueólogos y lingüistas de la exactitud del origen oriental. Esta hipótesis será confirmada por muchos arqueólogos a lo largo de la primera mitad del siglo XX. En la década de 1950, André Piganiol define a los etruscos como un pueblo oriental: *"si tuviéramos sólo una frase para definir Etruria, nos bastaría con definir Etruria, nos bastaría con decir que es en Italia como un fragmento de Babilonia"*.[6] Por su parte, Raymond Bloch defiende la hipótesis del *"arribo de un pequeño grupo de navegantes asiáticos. Ellos han navegado hasta las costas toscanas y la riqueza y la belleza de la tierra les ha permitido una colonización agradable y fructífera. La historia de los etruscos será entonces singularmente rica y compleja. Pero su origen parece coincidir (...) con la llegada de estos elementos orientales que Heródoto había mantenido en el recuerdo"*.[7]

La segunda hipótesis se basa en un pasaje controversial de Tito Livio:

"Antes de que fuera un problema del Imperio Romano, los toscanos habían extendido su dominio sobre la tierra y el mar. Los nombres propios del Mar Inferior y Superior que ciñen a

---

5. Cfr. Thuillier, Jean-Paul, *Etrusques. La fin d'un mystère*, París, Gallimard, 1990. La obra del emperador Claudio ha desaparecido. No se encuentra sobre el hecho más que su discurso al Senado, conocido por una inscripción grabada en bronce (la tabla claudina de Lyon).

6. Piganiol, André, "Les Etrusques, peuple d'orient", en *Cahiers d'histoire mondiale*, 1, 1953, pp. 328-352.

7. Bloch, Raymond, *Les Étrusques*, París, PUF, 1954, p. 25.

Italia atestiguan el poder de este pueblo: las poblaciones itálicas
habían llamado a uno 'el mar toscano' el mismo nombre de la
nación, al otro, Mar Adriático, del nombre Adria, colonia de
los toscanos. Los griegos también lo llamarán Tirreno y Adriático. Maestros del territorio que se extiende de un mar a otro,
los toscanos construyeron allí doce ciudades, y se asentaron a
continuación más allá de los Apeninos hacia el Mar Inferior;
luego de estas ciudades capitales, fueron enviadas otras muchas
colonias que, con excepción de la tierra de los vénetos, empujada
hacia el ángulo del Golfo, invadieron el país más allá del Po hasta
los Alpes. Todas las naciones alpinas han tenido, sin duda, el
mismo origen, y sobre todo los retios: que por la naturaleza de
su comarca se han vuelto tan salvajes que no guardan el menor
indicio de su condición original excepto su acento, e incluso
éste se halla corrompido".[8]

De acuerdo con esta versión, realizada en el siglo XVIII por el
secretario permanente de la Academia de las Inscripciones y Bellas Letras de París, Nicolas Freret y recuperado durante los siglos
XIX y XX, por muchos arqueólogos (como Barthold Georg Niebuhr,
Jules Martha Luigi Pigorini y Konrad Helbig), los primeros etruscos
habrían arribado a la región toscana desde el norte de Italia.[9]

La tercera hipótesis es la de la autoctonía: los etruscos serían
originarios del suelo italiano, hipótesis que también ha sido formulada
en la antigüedad. Durante el I siglo a. C., Dionisio de Halicarnaso
escribió *Antigüedades Romanas*, una obra histórica en veinte volúmenes, con la intención de presentar a sus compatriotas griegos la
historia de los comienzos de Roma. Tras subrayar la originalidad
cultural de los etruscos (*"un muy antiguo pueblo, que no se parece
a ningún otro ni por el idioma ni por las costumbres"*), rechaza la
idea de una inmigración masiva proveniente de las costas de Asia
Menor. Los etruscos siempre han habitado en la parte central de
Italia: *"aquellos que están más cerca de la verdad son los que dicen
que esta nación no ha emigrado de ningún lugar, sino que es nativa,
ya que resulta ser una nación muy antigua y no hay ningún punto*

---

8.   Livio, Tito, *Histoire Romaine*, París, Les Belles lettres, 1994, libro V. 33, 11.
9.   Cfr. Pearce, Mark y Gabba, Emilio, "Dalle terremare a Roma: Wolgang Helbig
     e la teoria delle origini degli italici", en *Rivista storica italiana*, CVII, 1995,
     pp. 119-132.

en común con nadie ni por la lengua ni por el modo de vida.[10] En cambio, los romanos son los herederos de los Pelasgos, de los Aborígenes y de los Arcadios. Dionisio de Halicarnaso tiene como objetivo reservar el honor de origen griego sólo a Roma y al Lacio: al igual que todos los demás pueblos de Italia, los etruscos serían bárbaros que carecen de una genealogía griega.[11] Durante la edad moderna, la tesis sostiene la autoctonía sobre todo en Italia, con una inversión del sentido fundamental con respecto a la de Dionisio de Halicarnaso: lejos de ser una desventaja, la autoctonía es considerada un valor positivo. Encontramos esta imagen en principio en Toscana, durante el siglo XVI y el siglo XVIII; luego, a nivel nacional, entre los siglos XVIII y XX.

— II —

¿Por qué volver al viejo problema de los orígenes? La pregunta está mucho más justificada en cuanto no tengo ninguna competencia específica en la época antigua. De hecho, creo que, aunque no revela nada de la civilización etrusca, esta diferencia plantea preguntas acerca del imaginario político de la península (Arnaldo Momigliano definió la etruscología como una "enfermedad de la cultura italiana"[12]). Sus desafíos nunca están limitados a los especialistas, sino que implican otros medios sociales como representantes políticos, la aristocracia local, el clero, las academias, los artistas o los periodistas. Quisiera mostrar cómo el prisma deformador de la autoctonía alentado, incitado, en parte, atrapa a los protagonistas de la disputa fuera del tiempo histórico con el fin de garantizar una consistencia eterna al menos a cuatro proyectos políticos diferentes y a veces opuestos: la legitimación monárquica de la dinastía de los Medici (la toscanización del pasado implica la dilución de la experiencia comunitaria); la defensa de la elección republicana y federalista; la afirmación de la continuidad racial de la península; y

---

10. Dionisio de Halicarnaso, *Antiquités romaines*, París, Les Belles Lettres, 1998, libro I, XXX, 1-2.

11. Para borrar toda diferencia entre troyanos y griegos, evoca una serie de relatos legendarios, tales como la llegada del arcadio Evandro al Palanteo, el pasaje de Heracles sobre el sitio de Roma, la leyenda troyana de Eneas.

12. Momigliano, Arnaldo, "Gli studi classici di Scipione Maffei", en *Secondo Contributo alla Storia degli studi classici*, Roma, Edizioni di storia e letteratura, 1960, p. 259.

la exaltación del nacionalismo patrimonial. Con este fin, descuidaré las dos primeras hipótesis (la del origen oriental y septentrional), para examinar los distintos relatos producidos por la tercera.

— III —

En Toscana, durante varios siglos, la tesis de la autoctonía inspira numerosas leyendas. Siguiendo al monje dominico Annio de Viterbo (1432-1502), Giovan Battista Gelli (1498-1563), Pierfrancesco Giambullari (1495-1555), Guillaume Postel (1510-1581) y Mario Guarnacci (1701-1785) hacen de los etruscos los descendientes de Noé y los antepasados de los toscanos. Como primeros habitantes sobre la tierra después del diluvio, ellos serían así el origen de todos los pueblos, incluidos los romanos. La reivindicación de esta superioridad genealógica se asocia a menudo con una negativa categórica del sistema político romano, acusado de haber destruido la riqueza material y cultural de la región. Los romanos son descriptos como extranjeros, opresores violentos, envidiosos, y rapaces. Dos siglos más tarde, el abogado Giovan Battista Passeri expresa así sus sentimientos: *"Todo aquello que nosotros tenemos de romano es tan extraño para nosotros como para los dacios y sicambros. (...) La envidia romana extendió su furia incluso contra la inocencia de nuestra antigua lengua"*.[13] Como Giovanni Cipriani y Mario Cristofani han demostrado, ese sentimiento anti-romano produce dos lecturas diferentes del pasado: si la primera evoca una herencia monárquica, la segunda señala la herencia patrimonial municipal y republicana.[14]

A lo largo de los siglos XV y XVI, las excavaciones se multiplicaron en toda la región. Gracias al descubrimiento de algunas obras maestras, como la *Quimera de Arezzo* (1553) y la estatua de *El orador* (1566), que han engrosado las colecciones de la familia, los monumentos etruscos se convirtieron en una referencia en la producción

---

13. Citado en Cristofani, Mauro, *La scoperta degli etruschi. Archeologia e antiquaria nel '700*, Roma, CNR, 1983, p. 95. Cfr. Cochrane, Eric, *Tradition and Enlightenment in the Tuscan Academies, 1690-1800*, Chicago, University of Chicago Press, 1961.

14. Cfr. Cipriani, Giovanni, *Il mito etrusco nel Rinascimento fiorentino*, Firenze, Olschki, 1980; Martelli, Marina, "Il 'mito' etrusco nel principato mediceo: nascita di una coscienza critica", en *Le arti del principato mediceo*, Firenze, Studio per Edizioni Scelte, 1980, pp. 1-8.

artística de la época.[15] Según los escritos de Leon Battista Alberti y Giorgio Vasari, es el caso de Donatello, Antonio del Pollaiuolo, Leonardo da Vinci, Pedro de Cosimo, Miguel Ángel, Andrea Sansovino, Juliano da Sangallo.[16] Animado por esta pasión artística, los Medici comenzaron a hacerse la gloria del título *Dux Magnus Etrusco* [Gran Líder Etrusco]. La decoración alegórica prevista para la boda de Fernando I con Cristina de Lorena en 1589, estableció un vínculo directo entre la dinastía de los Medici y el rey de Chiusi, Porsena: Toscana es allí representada en su doble figura, con la inscripción "Diadema del rey Porsena, perdida por la negligencia y recuperada por la virtud y la diligencia de Cosme de Medici".[17] Las implicaciones políticas de esta construcción académica y artística son evidentes. Cosme I, que ha convertido a Toscana en principado, obteniendo el título de Gran Duque por el Papa Pío V en 1569, busca reemplazar la imagen, muy conflictiva, de la primacía florentina, por aquella de una historia regional común.[18] Como un mito unificador, el pasado etrusco da una justificación a los proyectos de expansión sobre todo el antiguo territorio de Etruria. Asimismo, permite establecer una distancia en relación con los herederos más directos de Roma, es decir, el Papado y el Sacro Imperio Romano-Germánico.

Después de un largo período de silencio, durante el cual los Medici se dirigieron hacia Roma (y es de Roma de donde provienen la mayor parte de las piezas que enriquecen sus colecciones[19]), la referencia a la época pre-romana se torna muy importante en la década de 1720. Con la esperanza de fortalecer la dinastía que está

---

15. Cfr. Cochrane, Eric, *Historians and Historiography in the Italian Renaissance*, Chicago-London, University of Chicago Press, 1981, pp. 8-9, 442-443.

16. Cfr. Morolli, Gabriele, *"Vetus Etruria". Il mito degli Etruschi nella letteratura architettonica nell'arte e nella cultura da Vitruvio a Winckelmann*, Firenze, Alinea Editrice, 1985.

17. Citado en Briquel, Dominique, *La civilisation etrusque*, Paris, Fayard, 1999, p. 277.

18. Cosme I ha donado a Toscana su extensión completa, asegurándose la posesión definitiva de Siena en 1557.

19. Por caso, Cosme I se arregla para obtener el *Arringatore*, descubierto en 1566 cerca del lago Trasimeno, en el territorio de los Estados Pontificios; pero esta estatua, a menudo tomada como un ejemplo del orador antiguo, se presenta como una obra puramente romana (se puede ver el retrato de Escipión el africano, segundo al mando). Sobre la obra de Dempster, cfr. Cristofani, Mauro, "Sugli inizi dell' 'Etruscheria'", en *Mélanges de l'Ecole française de Rome. Antiquité*, 1978, 90, 2, pp. 577-625.

en declive (debido a la extinción de su linaje masculino), se redescubren las glorias del pasado local. El florentino Filippo Buonarroti publica una obra del anticuario erudito escocés Thomas Dempster, *De Etruria regali* [La Toscana real], escrita entre 1616 y 1619. Esta es la primera monografía dedicada a los etruscos, que enfoca todo aquello que se había descubierto (textos de autores clásicos, los datos arqueológicos, inscripciones, etc.). Dedicado a Cosme III y su sucesor Jean-Gaston de Medici, este libro, que dio comienzo a todo un movimiento de etruscomanía, presenta a los etruscos como el único pueblo autóctono de la región. Sobre la base de una genealogía ficticia, según la cual el nombre de la dinastía deriva de la palabra etrusca *meddix* (magistrado), Dempster señala el valor monárquico de la herencia etrusca:

> "Comenzaré a hablar del nombre de Etruria, de esa Etruria antes floreciente tanto en la guerra como en la paz, madre de reyes durante dos mil años, [...] ahora, finalmente, retornada a su estado monárquico bajo príncipes serenísimos, de esta Etruria grande por sus costumbres, su cultura y sus riquezas".[20]

Esta lectura monárquica produjo una última hazaña justo después del final de la dinastía de los Medici. Se trata de una lectura *sui generis*, tendiente a integrar la nueva dinastía de los Lorena, convertidos en Grandes Duques de Toscana en 1737.[21] En un poema escrito siete años más tarde, Marcello Venuti, uno de los fundadores de la *Academia Etrusca* de Cortona (una institución internacional, que cuenta entre sus miembros a Montesquieu y Voltaire), recuerda que Etruria, después de despertar con los Medici, ha conocido un período de incertidumbre y que ha recuperado su prestigio gracias al gran duque Francisco de Lorena, coronado ese año en el trono del Sacro Imperio romano:

> "Han trascurrido ya miles y miles de años/ desde que a toda Italia a ambos lados del mar puso/ el freno Etruria cuando nació Roma/ el esplendor de Roma fue a partir de esa guerrera/ Fuera del trono real así destruida/ se vio a sí misma dividida y no pudo reconocerse en la idea antigua/ por ser demasiado sangrienta y fea/ Pero por la influencia del destino de los Medici, con rostro

---

20. Cristofani, 1983, *op. cit.*, p. 622.

21. Cfr. Verga, Marcello, "La cultura del Settecento. Dai Medici ai Lorena", en Diaz, Furio (ed.), *Storia della civiltà toscana*, Firenze, Le Monnier, 1999, vol. V, I, pp. 125-151.

sereno y, como aquel heredero, más de un héroe persiguió el trono de oro/ Vino Francisco Augusto, a quien se ha dado: y reunió a lo largo de la colina al imperio/ el antiguo destino no comenta ni demanda".[22]

— IV —

También en la Toscana, otra versión de la autoctonía enfatiza el patrimonio municipal de los etruscos. A principios del siglo XIV, el historiador florentino Giovanni Villani opuso la organización republicana de los lucumones a la de la Roma imperial. En los años siguientes, cuando la independencia de Florencia se encuentra amenazada por el Papa y por la familia Visconti, dos figuras prominentes del humanismo florentino, como Leonardo Bruni y Coluccio Salutati, se sirven del pasado para incitar a sus ciudadanos a luchar contra los tiranos externos: los etruscos son descritos como un pueblo celoso de su libertad, rechazando cualquier poder real despótico. Permanecen como un modelo de la independencia durante el período republicano, entre 1527 y 1530.[23]

Dos siglos más tarde, Etruria se convierte en un elemento importante de la imaginación política y cultural en las ciudades del interior como Cortona, Volterra, Pisa.[24] En nombre de la época pre-romana, se revindica una política federalista. Así, el médico y naturista Giovanni Targioni Tozzetti, que en 1742 realizó un viaje para registrar "todos los objetos de la curiosidad y del conocimiento", remarca:

"esa parte de la Toscana ha vivido los siglos más felices cuando se regulaba con sus propias leyes, es decir, antes de haber sido conquistada por los romanos. Los que la han conocido en aquella época sólo pueden llorar su decadencia. [...] Los que están al tanto

---

22. Citado en Cristofani, 1983, *op. cit.*, p. 50. Sobre las cuestiones vinculadas a la caída de la casa de los Medici, cfr. De Angelis, Francesco, "L'Etruria regale, da Dempster a Buonarroti. Ricerca antiquaria e attualità politica in Toscana fra Sei e Settecento", en *Rivista storica italiana*, CXXI, n° 2, 2009, pp. 497-542. La traducción del italiano antiguo nos pertenece [N. de los T.].

23. Cipriani, *op. cit.*, cap. 1 y 3.

24. Los vínculos federales que habían unido a las repúblicas etruscas ya habían sido exaltados en 1645 por Curzio Inghirami, gentil hombre de Volterra.

de la política de los romanos pueden comprender cómo Volterra se ha deteriorado gradualmente bajo su yugo".[25]

Desde esta visión, compartida por otros intelectuales de la Toscana comprometidos con una reflexión sobre *El espíritu de las leyes* de Montesquieu, Etruria simboliza una confederación de doce ciudades aristocráticas, viviendo juntas en paz y prósperas, comparable a los gobiernos de Suiza y las Provincias Unidas.[26]

Esta lectura se reaviva en las décadas siguientes, en especial durante el Risorgimento. El éxito de *L'Italia avanti il dominio dei Romani*, escrito en 1810, juega un papel importante. Después de haber celebrado la sabiduría de la nación de los etruscos y su primacía sobre Grecia, Giuseppe Micali evoca los vínculos federales que habían unido las repúblicas etruscas. En su perspectiva contractualista, el progreso de la civilización habría sido marcado, sobre el plano político, por la formación de federaciones cada vez más grandes, capaces de unir a las diferentes naciones en el nombre de la justicia universal.[27] A pesar de las fuertes críticas formuladas por Sismonde Sismondi y Barthold G. Niebuhr, este libro se convierte en un breviario de los patriotas italianos, en parte precisamente por su sesgo anti-romano: los etruscos se convierten en el modelo de un proyecto de unificación política alternativo al autocrático e imperial de la antigua Roma. Como lo señaló Carlo Cattaneo, defensor de un sistema político fundado en una confederación de estados italianos, el principio etrusco es fundamentalmente diferente del romano, ya que no trata de centralizar el poder.[28] Durante todo el siglo XIX,

---

25. Citado en Cristofani, 1983, *op. cit.*, pp. 129-131.

26. Sobre los sentimientos anti-romanos de los Iluministas, en Italia, antes de 1789, cfr. Venturi, Franco, *Utopia e riforma nell'Illuminismo*, Turin, Einaudi, 1970, p. 30. En particular sobre la aversión de Giambattista Vico, Carlo Denina y Antonio Genovesi, ver Firpo, Giulio, "Roma, Etruschi e Italici 'nel secolo senza Roma'", en *Patria diversis gentibus una? Unità politica e identità etniche nell'Italia antica*. Atti del Convegno Internazionale (Fondazione Canussio), Cividale del Friuli, 20-22 settembre 2007, Pise, 2008, pp. 267-304.

27. Micali, Giuseppe, *L'Italia avanti il dominio dei Romani*, Firenze, Pagani, 1810, 1[era] parte, cap. 24.

28. Cfr. Desideri, Paolo, "Gli Etruschi di Giuseppe Micali fra antiquaria e ideologia politica", en Della Fina, Giuseppe M. (dir.), *La fortuna degli Etruschi nella costruzione dell'Italia unita. Atti del XVIII convegno internazionale di studi sulla storia e l'archeologia dell'Etruria*, Roma, Edizioni Quasar, 2011, pp. 7-21. Sobre la referencia a los pueblos pre-romanos

la obra de Micali alimenta dos fenómenos diferentes: en primer lugar, el modo etrusco (*Etruscan Taste*), que se desarrolla a partir de mediados del siglo XVIII y que aún continúa en la actualidad; en segundo lugar, el nacionalismo anticlerical de algunos círculos académicos italianos.

Durante la década de 1830, las nuevas excavaciones aportan descubrimientos extraordinarios, como los frescos de las grutas de Tarquinia y la tumba Regolini-Galassi en Caere, la actual Cerveteri. La moda de Etruria se extendió por toda Europa: Luciano Bonaparte, el marqués Giovanni Pietro Campana, el conde Pietro Bonci Casucci conforman grandes colecciones; los hermanos Campanari tienen una serie de sarcófagos y otros objetos en la exposición Pall Mall, en Londres, en 1837; el mismo año en Roma, el Papa inaugura el Museo Gregoriano Etrusco; en los años siguientes, los principales museos europeos abren salas etruscas (el Museo Británico, el Louvre, el Hermitage, el Antikensammlungen de Munich, el Museo Martin-von-Wagner en Würzburg, el Museo Staatliche de Berlín, el Museo del Cincuentenario en Bruselas, el Museo de Arte e Historia de Ginebra, el Museo Kunsthistorisches de Viena); George Dennis y Richard Burton escriben importantes obras sobre los monumentos de Etruria. La moda estimula la producción de cerámicas denominadas "a la etrusca" (las fábricas Capodimonte, Sèvres y Wedgwood) e inspira también a muchos hombres de letras.[29] Sus representaciones de Etruria, basadas principalmente en el paisaje y marcadas por la nostalgia de una civilización que ya no existe, revive la polémica contra los romanos. El 3 de febrero 1817, Stendhal escribía:

> "Me siento indignado contra los romanos que vinieron a perturbar, sin otro título que no sea su ferocidad, estas repúblicas de Etruria, que les eran tan superiores en bellas artes, en riquezas y en el arte de ser felices. Es como si veinte regimientos de cosacos vinieran a saquear el bulevar y destruir París: será una desgracia también para los hombres que nacerán dentro de diez siglos; la humanidad y el arte de ser feliz habrían dado un paso atrás". Por otra parte, "los romanos han representado un gran mal para la humanidad, una enfermedad mortal que ha retrasado el progreso civil del mundo. Sin ellos, también nosotros ya habría-

---

en el carbonarismo italiano, cfr. igualmente a Chierici, Armando, *"Mirari vos": la politica museale di Gregorio XVI*, en *op. cit.*, pp. 56-57.

29. Cfr. Heurgon, Jacques, "La découverte des Etrusques au début du XIXe siècle", en *Académie des inscriptions et belles lettres*, 1973, 4, pp. 591-600.

mos adoptado la forma de gobierno de los Estados Unidos de América. Han destruido los mitos de las repúblicas de Etruria".[30]

Después del descubrimiento de las pinturas rupestres de Tarquinia, la coleccionista inglesa Elizabeth Hamilton Gray expresa su simpatía por la libertad de los etruscos, en un pequeño libro publicado en Londres en 1840:

"¡Cómo los Lucumones humillados de la gran comunidad etrusca debían haber maldecido los niveles despóticos de sus conquistadores que demolieron su gobierno, destruyeron su nacionalidad y borraron su existencia! Casi podemos imaginar que las voces provenientes de las tumbas de Vulci y Tarquinia habían llamado a las hordas nórdicas del Elba y el Oder para vengar su causa sobre los descendientes afeminados de sus toscos destructores".[31]

Casi un siglo más tarde fue el turno de Aldous Huxley, David Herbert Lawrence y Alberto Savinio. En 1925, Huxley opone la armonía de la civilización etrusca a la "bestialidad eficiente y organizada" de la romana:

"Nadie puede afirmar haber comprendido verdaderamente el Imperio Romano si no ha estudiado aquel mosaico [que formaba el piso de las Termas de Caracalla y la representación de los atletas y boxeadores]. Aquel suelo es un ámbito pleno del espíritu romano. Una gota de aquella realidad basta para reducir el tamaño de todas las utopías retrospectivas que los historiadores han tenido o tendrán de las crónicas de la antigua Roma. Después de haber mirado aquel mosaico un hombre no puede tener más generosas ilusiones sobre el pueblo que lo admiraba o sobre el tiempo en que fue hecho".[32]

Cuatro años más tarde, su amigo Lawrence exalta las cualidades de los etruscos (frescura, vivacidad y respeto) en contra de las romanas (la codicia, la monumentalidad y el moralismo) para recordar la destrucción de la civilización etrusca en estos términos: *"no habrían exterminado a todos, que eran demasiados, pero lograron*

---

30. Stendhal, *Rome, Naples et Florence*, Paris, Delaunay, 1826. (Trad. It. Laterza, pp. 91-92). La traducción del italiano nos pertenece [N. de los T.].

31. Hamilton Gray, Elizabeth C., *Tour to the Sepulchres of Etruria*, London, Hatchard and Son, 1843, citado en Thuillier, *op. cit.*, p. 34.

32. Cfr. Huxley, Aldous, *Those Barren Leaves*, trad. fr. *Marina di Vezza*, Paris, Presses pocket, 1978.

eliminarlos como nación y como pueblo. Fue el inevitable resultado de un expansionismo con 'e' mayúscula, la única razón de ser de gente como los romanos.[33] Por su parte, Savinio enfrenta el romanticismo etrusco, metafísico, horizontal y centrífugo, al clasicismo romano, lógico, vertical y centrípeto:

> "Los etruscos son nuestros padres románticos. La furia que Roma representa para dispersar a los etruscos, para destruir su civilización, para silenciar su lengua, se inspiró en su ingenua repugnancia por todo tipo de romanticismo. La lucha entre los romanos y los etruscos fue más que una guerra de religión: fue una guerra de espíritus. Roma prevaleció, pero algo del espíritu romántico etrusco ha permanecido, como una nube de luz en el cielo gris de Roma. Es aquella sutil vena romántica que se desliza a través de nuestra poesía, que ha inspirado a Virgilio la cuarta égloga, ha dicho a Petrarca el primer soneto del cancionero, sugiere a Rafael el San Pedro en la cárcel, canta a Bellini los 'Queridos lugares' de la Sonnambula: un toque de melancolía, en medio de tanta serenidad, una sombra del pasado en medio de tanto presente".[34]

El segundo fenómeno posee una dimensión anticlerical. A finales del siglo XIX, el arqueólogo Edoardo Brizio, director del Museo de la Ciudad de Bolonia, narra la estratificación secular de los ascendientes de la nación. Giosuè Carducci, poeta oficial de la Italia unificada (y Secretario de la Diputación de historia patria), puso en versos esta interpretación: *"Duermen al pie de la colina los antepasados de Umbria [...]/ Duermen los etruscos descendientes con sus lituos [...]/ y los grandes celtas pelirrojos [...]/ y el alto linaje de Roma, y el lombardo de largo cabello"*.[35] Los antiguos pueblos itálicos (ante todo y especialmente los etruscos) son exaltados en oposición a la

33. Lawrence, David Herbert, *Sketches of Etruscan Places, Promenades étrusques*, trad. Thérèse Aubray, Paris, Gallimard, 1985.

34. Savinio, Alberto, *Dico a te, Clio*, Milan, Adelphi, pp. 87-98, trad. fr. *"C'est à toi que je parle, Clio"*, en *Maupassant et l'autre*, Paris, Gallimard, 1977. La oposición civilización etrusca/romana se encuentra en Vincenzo Cardarelli y Curzio Malaparte: cfr. Della Fina, Giuseppe (dir.), *Pagine etrusche*, Rome, Quasar, 2001.

35. Carducci, Giosué, "Fuori alla Certosa di Bologna", en *Odi barbare*. Sobre Brizio y Carducci, cfr. Korner, Axel, *Politics of Culture in Liberal Italy*, New York-London, Routledge, 2009, pp. 128-160 (quisiera agradecer a Gilles Pecout por esta referencia).

Portada en italiano de la obra de Piranesi

ciudad eterna, expresión ideológica de la Iglesia católica. Algunos discípulos de Carducci, como Corrado Ricci y Giuseppe Agnelli, continuarán utilizando el pasado etrusco en una perspectiva local, incluso en la primera etapa del régimen fascista.[36]

— V —

Fuera de la Toscana, a lo largo del siglo XVIII, la teoría de la autoctonía está puesta para afirmar la continuidad entre los etruscos y los romanos, a veces en una perspectiva anti-helénica.[37] El intérprete más apasionado de esta lectura es, probablemente, el grabador Gian Battista Piranesi. Interviene en el debate dos veces. En 1761, mientras que en París "actualmente todo se hace a la griega", publica un trabajo teórico, *Della Magnificenza ed Architettura de' Romani* [La magnificencia y Arquitectura de los romanos] destinado a una audiencia académica, para dar a conocer la gloria del genio latino y de los arquitectos de Roma. En particular, él pretende desmentir la idea de que antes de la conquista de Grecia, los romanos ignoraban el arte de la construcción. Probablemente influenciado por el pensamiento del joven abate Barthelemy, él revindica el carácter autóctono, indígena y nacional de la arquitectura romana. Nacida en suelo italiano, tiene por antepasado a la arquitectura etrusca. Por el contrario, el arte griego no ha tenido más que una influencia tardía y funesta. Basándose en el análisis de los fragmentos del arte "griego" que a él le parecen los más típicos, Piranesi "*caracteriza a la arquitectura helénica como una arquitectura marcada por la fantasía. A lo que él denomina el capricho de los griegos, opone el orden y la regla*

---

36. Harari, Maurizio, "Etruscologia e fascismo", en *Atheneum. Studi periodici di Letteratura e Storia dell'Antichità*, 2012, C, 1-2, pp. 405-418.

37. Cfr. Cristofani, 1983, *op. cit.*, p. 10.

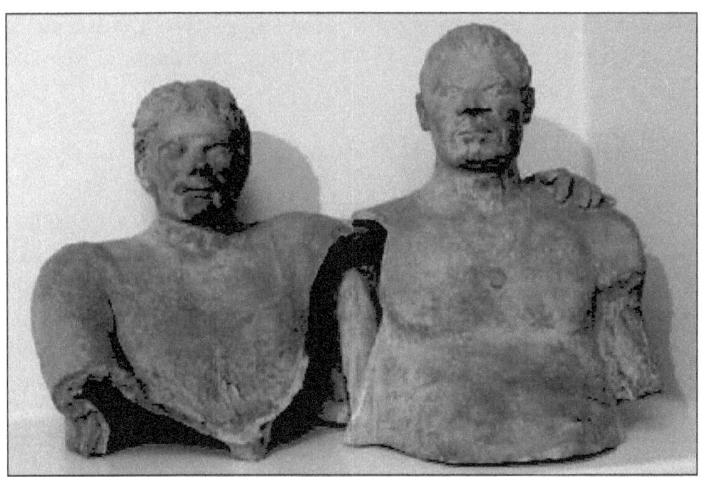

Marino Marini, *Popolo* [Pueblo], 1929.

inflexible de los antiguos constructores romanos, su genio práctico, su don de organización civilizadora, la solidez inquebrantable de sus monumentos". Así, estaría por un lado el lujo de los griegos, alimentado por la fantasía, el capricho, la exuberancia de los adornos; y por otro, la *Magnificenza* romana basada en el orden, la norma, la fuerza y la sobriedad, características de una sociedad maestra de sí misma y de sus energías. Esta nobleza grave y varonil habría sido destruida por los griegos: *"Desde el día en que los griegos vencedores impusieron sus duras artes al rudo Lacio, lo que sirvió para iniciar la decadencia de su genio y para desnaturalizar la arquitectura nacional. Ellos difundieron la innecesaria sobrecarga de una ornamentación muy rica y pueril policromía de los mármoles"*.[38]

A continuación interviene otro grabador, el francés Pierre-Jean Mariette, que replica que los etruscos son griegos y que el arte griego fue necesario para conectar el arte romano. En 1769, Piranesi publica un segundo libro, *Ragionamento apologético in difesa dell'architettura egizia e toscana* [Razonamiento apologético en defensa de la arquitectura egipcia y toscana], para un público más amplio, conformado por artistas y curiosos: después de haber atribuido a los antiguos toscanos inventos fundamentales para la historia de la civilización, renueva su tesis de la primacía artística de

---

38. Focillon, Henri, *Giovanni-Battista Piranesi*, Paris, Laurens, 1918, pp. 78-79.

la antigua Italia en relación con Grecia.[39] Su patriotismo arqueológico y artístico será retomado en las primeras décadas del siglo XX.

— VI —

Una nueva fase de reevaluación del arte etrusco se abre después
del descubrimiento de Apolo y Hermes de Veyes (1916). De modo
inverso a las generaciones precedentes, marcadas por los juicios
negativos de Johann Joachim Winckelmann, Jules Martha (autor
del *Manual de arqueología etrusca y romana*, 1884) y Karl Otfried
Müller, que habían negado las cualidades estéticas de los monumentos etruscos, los artistas comienzan a exaltar su "frescura".[40]
Arturo Martini declara: *"He pasado dos años en el Museo de Valle
Giulia, (...) por dos años he estudiado la escultura etrusca y por
cinco años la he hecho revivir. Yo soy el verdadero etrusco; ellos me
han dado un lenguaje y yo los he hecho hablar, yo los he mostrado".*[41]
Marino Marini y otros escultores (como Romano Romanelli, Libero
Andreotti, Domenico Rambelli, Italo Griselli, Quinto Martini, Oscar
Gallo) comparten el mismo sentimiento[42]. Su actitud es parte de un
movimiento más general de una exaltación del arte nacional, compartida por numerosos historiadores del arte, que multiplican los
intentos para establecer el espíritu del arte italiano sobre el etrusco.
Como escribió Roberto Papini: *"Las actitudes de nuestra raza han
encontrado su medio de expresión en el espíritu de la arquitectura
y la decoración del arte etrusco-romano, primera manifestación de
una conciencia artística italiana".*[43]

---

39. Cfr. Cristofani, 1983, *op. cit.*, pp. 109-119.

40. Para un examen general de las actitudes de los artistas frente al pasado etrusco,
    cfr. Cristofani, Mauro, *L'arte degli Etruschi. Produzione e consumo*, Turin,
    Einaudi, 1978, pp. 3-28.

41. Scarpa, Gino, *Colloqui con Arturo Martini*, Milano, Rizzoli, 1968, pp. 117-
    118.

42. Sobre la moda neo-etrusca de los artistas italianos, cfr. Pratesi, Mauro,
    "Scultura italiana verso gli anni Trenta e contemporanea rivalutazione
    dell'arte etrusca", en *Bollettino d'Arte*, 69, 28, 1984, pp. 91-106; Harari,
    Maurizio, "Cultura moderna e arte etrusco-italica", en *Rivista storica italiana*,
    1993, CV, III, pp. 731-743.

43. Citado en Pontiggia, Elena, *L'idea del classico. Il dibattito sulla classicità in
    Italia*, en Pontiggia, Elena (dir.), *L'idea del classico 1916-1932. Temi classici
    nell'arte italiana degli anni Venti*, Milano, Fabbri, 1992, p. 19.

En los años siguientes, el filoetrusquismo responde al proyecto de historización del fascismo. La marcha sobre Roma es a menudo representada como un comienzo absoluto, sin precedentes, marcado por el deseo de hacer tabla rasa del pasado. Sin embargo, no es fácil mantener esta versión. Nacido en el culto al futuro, el fascismo siente tempranamente la necesidad de un pasado. Como dijo Mussolini ya en 1914: *"por temperamento y por el hábito del estudio, soy un anti-tradicionalista, porque las tradiciones son ruinas; pero a veces se debe ir alrededor de las ruinas a fin de encontrar la inspiración. Y bien, volver a conectarnos con las tradiciones italianas"*. Seis años más tarde, él decía: *"reivindicamos el honor de ser italianos, ya que en nuestra península, tan maravillosa y adorable (...), se ha desarrollado la historia más milagrosa y maravilla del género humano"*.[44] El fascismo nace al despertar de la Primera Guerra Mundial, del Risorgimento y de la Antigüedad. Dos elementos merecen ser recordados en esta historización. Por un lado, la centralidad de Roma en detrimento de las versiones locales precedentes. Por otro lado, la referencia temporal. No se trata de ir solamente más lejos en el tiempo. La antigüedad presenta una nueva etapa en la representación temporal del fascismo, capaz de absorber el presente y el futuro en la eternidad: los italianos son los romanos de la modernidad (por esta razón, el Ministro de Educación Nacional Giuseppe Bottai prefiere el concepto de renacimiento espiritual de la Roma antigua a la restauración).[45]

El llamado a la historización es pronto recogido por el pintor Mario Sironi, el ilustrador del *Popolo* [Pueblo] de Italia durante la asunción al poder por parte de Mussolini y arquitecto de las exposiciones del régimen (como la gigantesca exposición-demostración de la revolución fascista, en 1932). Él señala en varias ocasiones el vínculo entre voluntad política y voluntad artística: entre sus grandes méritos, Italia tendría una *"enorme experiencia del arte, hecha por y en estricta dependencia de los acontecimientos y la vida política"*.[46] Firme defensor de la idea de la modernidad como la época

---

44. Mussolini, Benito, *Opera omnia*, Eduardo y Duilio Susmel (eds.), Firenze, 1951-63, t. XV, pp. 214-217.

45. Cfr. Giardina, Andrea y Vauchez, André, *Rome, l'idée et le mythe: du Moyen âge à nos jours*, Paris, Fayard, 2000, pp. 212-287.

46. Sironi, Mario, "Antellami" (1936), en Pontiggia, Elena (ed.), *Scritti e pensieri*, Milan, Abscondita, 2000, p. 17. Cfr. Braun, Emily, *Mario Sironi and Italian Modernism: Art and Politics under Fascism*, Cambridge, Cambridge University Press, 2000, cap. 5-8.

El obeso

de "*grandes mitos y de cambios fundamentales*", él acusa de cobardía
a todos aquellos que buscan su inspiración en el pasado: "*el deseo
de volver al museo es absurdo y vil*".[47] Sin embargo, en su calidad de
"iconógrafo" del fascismo, piensa que el arte fascista debe exhumar
el pasado itálico para reconstruir una nueva monumentalidad conforme a aquella de la Antigüedad y el Renacimiento. Alejado de la
perfección de la línea del neoclasicismo, esta monumentalidad debe
ser masiva, rústica y arcaica: "*Los italianos son un torbellino secular
del arbitrio, al punto que se puede afirmar que ellos han generado
una naturaleza antinatural, una realidad de la creación externa y
contraria a la realidad común*".[48] De ahí que la celebración de *Apolo*
de Veyes o el *Obeso* de Chiusi, "una obra maestra etrusca, que no
conoce de orígenes griegos": sin contaminación de influencias extranjeras, serían la expresión auténtica del "genio itálico".[49]

En los mismos años, muchos arqueólogos buscan unificar el pasado
artístico de la península. Carlo Anti afirma la unidad fundamental
del arte itálico, en sus diferentes fases: "*es necesario abandonar
definitivamente la división tradicional entre arte etrusco y arte
romano, y reemplazarla con una historia única del arte itálico, con
una primera fase de predominancia etrusca y una fase más reciente
de predominancia romana*". El arte itálico no ha sido fundado en la
mera afinidad estilística, como la que une los monstruos etruscos y
los grifos de iglesias románicas o tumbas etruscas y las pinturas de

---

47. Sironi, Mario, "Contro tutti i ritorni in pittura. Manifesto futurista" (1919-20),
en Pontiggia (ed.), *op. cit.*, p. 97.

48. Sironi, Mario, "Mal sottile" (1934), en *Scritti e pensieri, op. cit.*, p. 54.

49. Cfr. Cavallo, Luigi, *Classicità, classicismo. Una traccia fra pittori, critici,
riviste*, en Pontiggia (dir.), *L'idea del classico, op. cit.*, p. 85. En su mosaico
Il lavoro fascista (1936), Sironi elabora explícitamente la tradición decorativa
etrusca: cfr. Braun, *op. cit.*, cap. 9.

Giotto y Orcagna. Es la expresión de una concepción de la naturaleza y de la vida opuesta a aquella propia del arte griego. Si bien éste es *naturalista* (busca adherir a las formas naturales), *típico* (transforma lo individual en tipo general) y *clásico* (pretende expresiones definitivas), el arte itálico es *ilusionista* (descuida formas naturales), *individual* (rechaza las tipologías) e *ingenuo* (privilegia lo caduco y lo contingente). Para Anti también, el monumento referente de esta concepción itálica es el *Obeso*; *"todo es sumario, (...) formado, (...)* querido, *plenamente* consciente. *[...] He ahí una excelente demostración de lo que es el* ilusionismo *en la expresión de las formas"*. En esta perspectiva anti-clásico, el encuentro con el arte griego habría tenido consecuencias nefastas, pero, afortunadamente, el arte contemporáneo se encontraría en el proceso de recuperar la auténtica concepción itálica: *"Es el espíritu del arte occidental de las canópicas de Chiusi al expresionismo de Kokoschka, la negación de aquello que es griego y clásico"*.[50]

Que la civilización etrusca sea el punto de partida de la historia de Italia está afirmado, en 1928, en el Primer Congreso Internacional de los Etruscos de Florencia, por el representante del gobierno fascista Alessandro Martelli:

> "El arte etrusco, con su sinceridad naturalista y expresiva, no termina con *El orador*, de la misma manera que la técnica no termina con los muros, las puertas y los puentes de las ciudades de la Maremma. El arte decorativo de los etruscos continúa y se

---

50. Anti, Carlo, "Il problema dell'arte italica", en *Studi etruschi*, 4, 1930, p. 171, 179. A finales de la década de 1920, Ranuccio Bianchi Bandinelli ("Il Bruto capitolino, scultura etrusca", *Dedalo*, 1927-1928) caracteriza el arte etrusco en términos análogos: dureza, expresividad exagerada, predilección por lo grotesco y lo espantoso, ausencia de afectación intelectual, franqueza absoluta. En un artículo intitulado de manera significativa "Palinodia" (1942) (en *Storicità dell'arte classica*, Firenze, Electa, 1950, pp. 125-126), expresa un sentimiento diferente. Por un lado, escribe que sin la influencia de los griegos, el arte etrusco no habría superado el minucioso colorido de las guarderías napolitanas; por otro, critica la visión unitaria del arte de la península: *"me parece que lo que une las obras de Sicilia, de la Magna Grecia, de la Campania, de la Etruria, en relación al modelo griego, no es tanto un carácter positivo común, un gusto único, al cual hemos querido dar el nombre 'Itálico', anticipando una unidad que no era ni política ni racial; de hecho, no es más que el denominador común de un oficio vivo, en su reacción ante el modelo clásico, imitado de manera superficial, desprovisto de cultura. Yo no creo que podamos hablar de genealogía artística allí donde no hay creación, es decir, un revivir íntimo de un problema de expresión"*.

realiza a través del arte de los romanos (...). Ambos atraviesan la Edad Media, para alimentar el maravilloso despertar cultural del Renacimiento. Así, los cimientos de la edificación elevada por la civilización latina e itálica son etruscas. Solamente las generaciones educadas con un nuevo sentimiento de espíritu antiguo conducirán la edificación a su cúspide, creando nuevas formas de belleza, de fuerza y de doctrina en todos los campos del arte, de la civilización y de la cultura".[51]

Esta perspectiva es defendida, algunos años más tarde, por Giulio Quirino Giglioli cuando escribió que hace 2.500 años, y antes de eso, Italia tuvo su civilización admirable.[52] Ella implica la transformación de los etruscos en italianos. El pasaje tiene un doble objetivo: convertir a los etruscos en itálicos y a los itálicos en italianos.[53] De hecho, este proyecto de unificación retrospectiva del pasado, basado en la primacía de Roma, produjo al menos dos versiones diferentes: una racial y otra patrimonial.

Después de la promulgación de las leyes raciales contra los judíos en 1938, la idea de continuidad adquiere cada vez más una connotación física. Los etruscos se convierten en los autóctonos, en el origen de la raza italiana. El *Manifiesto de los científicos racistas*, apoyado por más de trescientas personalidades, aborda la cuestión de la raza también desde un punto de vista histórico. Se pueden leer en él especialmente cinco declaraciones:

- La "raza italiana" formada "hace varios milenios" es "de origen ario" (punto 4).
- "Después de la invasión de los lombardos, no ha habido otro movimiento de pueblos capaz de influenciar la fisonomía racial de la nación". Esto implica que la idea de las migraciones exter-

---

51. Atti del Primo Congresso Internazionale Etrusco: Florencia-Bolonia, 27 de abril-5 de mayo 1928 Biblioteca d'arte - Milán citado en: Harari, Maurizio, "Etruscologia e fascismo", p. 405.

52. Quirino Giglioli, Giulio, *L'arte etrusca*, Milan, Vallardi, 1935, p. XIII.

53. Durante 1930, la teoría de la autoctonía es afirmada igualmente por numerosos lingüistas italianos. Algunos de ellos son Alfredo Trombetti, Francesco Ribezzo y Giacomo Devoto, quienes señalan la existencia de un sustrato lingüístico tirreno mucho más antiguo que los dialectos itálicos como el latín, el umbro, el falisco, el samnita. Sobre las contribuciones de la lingüística, cfr. Haack, Marie-Laurence, "Le problème des origines trusques dans l'entre-deux-guerres", en Bellelli, Vincenzo (dir.), *Le origini degli Etruschi. Storia archeologia antropologia*, Roma, L'Erma di Bretschneider, 2013.

Portada de la revista *La difesa della razza*

nas es una leyenda: "en sus líneas generales, la composición racial actual es la misma que hace mil años: los 44 millones de italianos de hoy pertenecen, en su mayoría absoluta, a familias que habitan el suelo italiano desde hace un milenio" (punto 5).

- Una relación de sangre pura une las generaciones italianas de hoy con aquellas que, desde hace miles de años, habitan en la península (punto 6).

- Es necesario distinguir "claramente entre mediterráneos de Europa y mediterráneos de Oriente y de África" (punto 8).

- Los semitas desembarcados en suelo italiano no han desempeñado ningún papel cultural (incluso la ocupación árabe de Sicilia no dejó nada) (punto 9).

En los años siguientes, la revista *La difesa della razza* [La defensa de la raza] dirigida por Telesio Interlandi, no cesa de afirmar la continuidad y la pureza de la raza italiana desde la prehistoria.[54]

Los artículos a menudo ofrecen argumentos contradictorios. Nosotros debemos forjar una ideología no coherente y elástica.[55] Sin embargo, se pueden identificar "lugares comunes" del imaginario fascista. El más importante concierne a la reducción de la contribución extranjera. El arquitecto y crítico de arte Giuseppe Pensabene (bajo el seudónimo Dell'Isola) escribe que los etruscos son descendientes

---

54. Cfr. Bonafé, Luca, "Pura razza italiana. Biondi, ma anche mori; patrizi, ma plebei, etruschi, ma roman", http://www.golemindispensabile.it; Foro, Philippe, "Racisme fasciste et antiquité. L'exemple de la revue *La Difesa della Razza* (1938-1943)", en *Vingtième Siècle. Revue d'histoire*, 2, 78, 2003, pp. 121-131.

55. Sobre el sincretismo ideológico del fascismo, cfr., entre otros, Mangoni, Luisa, *L'interventismo della cultura* (1974), Bari, Laterza, 2002; Zunino, Pier Giorgio, *L'ideologia del fascismo. Miti, credenze e valori nella stabilizzazione del fascismo*, Bologne, Il Mulino, 1985; Gentile, Emilio, *Fascismo. Storia e interpretazione*, Bari-Roma, Laterza, 2002.

de una raza primitiva ni aria ni semita, sino "definitivamente" italiana, porque ella ya estaba allí antes de los arios. En esta perspectiva, exalta la continuidad racial entre etruscos y toscanos:

"Después de semanas de conversaciones continuas con los etruscos de mármol, alabastro, terracota y travertino, veo a estos hombres cobrar vida. Veo esta raza caminar en carne y hueso ante mí. ¿Por esa razón debería cansarme los ojos mirando, dibujando y describiendo las figuras de las tumbas y museos de Chiusi, Volterra y Tarquinia, cuando es suficiente mezclarse con la gente paseando por la plaza de una iglesia, o sentado en cualquier taberna, para encontrar a esos mismos etruscos, vivientes y hablantes delante mío?".[56]

El historiador del arte Ottorino Gurrieri afirma la persistencia secular del carácter ario de los itálicos, desde la época etrusca hasta el Renacimiento. Dante, Leon Battista Alberti, Miguel Ángel, Ludovico Ariosto, Torquato Tasso y Benvenuto Cellini serían los representantes más perfectos y evidentes de esta raza con características marcadas, nariz aguileña, mentón puntiagudo y la frente amplia tanto como oblicua.

"En la máscara de Dante, en su rostro tradicional Italia ha encontrado su poeta supremo. El escepticismo podrá afirmar que con otro rostro el fenómeno de la deificación de Dante habría sido el mismo: pero, idealmente, su figura es aun más grande y simbólica, ya que cada uno de nosotros identifica en Dante el tipo, incluso el arquetipo, del italiano que, más allá de la era latina, remonta a los orígenes etruscos y arcaicos".[57]

Por su parte, Claudio Calosso polemiza con la "teoría trivial de los desplazamientos de población y de invasiones" y Felice Graziani niega la presencia de poblaciones extranjeras (africanas o asiáticas) en suelo italiano.[58]

---

56. Dell'Isola, Giuseppe, "La razza aquilina", en *La difesa della Razza*, II, 10, 1939, pp. 8-9.

57. Guerrieri, Ottorino, "Genio artistico della nostra razza", en *La difesa della razza*, IV, 13, 1941, pp. 10-11. Cfr. igualmente Guerrieri, Ottorino, "Unita della razza dagli Etruschi al Rinascimento", en *La difesa della razza*, II, 5, 1939, pp. 16-18.

58. Calosso, Claudio, "L'unità mediterranea", en *La difesa della razza*, II, 24, 1939, pp. 11-13; Graziani, Felice, "Unità ed arianità dell'Italia pelasgica", en *La difesa della razza*, VI, 5, 1941, pp. 18-20.

Otra versión, defendida sobre todo por los historiadores y arqueólogos, tiene como objetivo hacer del patrimonio arqueológico y artístico un fenómeno autóctono y separado del origen étnico. Ella implica distorsiones muy interesantes. Ya en 1927, Giuseppe Cultrera, director del Museo Nacional de Tarquinia, reconoce que Etruria había sido fundada por personas de Lidia, a saber, "una raza realmente diferente" de la italiana. Sin embargo, reduce de manera draconiana el papel artístico de los etruscos, para exaltar el de los umbros y especialmente el de los romanos. Si los pueblos itálicos no hubieran sido dotados de una predisposición natural a la civilización y de una actitud artística extraordinaria, a la vez creativa e imitadora, el fermento exterior se habría perdido. Por lo tanto aunque los etruscos fueran de origen oriental, su arte sería itálico. Por caso, el templo de Júpiter Capitolino (durante mucho tiempo el centro de la vida política en Roma), construido por la dinastía etrusca de los Tarquinos, debe ser considerado como un producto puro del espíritu romano, ya que *la razón rechaza la idea de que se tratara de una incursión extranjera y afirma que es la obra de concepción itálica auténtica –independientemente del país de origen de sus ejecutores*".[59] Gracias a esta distorsión, se puede continuar negando los aportes externos para considerar el arte etrusco como expresión genuina y pura del *genio indígena* y para establecer una larga continuidad nacional:

> "El arte de la Roma imperial no representa más que la última fase del desarrollo íntimamente continuo e ininterrumpido del arte itálico, en la época clásica. (...) Este proceso coincide, paso a paso, con el desarrollo de la población itálica, de su carácter, desde la infancia hasta la plena madurez. (...) Si bien puede parecer muy variado y aunque su desarrollo haya sido desigual, el arte itálico es uno e indivisible".[60]

Los partidarios de la herencia etrusca oriental adhieren a esta versión patrimonial. Así, siempre desde el Primer Congreso Internacional Etrusco de Florencia, el director del Museo Arqueológico de Bolonia, Pericle Ducati, hace de los etruscólogos de los siglos XVII y XVIII los precursores de despertar nacional:

---

59. Cultrera, Giuseppe, "Arte italica e limiti della questione etrusca", en *Studi etruschi*, 1, 1927, pp. 83-84.

60. Cultrera, *op. cit.*, p. 93.

"Es el amanecer, que anuncia la luz brillante de nuestro Risorgimento y borra las tinieblas de los tiempos tristes de la esclavitud y la tiranía, de la cobardía y de la sensualidad, es decir, cuando durante las guerras de sucesión de la primera mitad del siglo XVIII, el pueblo de Italia había sido objeto de controversia y de trueque como si fueran ganado o rebaños".[61]

Por su parte, Julius Evola, en contra de una clasificación racial fundada sobre la *soma* [sepulcro de Alejandro Magno], escribe que la verdadera esencia de la raza permanece en fuerzas espirituales profundas y enigmáticas, que no habrían sido de ninguna manera afectadas por los descendientes de los inmigrantes lidios (una pequeña minoría, incapaz de poner en peligro la pureza de la raza itálica).[62]

— VII —

En 1942, en un libro ya clásico, impreso en Milán por la editorial Hoepli, al interior de una colección dedicada a Mussolini, el etruscólogo Massimo Pallottino afirma que el planteo de los orígenes está mal formulado y que él puede apelar a una respuesta sencilla y unívoca, porque un pueblo es el resultado histórico, en un momento dado, de la fusión de elementos marcadamente diferentes, y no la prolongación de una realidad anterior única:

"Las diferentes teorías formuladas hasta ahora acerca de un fenómeno tan multifacético y complejo como el de los orígenes ha sido reducido a través de fórmulas esquemáticas, a veces excesivamente simplistas. El pueblo etrusco ha sido considerado como un bloque único desde su fase inicial y para explicar su aparición, se utilizó el exterior y el concepto simplista de la procedencia".

Luego de haber señalado que los etruscos son el resultado de diversos elementos étnicos, lingüísticos y culturales, Pallottino propone abandonar la *vexata quaestio* [pregunta superada] de los orígenes para pensar en términos de formación. Este texto marca un cambio fundamental. Sin embargo, también es el resultado de una nueva contorsión. En su prefacio, Pallottino reconoce la contribu-

---

61. Ducati, Pericle, Atti del Primo Congresso Internazionale Etrusco, *op. cit.*, p. 326.

62. Evola, Julius, *I testi de La Difesa della Razza*, Padova, Edizioni di Ar, 2001. De la misma manera, Calestani, Vittorio, *Origini della razza italiana: fondamenti della politica razzista*, Milano, ISPI, 1941, separa el origen físico del artístico.

ción de las diferentes influencias étnicas y culturales, pero declara que quiere defender *"la tesis del carácter italiano de la nación y de la civilización etrusca, cuya formación y definición como realidad histórica ha tenido lugar en Italia, entre el Tíber y el Arno"*. En varias ocasiones, inserta el peso del desarrollo cultural "indígena": *"podemos afirmar con toda tranquilidad que el proceso de formación no ha podido tener lugar más que en el territorio de Etruria"*. De ese modo, concluye que, lejos de insistir sobre "gérmenes extranjeros", el complejo nacional etrusco debe ser estudiado como *"poderosa variedad racial, lingüística y cultural de la antigua Italia"*.[63] En los años siguientes, Pallottino reconoce los fenómenos de inmigración de oriente hacia las costas de Toscana, pero él insiste en que lo importante es que en Etruria había un pueblo capaz de recibir las novedades y de apropiarse de ellas: "Etruria ya era 'etrusca'".[64] Todavía en 1972, tiende a disminuir el peso del intercambio con el mundo exterior:

> "Podemos y debemos considerar el aire italiano en su conjunto –continental, peninsular e insular– como una realidad suficientemente definida (y distinta de otras regiones del Mediterráneo y de Europa), desde la prehistoria, no solamente por el carácter imperativo de sus fronteras naturales, compuestas por los mares y los Alpes, sino también por las consecuencias que esta delimitación substancial tuvo sobre la configuración de los hechos humanos y sobre los aspectos de la civilización".[65]

— VIII —

En la segunda mitad del siglo XX, la versión anti-romana a veces toma una dimensión trágica. *Il giardino dei Finzi Contini*, de Giorgio Bassani, comienza por la visita a la necrópolis de Cerveteri: es ahí, donde "la eternidad ya no debía parecer una ilusión", que la memoria de Micol y toda su familia, deportados a los campos en septiembre de 1943, se torna insistente:

> "Volvió a mí el recuerdo de los años de mi juventud en Ferrara, y el cementerio judío ubicado en el fondo de la Via Montebello.

63. Pallottino, Massimo, *Etruscologia*, Milano, Hoepli, 1942, pp. XV-XVI, 75, 77, 80.

64. Pallottino, Massimo, "Nuovi studi sul problema delle origini degli etruschi", en *Studi etruschi*, 29, 1961, pp. 3-30.

65. Pallottino, Massimo, *Civiltà artistica etrusco-italica*, Firenze, Sansoni, 1971.

Volvía a ver los grandes prados sembrados de árboles, lápidas y piedras conmemorativas reunidas con mayor densidad a lo largo de los muros que separan y dividen, como si los tuviera al alcance de la mirada, la tumba monumental de los Finzi-Contini: una tumba fea, estoy de acuerdo –siempre había sentido decir en casa, desde niño–, pero sigue siendo impresionante y significativa aunque sólo sea por la importancia de esta familia".[66]

La afinidad entre el destino de los etruscos y el de los judíos –ambos pueblos perseguidos que han dado vida a una civilización duradera– también aparece en Elie Wiesel. En 1982, cuenta la historia de un etruscólogo emigrado a los Estados Unidos después de haber sobrevivido a los campos. Él es incapaz de hablar de su propio pasado, pero su relato de la vida y la muerte de los etruscos revela la historia de los judíos de Europa del Este:

"Conociendo a fondo su historia, David Karliner hizo un llamamiento a las teorías, hipótesis y descubrimientos científicos para componer una obra de arte: revivió ante nosotros aquella familia que vivía en una de las doce repúblicas etruscas, con la intención de reconstruir un reino subterráneo e indestructible. Es cierto, esta cultura debe ser considerada en gran parte perdida para siempre; es verdad, la historia de este pueblo conservará su misterio oscuro y mortal; sin duda, el idioma aún no ha sido descifrado. ¿Y entonces? (...) Karliner logra magistralmente unirnos con esta familia e integrarla a nuestras vidas. Los niños juegan en el sol, y los mendigos que les sonríen; esas mujeres lavando ropa en el arroyo cerca del Tíber; aquel hombre que repara una puerta de la cochera y aquella mujer que trae la comida: el relator esbozó un retrato preciso y claro, sin descuidar ningún detalle y sin olvidar ningún aspecto: veíamos a la familia que forjó su futuro en la alegría; y participábamos. (...) Pacífica, la familia conocía la felicidad antes de verla rota, pisoteada, reducida a cenizas. El enemigo cercano comienza a depredar, a saquear, a masacrar: todos los sobrevivientes fueron expuestos al filo de la espada, sus posesiones fueron destruidas, confiscadas sus tierras, los tesoros esparcidos, la cultura y el idioma borrados. Y nadie sabía, nadie sabe por qué sucedió la catástrofe. Pero imaginemos, dijo el relator, imaginemos que las últimas víctimas fueran un

---

66. Bassani, Giorgio, *Il giardino dei Finzi-Contini*, Turin, Einaudi, 1962, trad. fr. *Le Jardin des Finzi-Contini*, Paris, Gallimard, 1964. La traducción del italiano nos pertenece [N. de los T.].

hombre y una mujer que, sin hablar, o tal vez por hablarse, trataban de comprender".[67]

Del lado de la investigación, el interrogante sobre los orígenes se desvanece. Como Dominique Briquel señaló, descubrimos que se trata de un falso problema:

"en lugar de continuar (...) para contrastar las diferentes teorías (...), nos hicimos conscientes de la sutil interacción de múltiples factores que han dado lugar a la formación del pueblo etrusco tal como lo conocemos. Al igual que cualquier otro pueblo, es el resultado de la interacción de varios elementos y es un juego complejo, antes que una búsqueda imposible de un origen que sería único, en el que conviene enfocarse".[68]

En esta perspectiva, los arqueólogos e historiadores intentan eliminar el aura de misterio que persiste en torno a la civilización etrusca. Por lo tanto, hay un desplazamiento del problema del origen y el idioma hacia los modos de vida: los rasgos físicos, el carácter moral, la estructura social, la familia, el papel de la mujer, la religión, etc.[69] Este desplazamiento es, al menos en parte, el resultado de un cambio en las estrategias de excavación: mientras que, durante mucho tiempo, los excavadores han dedicado sus esfuerzos nada más que a las necrópolis y, accesoriamente, a los templos (Tarquinia, Cerveteri, Populonia, Orvieto), ahora los arqueólogos buscan el hábitat doméstico y objetos de la vida cotidiana (Acquarossa y San Giovenale cerca de Viterbo, Murlo cerca de Siena). También podemos percibir este cambio a través de un examen de los catálogos de las grandes exposiciones organizadas en las últimas décadas. En 1955, en Milán, se propuso una visión general del arte etrusco, en todas sus etapas de desarrollo, para destacar la originalidad de la cultura etrusca en el contexto helenístico de la civilización mediterránea.[70] Treinta años más tarde, se consagran una serie de espacios dedi-

---

67. Wiesel, Élie, *L'éternité étrusque*, en *Paroles d'étrange: textes, contes et dialogues*, Paris, Éditions du Seuil, 1982. Por otra parte, caricaturizada, esta versión anti-romana fue reivindicada por activistas de la Liga del Norte en Umbría, Marche, Toscana y Emilia-Romaña: Cfr. Stefanini, Paolo, *Avanti Po. La Lega Nord alla riscossa nelle regioni rosse*, Milano, Il Saggiatore, 2010, p. 34. La traducción del italiano nos pertenece [N. de los T.]

68. Briquel, Dominique, *Les Étrusques*, Paris, PUF, 2005, pp. 3-4.

69. Cfr., entre otros, Bianchi Bandinelli, Ranuccio y Giuliano, Antonio, *Les Etrusques et l'Italie avant Rome*, Paris, Gallimard, 1973.

70. *Mostra dell'arte e della civiltà etrusca*, bajo la dirección de Mario Pallottino, Milan, Silvana, 1955.

cados a la civilización material, en particular al fenómeno urbano.[71] La exposición "Los etruscos y Europa", celebrada en el Grand Palais de París y el Museo Altes de Berlín a principios de 1990, muestra la contribución de los etruscos a la formación de la cultura europea. Por último, la gran exposición organizada en el Palazzo Grassi de Venecia en 2000, con más de 700 piezas procedentes de 80 museos y colecciones privadas de Europa, reconstruye la parábola histórica de la oligarquía etrusca, desde la época arcaica hasta su declive.[72] Probablemente, solamente la exposición de París y Berlín presenta un mensaje político explícito, a tal punto de atraer la ironía del periodista anglo-brasileño Alain Riding:

> "A lo largo de más de cuatro siglos, desde que los etruscos fueron redescubiertos por la Florencia renacentista, este pueblo ha sido idealizado por generaciones de románticos embriagadores, venerado tanto por el misterio que rodea su civilización prerromana como por la belleza y la delicadeza de sus objetos de bronce y terracota. Ahora los etruscos de nuevo están siendo redescubiertos, esta vez por parte de políticos, empresarios e intelectuales que están deseosos de promover la unidad europea. Su objetivo es demostrar que Europa no es sólo un bloque económico, sino también una región unida por una identidad cultural. (...) La exhibición (...) se propone demostrar lo que un comunicado de prensa refiere como 'la dimensión explícitamente europea' de la experiencia de los Etruscos. No llega a decir que hace 2.500 años Toscana habría votado 'sí' en el referéndum sobre la Unión Europea, pero esa es la idea general".[73]

Así, podríamos concluir que después de la caída del fascismo, los delirios nacionalistas han desaparecido. Sin embargo, los mecanismos de referencia al pasado están lejos de ser simples. De hecho, dos indicios muestran que la versión autóctona continúa atravesando el debate público, incluido el de los especialistas. El primer indicio toca uno de los manuales escolares más importantes para la escuela secundaria, el *Corso di storia antica e medieval* [Curso de historia antigua y medieval] de Augusto Cámara y Ro-

---

71. Cristofani, Mauro (dir.), *Civiltà degli Etruschi*, Catálogo de la muestra del Museo arqueológico de Florencia, Milán, Electa, 1985; *La romanizzazione dell'Etruria: il territorio di Vulci*, editado por Andrea Carandini, Milano, Electa, 1985.

72. *Gli Etruschi*, bajo la dirección de Mario Torelli, Catálogo de la Muestra de Venecia, Milano, Bompiani, 2000.

73. Riding, Alain, "Celebrating the Etruscans, Europe's First Unifiers", en *The New York Times*, 7 de octubre 1992. La traducción del inglés nos pertenece [N. de los T].

berto Fabietti. Después de citar a Dionisio y Pallottino, los autores hacen hincapié en el carácter itálico de la civilización etrusca: *"es seguro que incluso los grupos eventualmente inmigrados del lado septentrional o del Oriente Norte o del Este no hayan aportado una cultura avanzada, sino que han desarrollado cultura aquí en Italia"* ("cultura" está en negrita, mientras que "aquí en Italia" está en negrita y cursiva).[74] Otro indicio es ofrecido por la exposición en Venecia. El planteo de los orígenes no está abordado directamente pero el catálogo remite a un marco geográfico cerrado: Italia. Este ejemplo es tan interesante que, en el mismo año, otra exposición sobre los etruscos, organizada en Bolonia, muestra el movimiento de pueblos y la intensidad del intercambio entre Oriente y Occidente.[75] Una comparación de los mapas de ambas exposiciones es sorprendente. Mientras que un mapa del Mediterráneo inaugura la exposición de Bolonia, en Venecia los nueve mapas disponibles se centran en Italia. Sólo hay tres que ilustran más allá de la península, pero ninguna de ellas mira a Oriente.[76]

¿Por qué esta persistencia, a qué se debe la necesidad de afirmar el carácter italiano de los etruscos? El fenómeno es tanto más sorprendente porque los autores de estos textos no muestran ninguna simpatía por la ideología nacionalista. Hemos visto que la referencia al pasado es de naturaleza polisémica: según el viejo adagio de Talleyrand, *"no hay nada que se adapte tan fácilmente como los hechos"*. Sin embargo, el presente no siempre controla la escritura del pasado. Las manipulaciones del pasado –incluso las más instrumentales– tienen efecto a largo plazo. Ellas depositan residuos míticos muy voluminosos que se filtran en nuestra conciencia histórica. El prisma de la autoctonía parece estar tan registrado en la memoria que induce la repetición: sus trazos continúan siendo recuperados y distorsionados, en el tiempo, sin una razón específica, tal vez por costumbre, casi automáticamente.

---

74. Cámara, Augusto y Fabietti, Roberto, *Corso di storia antica e medievale*, Bologne, Zanichelli, 1997.

75. *Principi etruschi tra Mediterraneo ed Europa*. Catalogo della Mostra di Bologna, Venezia, Marsilio, 2000.

76. Los mapas de la exposición de Venecia se refieren a los siguientes temas: la cultura de Italia protohistórica, los depósitos minerales en el centro de Italia, la distribución de ánforas etruscas en Italia y el sur de Francia, la distribución de la cerámica en Italia y el sur del Mediterráneo (Cartago), los principales sitios de la costa del Tirreno, las costas del Mediterráneo occidental (hasta España), aquellas de la Campania, las del valle del Po, y los pueblos en la Italia prerromana.

www.ingramcontent.com/pod-product-compliance
Lightning Source LLC
LaVergne TN
LVHW051519170726
843492LV00006B/1581